城市治理丛书

于迎 著

大都市圈的嬗变

当代中国区域发展战略的演化机理比较

上海人民出版社

目录

序　言

实施区域协调发展战略是新时代中国全面建设社会主义现代化强国和完善改革开放空间布局战略体系的重要方略。大都市圈已成为国家参与全球经济竞争与合作的主体形态，在推进国家新型城镇化建设和经济社会发展中具有重要作用。长三角、京津冀和珠三角是中国区域发展战略中优势地位最为突出的传统的三大旧都市圈（所谓三大新都市圈是指经过扩容了的包括安徽的长三角、京津冀与包括港澳等在内的粤港澳大湾区），是推进国家战略与实现国家目标的重要支撑。本书通过对比研究中国三大都市圈的新旧嬗变历程和政策机制选择，探讨当代中国区域发展战略的演化机理，并从完善社会主义现代化国家空间布局战略体系的高度出发，提出进一步促进区域协调发展的三大制度创新和五大政策举措，服务于新时代中国三大都市圈的全新战略功能定位和高质量发展目标，助力区域协调发展战略以及国家治理体系和治理能力现代化的发展进程。

当代中国区域发展战略演进与国家建设、体制改革和经济发展阶段深度融合互动。中国单一制的国家结构形式是区域演化的共同制度基础。在区域经济协同发展方面，中国区域发展经历了计划经济背景下的区域经济均衡发展阶段、市场经济背景下的经济优先型非均衡发展阶段和新时代背景下的区域协调发展三个阶段。区域经济协同机制从非均衡式发展到协调发展的整体变迁演进中，京津冀经济协作的主要特征是政府主导和政策推动；从珠三角到粤港澳大湾区发展中，经济协作主要以市场为主体，注重对外开放和双核驱动，当前进入湾区经济协调机制创新和政策创新的重要时期；长三角区域一体化则形成了市场经济与政府协同双重作用的模式，致力于建设高质量一体化发展的世界级城市群。新时代区域协调发展战略与创新驱动战略相结合，成为区域经济发展转型升级和大都市圈发展新动能培育的重要驱动力。

在区域治理协同模式方面,中国区域治理和区域政策经历了从行政分割式治理到整体性规划引领的变迁。区域政策成为重要的国家宏观调控政策工具。长三角形成准政府组织形态推动的治理模式,区域治理体制机制创新不断涌现;进入区域经济社会高质量一体化发展的新阶段。京津冀形成由中央政府主导的超省级行政动力性质的区域治理模式;珠三角则形成省内行政组织主导的治理模式。区域发展由中央政府从顶层设计层面制定整体性规划。三大都市圈已成多项国家重大发展战略的叠加交汇区域和核心引领区域。整体性规划引领模式替代经济优先型模式,成为当代中国区域发展的新型战略模式。

在区域空间布局整合与拓展方面,三大都市圈致力于形成多中心、多层级、多节点的网络型区域结构,建设经济社会文化全方位一体化发展的区域空间格局。旧三大都市圈的区域治理空间向新三大都市圈的区域治理空间发展扩容:长三角范围拓展至安徽全境,聚焦更高质量一体化发展,建设世界级城市群;京津冀开辟雄安新区承载区域空间治理新目标;珠三角扩容至泛珠三角,再规划升级为粤港澳大湾区,承载国家更多战略目标。全新定位的三大都市圈作为国家级战略规划,与"一带一路"倡议、长江经济带、黄河流域生态保护与高质量发展带等叠加交汇,向跨海、跨国等更大区域治理空间的不断拓展,为新时代社会主义现代化国家的空间布局战略提供了新型发展空间、发展平台与发展动力,服务国家改革开放全新格局,推动中国深度参与全球空间治理。

站在新时代起点上,区域协调发展战略已经成为推动经济增长与社会发展的新型动力,构筑了国家建设与国家治理的新型空间。长三角、京津冀和粤港澳三大都市圈在当代中国现代化建设全局中具有重要战略地位和突出带动作用,应继续深化体制机制创新,推动区域协调发展,在顶层设计层面实施以整体性规划引领区域发展、以央地财政事权划分深化制度改革、以区域协同立法提供制度保障等三大制度创新。在具体政策举措方面,应注重构建区域规划的差序化执行体系,强化区域政策精准化实效化落实落地;建设政府主导、开放参与的区域公共产品创新供给体系,促进区域基本公共服务均等化;推动治理技术深度应用于区域智慧治理,提升区域治理精准化、精细化和专业化水平;探索建设区域治理督查激励长效机制,并完善区域发展绩效评估体系,切实推进实施区域协调发展战略。当代中国区域发展战略体系是在长期实践探索中形成的发挥中国制度优势、具有中国特色的区域治理制度体系，已成为中国特色社会主义国家治理体系和治理能力现代化建设的重要组成部分。

第一章　绪论

1.1　问题的提出

1.1.1　选题背景

都市圈已成为国家参与全球经济合作与竞争的主体形态，在推进国家新型城镇化建设和经济社会发展中具有重要的战略作用。在新的经济全球化和信息化时代背景下，都市圈作为城市和区域经济发展到高级阶段的产物，主导着中国城市化发展进程和区域一体化发展战略，深刻影响着国家现代化建设全局。因此，加强认识和理解都市圈发展演进规律具有重要的理论价值和现实意义。本书通过对比中国三大都市圈的发展演化历程和阶段性区域发展战略选择，结合当前时代背景下三大都市圈的新定位及中国区域治理和国家治理的新格局，建构中国区域发展战略的演化机制模型，服务于中国新三大都市圈发展的高级化、高端化和国际化战略目标，建设高质量一体化区域。

当代中国的城市化发展进入了区域化、国际化和创新化转型升级的全新阶段。长三角、京津冀和珠三角是中国区域发展战略中优势地位最为突出的三大传统都市圈，具有重要的产业集聚功能和经济辐射带动效应，成为中国经济发展中最具活力和潜力的核心增长极，是中国参与全球竞争与国际分工的战略支撑点。在三大都市圈继续引领与带动中国城市化进程的同时，国家进一步重视中西部地区城市的开发开放与均衡发展，以促进中国区域经济协调发展，拓展区域经济增长新空间。党的十九大以来，面对百年未有之大变局，我国更高质量推进区域一体化发展显著提速，以全面应对国内外形势的深刻复杂变化，实现社会主义现代化和中华民族伟大复兴。

长三角、京津冀和珠三角三大都市圈是引领我国经济参与全球竞争的重要载体，深刻影响着国家建设全局。继2010年6月7日国家发展和改革委员会发布《关于印发长江三角洲地区区域规划的通知》(发改地区〔2010〕1243号)、2015年4月30日中共中央政治局审议通过《京津冀协同发展规划纲要》之后，2016年3月15日国务院又印发《关于深化泛珠三角区域合作的指导意见》(国发〔2016〕18号)。这些规划清晰界定三大都市圈的地域范围、战略定位和发展目标，强调增强三大都市圈的辐射力和影响力，从更高层次、更大范围对三大都市圈的经济增长、区域整合、社会建设和制度创新提出了具体要求。①

2015年4月13日，国家发展和改革委员会发布《关于印发长江中游城市群发展规划的通知》(发改地区〔2015〕738号)；2016年2月23日，国务院印发《关于哈长城市群发展规划的批复》(国函〔2016〕43号)；2016年4月15日，国务院正式批复原则同意《成渝城市群发展规划》(国函〔2016〕68号)。由2014年3月中共中央、国务院印发的《国家新型城镇化规划(2014—2020年)》所规划的我国中西部地区四大国家级核心城市群——成渝城市群、中原城市群、长江中游城市群、哈长城市群，开始以建设具有国际竞争力的国家级城市群为目标，以成为支撑全国经济增长、促进区域协调发展、参与国际竞争合作的重要平台为主要任务，以城市群为主体形态、推动大中小城市和小城镇协调发展的新型城镇化战略格局为主要战略，掀开了统筹推进当代中国城乡一体化发展的新篇章。

随着中国发展面临国内外环境发生深刻复杂变化，我国“十四五”时期以及更长时期的发展对世界级高质量城市群建设提出了更为迫切的要求。面对百年未有之大变局，党的十九大以来，我国更高质量推进区域一体化发展显著提速。2018年12月，国务院批复《河北雄安新区总体规划(2018—2035年)》；2019年2月，中共中央、国务院印发《粤港澳大湾区发展规划纲要》；2019年12月，中共中央、国务院印发《长江三角洲区域一体化发展规划纲要》。由此，长三角、京津冀、粤港澳大湾区以世界级城市群为目标，以带动我国经济快速增长和参与国际经济合作与竞争的主要平

---

① 唐亚林：《当代中国大都市治理的范式建构及其转型方略》，《行政论坛》2016年4月。

台为主要任务，正式成为当代中国国家建设的主要内容。新规划从国家发展战略的高度，以国家顶层设计进行规划部署，促进新三大都市圈发展与“一带一路”建设、长江经济带发展相互配合、协同发展，共同构建中国改革开放立体化、网络化、高层次的全新空间格局。这标志着以长三角、京津冀、粤港澳大湾区为代表的新三大都市圈开始成为当代中国大都市治理的主战场。

由以世界级城市群为目标的新三大都市圈与以国家级城市群为目标的四大核心城市群共同构筑的当代中国城市发展新形态，不仅昭示着当代中国城市发展进入一个以世界级、国家级城市群为目标的大都市发展阶段，而且意味着以城市治理范式革命、以大都市治理范式建构为目标的当代中国国家治理主导范式的正式登场，同时还展示了呼应国内跨区域的“长江经济带”发展战略、国际跨国（地区）间的“一带一路”倡议，以东中西部联动发展带动全国均衡发展的当代中国立体化均衡发展战略新格局新图景的显现。

在我国已全面建成小康社会、实现第一个百年奋斗目标以来，中国已开启全面建设社会主义现代化国家新征程、向第二个百年奋斗目标进军。中国已进入现代化建设的关键时期。特别是在国际竞争日趋激烈、国际力量对比深刻调整、新一轮科技革命和产业变革深入发展的背景下，中国建设世界级城市群更加具有代表国家面向世界竞争前沿、面向经济主战场、面向国家重大需求的重要战略价值。在此背景下，探讨对比三大都市圈各自的顶层战略、演化机理和发展路径差异，比较研究中国区域规划与治理的阶段性变化，有助于突破原有秩序格局下的区域发展研究，构建新形势下中国大都市治理和区域治理新范式，服务于国家社会主义现代化国家建设新局面。

1.1.2 研究内容

本书采用文本分析法、比较研究法和历史制度主义法等方法，分析不同时期中国区域发展战略的内涵、主线、绩效和约束因素，探讨三大都市圈各自发展的差异，提出中国大都市圈的市场力量与政府力量两者并行与交互推进的发展战略。具体研究内容包括：

第一，都市圈的形成与发展演化机理、区域协同机制及战略功能。研究内容包括：都市圈的基本理论与研究脉络、发展动力、集聚与辐射效应；

三大都市圈的演化机理，主要分析它们在萌芽发育期、快速发展期、形成稳定期和转型升级期等不同阶段的发展演化机制、驱动要素、发展战略选择和实现路径等；区域经济社会一体化的理论与实践，政府区域治理与决策规划的协调机制；都市圈支撑全国经济增长、促进区域协调发展和参与国际竞争合作的主要战略功能意义等。该部分主要为理论研究。

第二，国外都市圈的政府治理经验与启示。该部分为对比研究，主要分析总结美国联邦制国家结构形式下都市圈治理的政府合作协同机制理论与实践案例，分析国外典型大都市圈的生成背景、整合演化机制与政府协同管理机制；特别注重考查研究在当前经济全球化和信息化背景下国际先进大都市圈应对世界科技中心、产业中心和经济中心的转移而采取的产业升级与转型经验、科技创新策略与规划协调机制创新策略等。

第三，中国三大都市圈的发展阶段、区域发展战略选择与实现路径。该部分将结合实证研究和比较研究，探讨中国城市化道路兴起与发展的不同历史时期区域发展战略的转变与演化机制，分析对比不同时期中国区域发展战略的内涵、主线及约束因素，结合实证研究考察区域协同发展中面临的问题与困境；分析中国大都市圈形成与发展过程中市场机制与政府机制的并行与交互推进作用，比较研究三大都市圈的发展战略选择、功能定位和模式与路径选择。

第四，新三大都市圈的区域发展战略研究、中国政府的发展治理理念转变与当前中国城市治理的新格局。研究中国区域发展战略的阶段性变化动因，考察新背景下区域市场经济成熟程度、执政党与政府发展理念、政策规划主题战略性转变及政治与行政体制变化的情况；分析中国城市治理与区域协同发展的立体化新格局；并试从更大区域、更高层次分析研究新三大都市圈与中国跨区域的"长江经济带"发展战略、国际跨地区的"一带一路"倡议的对接协同机制。

1.1.3 研究目标与意义

本书的主要研究目标是在理论上清晰阐释都市圈的生成与演化机制、基本特征、协调与整合机制；在理论上充分研究国外典型大都市圈的发展与治理经验，特别是应对新产业革命的发展转型经验、区域创新能力建设及其对中国的借鉴启示；通过对比中国旧三大都市圈的发展演化历程和阶段性区域发展战略选择，建构中国区域发展战略的演化机制模型；

研究当前时代背景下三大都市圈的新定位及中国区域治理和国家治理的新格局，服务于中国新三大都市圈的建设与发展。

研究具有突出的理论意义和实践意义。通过分析对比中国三大都市圈的生成与演化机制，研究借鉴国外公认的典型都市圈政府合作协同机制与治理案例，考察在经济全球化和信息化发展背景下中国区域发展战略规划的阶段性变化特点和市场、政府作用机制，构建新三大都市圈的战略选择、功能定位与实现路径新范式。这对于中国城市化高速发展和健康发展具有一定的实践指导意义，对于探索建构符合中国国情的都市圈治理理论和区域经济理论形成有益的补充。

理论意义在于通过对比研究中国三大都市圈的阶段性发展历程、规划演变和战略协同机制，构建比较分析框架，补充完善中国大都市治理和区域治理的相关理论，有助于突破原有发展格局下的传统区域发展研究，探讨中国区域发展战略的演化机理和创新协同机制。

实践意义在于通过研究中国三大都市圈的发展演化机制，形成具有创新意义和实践指导意义的研究成果，服务于中国区域协调发展，促进三大都市圈的差异化功能定位以及跨越式、高端化、高级化的高质量一体化发展转型。

1.2 研究综述

1.2.1 大都市圈理论的相关研究

都市圈是伴随着工业化和城市化的发展出现的，是一种已被国内外的都市圈发展实践所证实的城市组织形式。众多学者对大都市圈的形成与演化机制、空间组织结构、协调与合作模式等进行了研究。结合大都市圈特定的发展时期和研究者不同的学科特点，存在着大都市圈、都市连绵带、城市群等相关概念。早在 1898 年，英国城市学者 Ebenezer 就提出了城镇群体(town cluster)的概念。①20 世纪初，美国基于统计需要提出了大都市区(metropolitan area)概念，此后历经修改。1951 年，日本学

① Howard, Ebenezer, Garden cities of to-morrow. Routledge, 2007.

者木内信藏①提出三地带学说，认为大城市圈层是由中心地域、城市周边地域和市郊外缘广阔腹地三大部分组成，其思想被发展为都市圈理念，在日本取得较大的发展，其中以东京为枢纽的首都圈是日本最大的工业城市群，首都东京更是集聚了政治、经济、文化、信息等特大型城市所具备的综合功能。此后，各国学者根据城市与区域发展的不同特点和理论研究的不同倾向，从不同角度对相关问题进行了大量研究，包括大都市圈的形成与演化机制、空间组织结构、协调与合作模式等。

地理学视角的大都市圈理论主要研究都市圈的界定标准、地域特征和功能作用，戈特曼认为大都市圈是人口与资源高度集聚、区域内城市功能多元的全新有机整体，是城市形态演化发展的成熟阶段。②顾朝林认为城市群是以中心城市为核心向周围辐射构成的多个城市结合体，并已成为城市化的主体形态。③随着新技术的发展，Castelles 较早即提出信息技术是城市空间发展的新动力，促进了城市的蔓延与都市圈的形成与演化。④Hall 也认为，随着城市功能、产业结构对城市空间结构的制约越来越小，以信息为代表的现代技术发展可能给城市空间演变带来分散化的动力，也可能增加集聚的要求。⑤

经济学视角的大都市圈理论主要研究都市圈的区域经济发展模式、动力机制和产业结构问题，认为大都市圈的经济发展对周围区域具有辐射带动功能，⑥可以在更大的区域范围发挥产业配置功能、优化产业结构⑦，实现城市间竞争合作，提高区域经济总体水平。⑧

---

① 木内信藏、于洪俊：《城市的地域结构》，《经济地理》1982 年 2 月。

② Gottmann J., Megalopolis or the Urbanization of the Northeastern Seaboard. *Economic Geography*, 1957:189—200.

③ 顾朝林：《城市群研究进展与展望》，《地理研究》2011 年第 5 期，第 771—784 页。

④ Castelles, *The Information City: Informational Technology, Economic Restructing and the Urban Regional Process*, Brasil Blaekwell, Oxford, 1989:325—364.

⑤ Hall, P.Megacities, World Cities and Global Cities. *Lecture at the Dutch Foundation for Architecture*, Rotterdam, 1997:8—10.

⑥ Hirschman A. O., *The strategy of economic development*, Yale University Press, 1958.

⑦ Henderson J. V., Efficiency of resource usage and city size. *Journal of Urban Economics*, 1986, 19(1):47—70.

⑧ 贾德铮、高汝熹：《长三角都市圈空间集聚扩散效应研究》，《现代管理科学》2012 年第 1 期，第 13—16 页。

公共管理学视角的大都市圈理论关注大都市圈的区域协同治理模式、府际关系、制度创新与评价机制等问题，认为不同的地方政府推动区域发展时，彼此之间构成一种既有竞争又有合作的博弈状态①，在这一动态过程之中更需提倡以合作取代竞争，从而形成竞合优势。②区域一体化的快速发展使得同级地方政府之间的横向关系和非同级政府之间的斜向关系更加紧密，需形成推进和协调区域整体发展的统一的治理体系。③

在全球城市化进程中，在经济集聚效应和仍然难以逆转的全球经济一体化进程的有力推动下，城市向大都市圈扩展转变已经成为普遍现象。④一些大都市区通过进一步的扩展与合并，形成越来越大规模的跨大都市空间，成为全球化的新城市形式，被称为“大区域（megaregions）”。⑤全球化大都市圈的发展成为一场正在进行中的都市革命，“大都市国家”和“大都市世界”由此形成。⑥在此趋势下，有效的大都市圈治理和规划需求愈发迫切，旨在维护和增进区域经济增长和社会福祉。一系列研究成果凸显大都市圈发展在国家治理和全球化发展中的作用至关重要。

1.2.2　中国大都市圈的相关研究

具体到中国大都市圈研究而言，我国学者对于都市圈的理论认识同样经历了一个逐步深化的发展过程。20 世纪 80 年代主要为概念引入阶段，90 年代之后发展到标准界定、特征分析、形成与发展机制研究等多个方面，产生了较为丰富的研究成果。

李世超认为，城市带由产业带转化而来。但转化过程取决于位置条

---

① Nalebuff B. J., Brandenburger A. M., Co-opetition: Competitive and cooperative business strategies for the digital economy. *Strategy & Leadership*, 1997(6).

② Giovanna Padula, Giovanni Battista Dagnino, Untangling the Rise of Coopetition: The Intrusion of Competition in a Cooperative Game Structure. *International Studies of Management & Organization*, 2007, 37(2):32—52.

③ 林尚立:《重构府际关系与国家治理》,《探索与争鸣》2011 年第 1 期，第 34—37 页。

④ Soja, E., Regional urbanization and the end of the metropolis era. In N. Brenner (Ed.), *Implosions/explosions: Towards a study of planetary urbanization*, Berlin: Jovis, 2014:276—287.

⑤ Harrison, John, and Michael Hoyler, eds., *Megaregions: Globalizations New Urban Form?* Edward Elgar Publishing, 2015.

⑥ Jonas, A. E. G., & Moisio, S., City regionalism as geopolitical processes: A new framework for analysis. *Progress in Human Geography*, 2018, 42(3):350—370.

件的优越程度，他认为美国产业带、城市带和城市密集发展区具有分布一致性的特点，而中国长江中下游沿江城市拥有优越的社会经济条件，具备形成城市带的可能性和必要性。①许学强、周春山则从地理学和城市科学角度分析了珠江三角洲大都会区的门户位置、城市网络和枢纽功能等现状特征，认为其形成原因在于城市化、工业化、香港的劳动密集型产业转移及外来投资等多重促进作用，应以市场经济为机制实现区域内生产的合理分工和组织。②周克瑜则认为都市圈作为中国未来的一种空间经济组织创新模式，对于中国今后一段时期内的重大社会经济关系整合具有重要意义。③顾朝林等则主要从城市规划和城市空间结构的研究角度对信息时代珠三角的区域空间结构、长三角的城市群建设和空间建构、长三角城市群空间规划等相关问题进行了论述。④方创琳等则分析了中国城市群高密度集聚、高速度成长和高强度运转的现状特点，提出中国城市群空间范围的识别标准与“15＋8”的空间结构新格局。⑤唐亚林则从理论与实践两个层面系统研究了长三角及泛长三角区域治理的优化体系，提出长三角的区域治理空间向周边地区扩展型构了一个内蕴更大范围、更大区域、更大空间的生产要素等资源优化配置与区域经济社会一体化深入发展的泛长三角区域。⑥

2019 年 2 月，国家发展和改革委员会发布了《国家发展改革委关于培育发展现代化都市圈的指导意见》，对城市群和都市圈概念的内涵与相互联系作了一个界定：城市群是新型城镇化主体形态，是支撑全国经济增长、促进区域协调发展、参与国际竞争合作的重要平台，而都市圈是城市群内部以超大特大城市或辐射带动功能强的大城市为中心、以 1 小时通勤

---

① 李世超：《长江中下游沿江城市带状发展初探》，《地理学与国土研究》1990 年 2 月。

② 许学强、周春山：《论珠江三角洲大都会区的形成》，《城市问题》1994 年 3 月。

③ 周克瑜：《“都市圈”建设模式与中国空间经济组织创新》，《战略与管理》2000 年 2 月，第 11—15 页。

④ 张敏、顾朝林等：《长江三角洲全球城市区空间建构》，《长江流域资源与环境》2006 年 6 月；甄峰、顾朝林等：《信息时代珠江三角洲的区域空间结构》，《中国地理学会 2002 年学术年会论文摘要集》2002 年 1 月。

⑤ 方创琳：《2010 中国城市群发展报告》，科学出版社 2011 年版，第 4 页。

⑥ 唐亚林：《长江三角洲区域治理的理论与实践》，复旦大学出版社 2014 年版，第 195 页。

圈为基本范围的城镇化空间形态。该《指导意见》对现代化都市圈的发展目标提出了具体的展望，即到2022年，都市圈同城化取得明显进展，基础设施一体化程度大幅提高，阻碍生产要素自由流动的行政壁垒和体制机制障碍基本消除，成本分担和利益共享机制更加完善，梯次形成若干空间结构清晰、城市功能互补、要素流动有序、产业分工协调、交通往来顺畅、公共服务均衡、环境和谐宜居的现代化都市圈。到2035年，现代化都市圈格局更加成熟，形成若干具有全球影响力的都市圈。[①]该《指导意见》从国家空间布局战略顶层设计高度，将“都市圈”界定为介于中心城市与大城市群之间的枢纽型超大发展平台，是既突破行政区划限制，又遵循与满足经济发展规律和空间治理能力的结构形态。大都市圈已成为新时代现代化国家空间布局战略体系中的新型发展平台与发展空间。[②]

1.2.3 大都市圈治理的相关研究

大都市治理的相关理论研究成果丰富。区域一体化理论鼻祖哈斯认为区域经济一体化将逐渐向区域政治一体化过渡。[③]布坎南则强调市场作用，反对政府干预和政府主导。[④]波特主张管理主体多元化、治理手段现代化。[⑤]斯托克等主张系统的治理理论。[⑥]肯尼斯则强调成立区域大规模政府的必要性，并应集中在协调整合公共服务、执行战略功能等方面。[⑦]

在治理模式方面，大都市圈协同治理理论是政府协同治理这一概念在大都市特定区域空间内的具体体现。波利特认为协同政府致力于实现思想和行为纵向和横向两个层面协调，以消除不同政治体间的紧张，实现

---

① 《国家发展改革委关于培育发展现代化都市圈的指导意见》，中华人民共和国国家发展和改革委员会2019年2月19日。

② 唐亚林：《构建新时代社会主义现代化国家的空间布局战略体系：基于城市化发展的考察》，《同济大学学报》(社会科学版)2021年第1期。

③ Haas, Ernst B., *The Uniting of Europe: political, social and economical forces 1950—1957*, London: Stanford University Press; Stevens & Sons Ltd. 1958.

④ Buchanan J. M. Social Choice, Democracy, and Free Market. *Journal of Political Economy*, 1954, 62(2):114—123.

⑤ Porter M. E., *The competitive advantage of nations*, Free Press, 1990.

⑥ Stoker G., Governance as theory: five propositions. *International Social Science Journal*, 2010, 50(155):17—28.

⑦ Powell, Kenneth, *City Transformed: Urban Architecture at the Beginning of the 21st Century*, Calmann & King Ltd, 2000.

资源优化配置，并促进不同利益相关者之间的协同合作。①协同治理理论将地方区域作为协同治理的场所，强调重新发现地方区域的重要作用，实现区域内多方主体的相互依存与有机整合。②协同模式方面，以美国为代表的联邦制国家结构形势下跨区域政府协作以平等自治原则为主，强调合作原则，如哈耶尔等认为协同政策的制定应建立在平等对话基础上；③菲沃克等学者认为自愿模式能够避免权威机构忽视协作成本和各方意愿的弊端，发挥地方政府和各利益主体的自组织能力。④

总的来看，西方大都市圈治理相关理论经历了田园城市理论、单中心主义模式、多中心主义治理模式和新区域主义发展模式四大主要阶段，是对西方国家自身大都市圈发展治理经验的阶段性理论总结，以及对其区域经济社会发展现实需求作出的理论回应与拓展更新。⑤一是由英国学者霍华德提出的"田园城市"理论模式发展阶段。为应对18世纪后半期以后西方国家高速工业化和城市化进程中出现的一系列城市问题和社会问题，田园城市理论提出城市应与乡村结合，消除大城市同自然隔离所产生的矛盾，从生态、经济和社会等多个角度出发综合考虑城市发展形态的建构。这种自给自足的静态发展模式虽然提供了良好的生存环境，却对现代工业发展考虑不足，无法提供支持城市持续生长发展的动力。⑥二是单中心主义治理模式发展阶段。主要应对20世纪上半期美国大都市圈发展进程中出现的区域发展与治理碎片化问题，单中心主义模式主张建立一个区域范围内的大都市统一政府，以达到解决问题，实现规模经济之目的。⑦

---

① Christopher, Pollitt, Joined-up Government: a Survey. *Political Studies Review*, 2003.

② 皮埃尔·卡蓝默：《破碎的民主——论治理的革命》，三联书店2005年版。

③ Hajer M. A., Wagenaar H., *Deliberative Policy Analysis: Understanding Governance in the Network Society*, Cambridge University Press, 2003.

④ Feiock R. C., Rational Choice and Regional Governance. *Journal of Urban Affairs*, 2007, 29(1):47—63.

⑤ 于迎：《从经济优先型到整体性规划：中国城市群发展新型动力建构战略及其实现路径》，《行政论坛》2017年第5期，第45—52页。

⑥ 费移山、王建国：《明日的田园城市——一个世纪的追求》，《规划师》2002年第2期，第88—90页。

⑦ Hendirick, Jimenez, *Does government fragmentation enhance or hinder metropolitan economic growth*, Papers in regional science, 2008, 89(3):641—657.

三是多中心主义治理模式发展阶段。在20世纪60年代大都市圈发展快速变化和政府改革浪潮兴起的背景下，单中心主义模式凸显回应迟缓、服务成本上升、效率低下等问题，因此强调分权、多中心合作与互补的多中心主义治理模式占据了主导地位。①四是新区域主义发展模式阶段。20世纪90年代全球化和信息化持续推进，都市圈发展的郊区化趋势和多中心治理模式已经不能满足大都市圈在新时代背景下引领区域经济社会发展的实际需求，新区域主义模式由此提出将大都市圈的发展与治理看作是多种政策相关主体之间谈判的过程，聚焦于在不同公共机构和私人主体之间建立联系，建立政府与非政府组织以及其他利益相关者的整合与协作机制等问题②，从而改善区域经济活动配置，提高区域经济效率，建立区域内互惠、合作和共同发展的治理网络。③西方学者的都市圈治理理论总体来说是一种经济优先型发展模式，主要为应对区域产业发展和城市化进程中出现的一系列区域性经济社会问题而产生，侧重于大都市圈产业发展、经济基础、人力资源、技术、政府政策等动力因素的研究，着眼于推进城市群一体化发展和经济增长。④

中国作为发展中国家，大都市圈相关研究注重对西方先进经验的分析引进和发展理论的参考借鉴，从多种学科角度引介相关理论并应用于中国区域发展实践，进而提出促进区域发展的理论成果或政策建议。陈水生从规划变迁和动力支持的视角研究了世界城市群的形成与发展路径，通过聚焦研究纽约、东京、伦敦、巴黎和芝加哥五大城市群的形成演化与动力支持体系，发现城市规划是城市空间扩展的重要推动力透过城市规划变迁可以考察城市群的空间扩展轨迹与规律；世界城市群的发展动力支持体系则主要包括系统科学的城市规划战略的前瞻引导、权威有效的跨区域协调机制的构建、协同发展的产业集群格局的打造和互联互通

---

① Tiebout, C. M., A pure theory of local expenditures. *Journal of Political Economu*, 1956, 64(5):416—424.

② 张紧跟:《新区域主义:美国大都市区治理的新思路》,《中山大学学报》(社会科学版)2010年第1期,第131—141页。

③ Hollis, L. E. Regionalism today: Background, timeliness, and current practice, ULI Working Paper, 1998: No.658.

④ 方中权、陈烈:《区域规划理论的演进》,《地理科学》2007年第4期,第480—485页。

互享的基础设施的建设这四个关键要素。①

中国大都市区圈治理研究特点体现为区域协调发展的政策环境下强调区域协同治理和一体化治理的实践路径。2015年以来,随着中国城市化发展进程进入全球化、区域一体化和创新化转型升级的全新发展阶段,长三角、京津冀、珠三角三大都市圈成为中国参与国际合作与竞争的战略支撑点,具有重要意义,因此大都市圈治理理论成为学术热点。张京祥等主张建立"两级双层管理模式组合而成的三层管理系统",取消市带县的行政模式,由国家、省、大都市圈机构形成第一层履行区域性事务职能,由市形成第二层从事具体事务管理,强调从上到下的治理模式。②政府间横向关系是大都市圈治理理论的研究重点,陆大道提出区域发展需在经济增长、社会保障、生态环境三个目标相互作用的基础上协调发展。③

结合中国这一单一制国家的结构形式,有学者认为中国应建构符合自身发展需求的城市政府合作体制。林尚立等主张建立统一的等级结构式治理系统。④王川兰提出应建设以区域内两个或两个以上地方政府对公共事务进行综合治理,并整合中央政府、地方政府、各类社会组织团体等多个主体的多元复合体制。⑤张衔春等认为,国外较为注重"多元利益协调"基础上大都市区治理问题研究,充分考虑各方面诉求,并关注地区社会公平、公共资源和环境问题;国内较注重"政府间关系"基础上的大都市区治理研究、本土化探讨等,实践中均以政府为主导,对其他利益诉求考虑不充分。⑥姚永玲、唐彦哲指出,首位城市与周边城市不同的联系方式决定了城市群的内部结构,可以从中心度和控制力角度认识城市群内部结

---

① 陈水生:《世界城市群是如何形成的:规划变迁与动力支持的视角》,见唐亚林、陈水生主编:《复旦城市治理评论》第1辑,上海人民出版社2017年版,第5页。

② 张京祥、黄春晓:《管治理念及中国大都市区管理模式的重构》,《南京大学学报》(哲学·人文科学·社会科学版)2001年第5期,第111—116页。

③ 陆大道:《大都市区的发展及其规划》,《经济地理》2009年第10期,第1585—1587页。

④ 顾丽梅、林尚立:《信息社会的政府治理:政府治理理念与治理范式研究》,天津人民出版社2003年版。

⑤ 王川兰:《多元复合体制:区域行政实现的构想》,《社会科学》2006年第4期,第111—118页。

⑥ 张衔春、赵勇健、单卓然、陈轶、洪世键:《比较视野下的大都市区治理:概念辨析、理论演进与研究进展》,《经济地理》2015年第7期,第6—13页。

构。中国城市群内部联系度普遍不高，由现代服务业经济活动组成的联系结构较为松散，尤其是首位城市与周边城市之间的二级联系缺乏。①王健、鲍静等提出“复合行政”概念（跨行政区划、跨行政层级的不同政府之间，吸纳非政府组织参与，经交叠、嵌套而形成的多中心、自主治理的合作机制），并认为“复合行政”是解决中国区域经济一体化与行政区划冲突的根本出路。②唐亚林提出，长江三角洲区域政府合作模式应从被动的行政分割式管制模式走向积极主动的区域善治式政府合作模式。区域善治是区域治理的一种理想形态，这种合作模式的基本要素有四点：治理主体的多元性、治理机制的非对抗性（协商与合作）、利益取向的可调和性和最大化性、民众需求的可回应性。③

同时，也有学者对都市圈网络内各城市间职能分工及互补性④，以及财政协同治理⑤、司法协同治理⑥、环境协同治理等都市圈协同治理的内容体系进行了研究，在治理结构、府际关系、治理内容等方面取得了丰硕研究成果。

1.2.4 对现有研究的评价

综上可见，国外都市圈理论的研究历经了较长时间，反映了国外都市圈经济和社会发展的实践成果，并根据全球化和信息化的新时代背景进行了理论更新，进一步增强了对实践的解释能力和指导意义。同时，不同国家在各自的特定的政治、经济和文化背景下，对大都市圈的界定和治理模式存在着不可避免的差异，但其中的研究思路、研究方法和成果结论对于我国的都市圈发展整合具有重要的借鉴与启示意义。

国内既有则研究显示了多学科、多视角的丰富理论成果。作为社会

---

① 姚永玲、唐彦哲：《城市群首位城市的联系能级、中心度和控制力》，《经济地理》2015年第7期，第66—71、78页。

② 王健、鲍静、刘小康、王佃利：《“复合行政”的提出——解决当代中国区域经济一体化与行政区划冲突的新思路》，《中国行政管理》2004年第3期，第44—48页。

③ 唐亚林：《从行政分割到区域善治：长江三角洲区域政府合作模式的创新》，《政治与法律》2008年第12期，第7—13页。

④ 李佳洺、孙铁山、李国平：《中国三大都市圈核心城市职能分工及互补性的比较研究》，《地理科学》，2010年第4期，第503—509页。

⑤ 于文豪：《区域财政协同治理如何于法有据》，《党政视野》2015年第5期，第55页。

⑥ 张丽艳、夏锦文：《国家治理视域下的区域司法协同治理》，《南京社会科学》2016年第5期，第83—90页。

主义国家，中国致力于实现各区域的均衡发展和协同发展。全国各区域之间的不均衡发展及其模式、成因以及改进策略，长期以来都是中国区域研究的主要课题。在当代中国新型城镇化战略格局背景下，中国区域发展仍在快速变化之中，区域战略的演化机理与治理机制等重大问题仍需从中国宏大壮阔的国家建设进程中寻求解答。

本书在比较分析国外都市圈发展模式的基础上，紧密结合当代中国大都市圈发展演化的动力机制和治理模式，对比研究中国三大都市圈发展路径和演化机理，建构中国区域发展战略的演化机制模型，服务于新时代背景下中国三大都市圈的全新战略定位和治理目标。

1.3 相关概念与研究方法

1.3.1 相关概念

本书主要使用三大核心概念，即都市圈、演化机理和整体性治理。

第一，都市圈。多种研究成果中与大都市圈相关的概念主要包括城市带、大都会区、大都市带和城市群等，这些概念既相互区别又相互联系，其中城市群概念较多从地理科学角度和规划实践需要出发。而都市圈概念指的是在城市化发展的特定阶段所出现、由一个经济中心和与其具有密切社会经济联系的周边地区共同组成的有一体化倾向的城市化地域，其发展目标在于促进中心城市与周边地区城市功能的整合与优化，形成有利于共同发展、共同受益的城市利益共同体。

本书结合中国城市化进程及区域经济发展现状，选取“都市圈”这一概念，从学术上强调由中心核心城市向周边区域影响辐射的突出的圈层化结构特征。都市圈发展以单个或多个特大城市为中心，核心城市与周边中小城市联系紧密、协作依存发展。

第二，演化机理。演化理论的思想萌芽可追溯到马歇尔，其在对经济动态现实和长期发展的思考中形成了经济演化的理论探索。①熊彼特首先

① 罗卫东、程晨、张毅：《“人”与经济演化——阿尔弗雷德·马歇尔经济学的另一维度》，《社会科学战线》2021年第1期，第91—98页。

提出了经济演化的思想，认为创新是经济演化的根本动力，经济系统的烟花一般呈现周期性演化特征。①演化经济学是以技术变迁和制度创新为核心研究对象，以动态的、演化的理念来分析和理解经济系统的运行与发展规律。区域发展的演化理论即是采用演化经济学的思想和方法动态研究区域发展中的理论问题和实践问题。②应用演化理论，能够对区域发展的经济过程、制度变迁、动力机制和社会交往等演化机理进行动态的科学考察，研究内容涉及区域经济结构调整、制度安排和政策选择等，重点是政府与市场在区域发展中的互动作用机制。

第三，整体性治理。整体性治理（nolistic governance）理论着眼于政府内部机构和部门的整体性运作③，主张管理从分散走向集中，从部分走向整体，从破碎走向整合。整理性治理的基本含义是，协调和整合各种相关资源、结构和力量，共同工作，解决那些仅靠单个部门或组织无法应对的问题，更有效地提供公共服务或实现公共价值。类似概念包括综合性治理、网络化治理、整体性政府等，都强调整合性的逻辑，但在主体、内容、程度等方面不尽相同。就合作主体而言，有的概念主要是指政府系统内部各部门、各组织之间的合作（内部合作），但大多数都包括政府、企业、社会组织、教育科研机构、社区等多类主体间的合作（跨界合作）。此外，还可以将其分为横向整合（同级或平行组织之间的整合）和纵向整合（上下级组织之间的合作）。整体性治理与协同型政府改革相互辉映，成为政府改革与再造过程的系统化理论解释框架和制度化策略，具体体现为政府的治理理念、组织结构、运行机制和服务方式等方面的整体性策略。④

分工与整合是现代管理的两种基本机构，它们既相互矛盾，又相辅相成。针对传统管理的低效、非专业化和经验性特征，21 世纪之前的现代经济和管理研究与实践基本上都在致力于如何科学合理分工、有效专业化管理等问题，科层制和专业化分工成为行政管理的代名词，但过度专业化

① 汤正仁：《西方经济演化思想研究》，武汉大学出版社 2010 年版。

② 尚勇敏：《中国区域经济发展模式的演化》，华东师范大学出版社 2015 年版。

③ 竺乾威：《从新公共管理到整体性治理》，《中国行政管理》2008 年第 10 期，第 52—58 页。

④ 胡佳：《迈向整体性治理：政府改革的整体性策略及在中国的适用性》，《南京社会科学》2010 年第 5 期，第 46—51 页。

又导致了政府管理的碎片化和空心化。这不仅产生了严重的协调问题和管理空洞,而且使得政府难以应对日趋复杂的社会管理和公共服务问题。①因此,基于合作逻辑的公共管理理论与实践受到重视,内涵和外延更广的整理性治理理论与实践蓬勃发展。在现有体制下,区域整体性治理强调以目标为导向,利用整合各方比较优势实现协调合作,成为政府引领区域协作的有效模式。②特别是整体性治理理论强调将政府部门间和政府间整体运作作为治理的基础组织结构,对于区域府际治理机制的建立与优化具有重要意义。整体性治理的组织结构不再以特定功能为基础,而是以结果和目标进行组织设计和创新,强调构建服务于治理目标的整体性治理网络。

1.3.2 研究方法

本书将综合运用公共管理学、政治学、经济学、信息科学与传播的基本理论与方法,主要采用文本分析法、比较研究法和历史制度主义研究法等方法,从理论和实践角度比较研究中国长三角、泛珠三角和京津冀新三大都市圈的区域发展战略与实现路径。

文本分析法将应用于收集和梳理既有文献,重点整理中央及长三角、珠三角、京津冀大都市圈的历年重要政策文本、会议文件和实践行动等,并对文本进行认定、解读和分析。同时收集伦敦、纽约和东京等地在大都市圈发展演化的路径经验。特别是政策文本分析,能够从政策文本属性和政策内容等维度分析政策规律或特征,考察政策发布主体、政策权威性、政策弹性及政策效力等,通过政策演进过程探析制度演进规律。

比较研究法将应用于对比长三角、京津冀、珠三角大都市圈发展演化的主要模式及支撑条件,包括比较国外重点都市圈的演化路径、理论模式及其与中国的差异。全球一体化背景下,国际变量已经成为影响国家内部政治决策的重要因素,同时国际经验也能够在某些方面为国内建设提供有益借鉴。国内三大都市圈发展中的经济模式、协作机制、文化特征和发展绩效等方面的比较,也能够通过分析研究相同国家制度下各大区域

---

① 易承志:《跨界公共事务、区域合作共治与整体性治理》,《学术月刊》2017 年第 11 期,第 67—78 页。

② 高建华:《区域公共管理视域下的整体性治理:跨界治理的一个分析框架》,《中国行政管理》2010 年第 11 期,第 77—81 页。

中心城市、重点城市的区域整合能力、引领机制及发展效能，进而总结具有相对普遍适用性的区域治理制度创新。

历史制度主义研究方法将应用于考察置于一种长时段的历史进程中的中国大都市圈发展，注重寻找发展中的解释机制，并着重国家和制度所起的关键作用。历史制度主义研究方法是比较政治学范式沿革下的一个重要范式创新，主要研究在特定历史时间维度之中的制度变迁模式、制度驱动机制、制度效能理论等，通过对特定时间序列和关键时间节点的分析与研究来发现制度变迁之间的内在联系，透视其发展过程。[①]历史制度主义对制度的关注、历史时间维度的考察，能够提供长时段和大视野的社会变迁研究方法，展现历史演变中多重变量的作用及其关系，为如何在传统制度背景和现代化压力下进行制度变革和发展改革提供可行性思路，非常适合对中国区域发展的研究。

① 刘圣中：《历史制度主义：制度变迁的比较历史研究》，上海人民出版社2010年版。

第二章　中国大都市圈发展演化的基础环境与分析框架

区域协调发展战略成为推动中国大都市发展建设和经济转型升级的重要动力。推动区域更高质量一体化发展实践不断取得实质性进展。依托国家战略的前瞻规划和强力推进，大都市圈内部城市加强合作、促进区域整体发展成为共识。当前，中国大都市圈战略规划、顶层设计与贯彻实施，以新时代中国特色社会主义思想为指导，统筹推进“五位一体”总体布局，协调推进“四个全面”战略布局，坚持新发展理念，以创新驱动高质量发展，发展知识型经济，深入推进开放合作，协同长江经济带建设和“一带一路”建设，更好服务国家改革开放全新战略格局。

2.1　中国大都市圈发展演化的基础环境

2.1.1　制度基础

中国单一制的国家结构形式成为中国大都市圈发展演化的现实制度基础。这成为中国大都市圈发展演化的最大制度前提，深刻影响了大都市圈的经济社会一体化发展进程和政府合作机制。

在单一制国家结构形式下，地方政府总体上接受中央政府的领导和监督，权力来自中央政府授权。各地方政府在履行政治治理功能的同时，也承担了发展各自行政区经济的重要职能。这与联邦制国家结构形式下的区域府际合作关系有明显不同。联邦制下州政府之间的关系一种相对松散、相互独立的关系，彼此之间既竞争又合作，各州之间以自治为前提、以自愿为原则、以项目合作为纽带展开跨州合作。

从历史上看，中国自公元前 3 世纪就建立起了强大的、统一的、中央集权型国家；从现实上看，中国目前采取的中央集权单一制国家结构形式，历经 70 年的发展，仍然符合中国这一超大规模社会的基本国情。随着信息通信技术发展和高铁高度发展新技术时代的来临，一国的空间治理规模因快速的交通条件与即时通信、智慧治理的高效优势而呈现一种被大大压缩的状态。整个国家治理的时空基础都已经发生了巨大变化。①从此意义上讲，对京津冀、长三角和粤港澳的治理制度与体制安全，都以此基本政治制度为独特生成和演化背景。这一制度优势不仅缔造了新中国 70 多年的高速增长，还以非凡的组织动员能力、统筹协调能力、贯彻执行能力，能够充分发挥集中力量办大事、办难事、办急事的独特优势，保障国家与人民经受住非典、新冠肺炎疫情等风险挑战冲击②，彰显了中国国家制度和国家治理体系的优越性。

改革开放 40 年来，中国走上了“以经济建设为中心”的发展之路，揭开了社会主义现代化建设的新篇章。自 2010 年起，中国成为且稳居世界第二经济大国，就是始终进口发展生产力这一历史主体的生动体现。在此过程中，中央及地方政府励精图治，以宏观战略的前瞻性与现实策略的务实性，通过多种中长期战略规划、五年发展计划与年度计划有机对接等方式，确保路线方针政策以现代化建设为主线，并在实践中得到有机遵循。③这些举措成功将国家长期发展战略目标、中长期政策议题和地方发展创新相结合，形成了一种持续有效推动国家发展建设的伟大实践和卓越制度。但是，地方政府承担的是地方经济发展和社会治理的双重重任，往往会出于地方发展的现实需要，按照行政区的实际来组织和调控地方的发展，带来竞争式高速发展绩效的同时，也在客观上造成了各自为政、行政分割式的地方治理体系的出现。④长期以来，这种局面对于大都市圈内城市协同和经济合作都形成了一种制度性阻碍，使得城市同质化竞争加剧、

---

① 唐亚林：《区域治理的逻辑：长江三角洲政府合作的理论与实践》，复旦大学出版社 2019 年版，第 43 页。

② 习近平：《在全国抗击新冠肺炎疫情表彰大会上的讲话》，《人民日报》2020 年 9 月 9 日，第 2 版。

③ 唐亚林：《当代中国政治发展的逻辑》，上海人民出版社 2019 年版，第 12 页。

④ 唐亚林：《长江三角洲区域治理的理论与实践》，复旦大学出版社 2014 年版，第 78 页。

实质性合作缺失。因此，新时代的三大都市圈战略规划都高度重视高质量区域一体化的制度创新和机制建设，区域府际协同合作的有效机制也成为区域治理的研究热点。

综上所述，中国大都市圈发展演化的制度基础主要是社会主义国家根本制度和单一制的国家结构形式。党的十九大以来，国家从顶层设计的高度，对三大区域进行了旨在促进更高质量一体化发展的一系列战略规划。这些从示范区、先行区等重点城市建设，到大都市圈发展建设、再到高质量一体化城市群建设的多项战略规划，是对前期以经济建设为中心的区域发展战略的继承延续与全面升级，也是面向严峻复杂国内外形势和国家发展战略任务目标所构筑的新时代社会主义现代化国家建设新型发展平台与发展空间。当代中国区域发展战略体系是在长期实践探索中形成的区域治理制度体系，成为中国特色社会主义国家治理体系和治理能力现代化建设的重要组成部分。

2.1.2 实践基础

2017 年 10 月，党的十九大报告首次正式提出实施区域协调发展战略。①这是在新时代背景下，党中央紧扣我国社会主要矛盾变化、针对区域协调发展新特征作出的重大战略部署，并从顶层设计高度制定了一系列区域协调发展的整体性规划和创新性举措，掀开了中国区域治理的全新篇章。

区域协调发展战略是决胜全面建成小康社会的内在要求，是全面建设社会主义现代化国家的重要战略安排。在我国持续实施西部大开发、东北振兴、中部崛起和东部率先发展等多项区域总体战略的基础上，党的十九大报告明确提出区域协调发展战略，是对以往区域发展理论和实践的全面概括和高度提升，是新时代推动我国区域发展的重大战略部署和行动纲领。②

在顶层设计层面，区域协调发展战略明确指出，要以区域为主体，构

① 《习近平在中国共产党第十九次全国代表大会上的报告》，新华社 2017 年 10 月 27 日。

② 石碧华：《区域协调发展战略为区域发展指明方向》，《中国社会科学报》2017 年 12 月 13 日第 7 版。

建大中小城市和小城镇协调发展的城镇化发展新格局。在精准施策方面，区域协调发展战略要求重点推进长三角、京津冀和粤港澳大湾区三大优势地区实现创新引领和更高质量一体化发展；同时发挥优势推动中部地区崛起，深化改革加快东北等老工业基地振兴，强化举措推进西部大开发和边疆发展，加大力度支持民族地区、贫困地区、革命老区加快发展，构建更具整体性、系统性和科学性的区域立体化均衡化发展新格局。

这一基本方略不仅从战略层面对区域协调发展作出了完整部署，而且明确了各主要区域重点任务、发展定位和建设路径，成为新时期促进区域协同发展和一体化建设实践的重要政策机遇和全新规划引领驱动力。

当今世界面临百年未有之大变局，全球治理体系和国际秩序变革加速推进，世界新一轮科技革命和产业变革同中国经济优化升级交汇融合，为中国的区域一体化发展提供了外部机遇。与此同时，国际保护主义、单边主义抬头，经济全球化趋势放缓，世界经济增长不确定性较大，国际环境日趋复杂多变。中国特色社会主义进入新时代，经济转向高质量发展阶段，对区域一体化发展提出了更高要求。“一带一路”建设和长江经济带发展战略深入实施，为三大都市圈的一体化发展注入了强劲新动力。三大城市群的建设成为全国发展强劲活跃增长极，有助于加强创新策源能力建设，构建现代化经济体系，提升参与全球资源配置和竞争能力，增强对全国经济发展的影响力和带动力，持续提高对全国经济增长的贡献率。①

特别是全球竞争日趋激烈的背景下，从调整空间结构中寻找经济效益空间的压力日益显现。都市圈这样的空间结构形式日益成为世界主要大国城市体系结构演化的重要方向，也已经成为未来一段时间中国经济发展重要的发展战略之一。中国未来将形成包括上海都市圈、首都圈等在内的多个大都市圈，作为推动城镇化和现代化的重要经济空间结构。

---

① 《中共中央国务院印发长江三角洲区域一体化发展规划纲要》，《人民日报》2019 年 12 月 2 日第 1 版。

2.2 分析框架

本书试图分析比较当代中国三大都市圈的区域发展战略演化机制,解释中国区域发展战略的演化动力、演化过程和演化趋势,揭示其发展与演化的客观规律,为中国区域发展提供有益的分析角度。基于对中国区域发展战略的理论分析与实践经验总结,本书将中国区域发展置于一种经济、空间和制度所构成的三位一体的分析框架去理解。

在经济层面,本书考察了区域经济协同机制的发展历程与模式转变,指出改革开放以来,中国区域发展形成了经济优先型的发展模式和非均衡式的区域发展格局。三大都市圈根据自身禀赋条件,采取不同的区域经济协作机制,反映了区域经济一体化的客观趋势和现实需求,但同时也具有明显的效用限度,难以形成区域整体竞争力。

其次,由政府引导建立的整体性规划引领模式,从顶层设计角度规划统筹区域经济发展和区域城市空间结构布局,构建了当代中国区域发展的新型战略模式,开创了国家区域治理新格局。

最后,在空间层面,考察了中国区域从点状城市发展到多中心、多节点的网络化空间格局的发展历程。三大传统都市圈通过提升辐射力和影响力,实现了区域空间的网络化发展和更大范围的拓展扩容,构建了国家区域治理的全新战略空间和经济发展新型动力空间。

总体来看,中国区域发展战略的发展演化主要由政府主导,深度介入区域经济发展,重塑区域战略空间结构。[①]在这个过程中,占据主导地位的是掌握规划权与多种区域事权的中央机构及其相关部门,统筹制定跨省市行政区大都市圈发展规划,确定区域内各城市的功能定位和职能分工,统一行使以交通、能源、水利、信息、港口、航空为核心的区域重大基础设施一体化权和有效推进区域经济社会一体化发展的区域治理制度设计权。(见图1)

---

① 唐亚林、于迎:《大都市圈协同治理视角下长三角地方政府事权划分的顶层设计与上海的选择》,《学术界》2018年第2期,第57—68、284—285页。

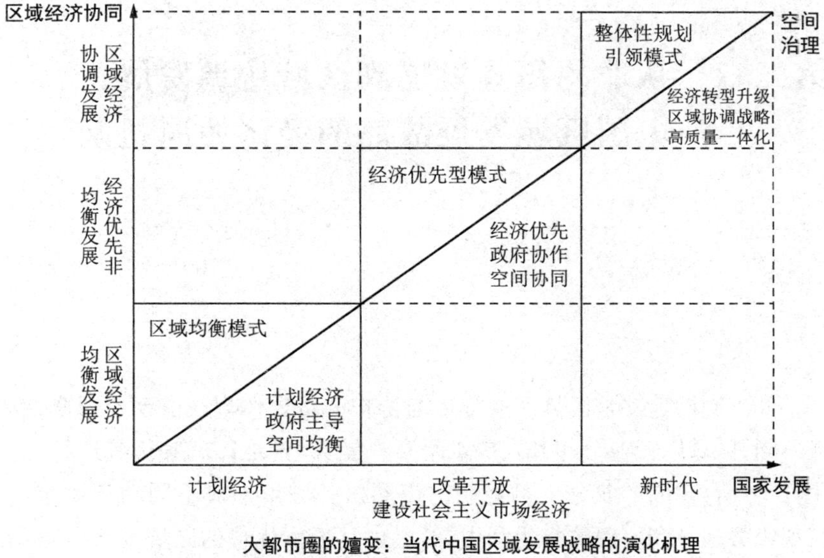
区域经济协同
区域经济协调发展
经济优先非均衡发展
区域经济均衡发展
整体性规划引领模式
空间治理
经济转型升级
区域协调战略
高质量一体化
经济优先型模式
经济优先
政府协作
空间协同
区域均衡模式
计划经济
政府主导
空间均衡
计划经济
改革开放
建设社会主义市场经济
新时代
国家发展
大都市圈的嬗变：当代中国区域发展战略的演化机理

图 1　分析框架

第三章 从非均衡式发展到区域协调发展：中国区域发展战略的经济协同机制

都市圈的建立是区域产业分工与协作的重要体现。由于资源禀赋优势不同，区域间产业分布和发展水平存在差异，各地区就其优势进行专业化分工。合理的产业分工可促使都市圈内各城市形成不同的产业布局，实现优势互补和资源的集约利用，形成更具整体优势的区域经济新格局。随着经济全球化和国际分工的发展，都市圈通过其在全球经济网络中的竞争优势，通过产业集聚与分工对地区和国家的经济发展起到重要推动作用，并通过产业结构的转型和优化，推动区域公共服务一体化，形成区域整体性竞争带来都市圈影响能级和辐射带动能力的再次提升。长三角、珠三角和京津冀已经形成三个发展相对成熟、规模较大的都市圈区域，成为带动我国整体经济发展的主要力量。这三大都市圈的区域发展模式转变历程，即是对我国城市化道路和城市体系发展演变路径的典型缩影，对我国内陆中、西部城市体系的培育发展也具有重要借鉴意义，因此具有重要的理论价值和实践价值。

3.1 区域发展与模式转变：区域经济发展战略与政策演进

新中国成立后，全国生产力布局经历了几次重大调整，城市化进程经过了一个漫长而曲折的发展历程。“一五”时期，苏联援建的156项重点工程，有70%以上布局在北方，其中东北占了54项。后来，毛泽东在《论十大关系》中提出正确处理沿海工业和内地工业的关系，20世纪60年代中期开展“三线”建设。改革开放以后,中国实施了设立经济特区、开放沿海城市等一系列重大举措。20 世纪 90 年代中后期以来,国家在继续鼓励东部地区率先发展的同时,相继作出实施西部大开发、振兴东北地区等老工业基地、促进中部地区崛起等重大战略决策。党的十八大以来,党中央提出了京津冀协同发展、长江经济带发展、粤港澳大湾区建设、长三角一体化发展等新的区域发展战略。①在此过程中,中国区域发展出现一些新挑战新问题,主要包括区域经济发展分化态势明显、发展动力极化现象日益突出、东北和西北部分区域发展相对滞后等问题。总体上,中国经济发展的空间结构发生了深刻变化,中心城市和城市群已经成为承载发展要素的主要空间形式。进一步的发展规划要求适应客观新形势,形成区域协调发展新思路。

中国城市化发展、城市体系发展和区域发展具有鲜明的时间阶段性特征。总体来看,中国区域经济发展大致经历了三次重要的战略调整,分别是计划经济背景下的区域经济均衡发展阶段、市场经济背景下的经济优先型非均衡发展阶段和新时代背景下的区域协调发展阶段。随着不同发展阶段实施不同的区域经济发展战略,国家区域经济政策也在不断调整和完善升级之中。区域经济发展伴随着不同战略发展时期的宏阔时代背景,凭借自身的发展基础和不同资源禀赋条件,在经济体制转轨、经济增长方式转变和改革开放日益融入全球化的竞争中,经历着极强的具有中国特色的区域发展战略嬗变、格局演化和政策变迁。②

3.1.1　计划经济背景下的区域经济均衡发展

在改革开放之前,即 1949 年到 1978 年,中国城市发展高度依赖中央计划自上而下的资源分配。区域经济基本状况是生产力分布与资源分布极不平衡,东部沿海地区集中了全国工业总产值的 77%以上。③在这个时期,一方面是建设公平正义美好社会主义国家的建国理想要求实现经济发展和东西部区域发展平衡,另一方面是严峻的国际政治环境使得东部沿海地区有可能面临战争威胁,因此整体国民经济重心,特别是重工业中

① 习近平:《推动形成优势互补高质量发展的区域经济布局》,《求是》2019 年第 24 期。
② 刘书瀚:《当代中国经济政策与实践》,中国财政经济出版社 2014 年版,第 79 页。
③ 同上书,第 81 页。

心基本建设于北方和内陆地带。东北工业基地,华北、中西部地区等集中了全国主要的钢铁、煤炭、石油和机械等颇具规模和实力的重工业,形成一些影响至今的新的工业城市和工业中心。这一时期的重工业发展是资源和工业基础薄弱的新中国从农业社会为主向工业社会发展过渡的重要桥梁,因此在经济结构上就表现为重工业优先的发展战略,在区域空间结构上呈现出相对平衡的区域经济发展格局。

总体而言,从平衡地区生产力布局和国防安全等多个角度出发,这一阶段实施了“平衡生产力布局、加强内地建设、巩固国防”为目标的区域经济均衡发展战略。该战略是依托计划经济体制协调区域经济,以国家集中投资和直接调控为主要政策工具,以内陆地区为重点的国家区域经济发展战略,其切实推动了我国北方和中西部地区的工业建设布局和经济社会发展,缩小了新中国成立时即存在的较大的东西部经济差距,促进了区域经济平衡发展①,具有时代必然性和合理性。另一方面,计划经济体制下的一系列户口迁移限制制度、劳动用工制度、教育制度等造成城乡人口隔绝,从经济结构和社会结构等多个方面制约了城市发展进程。通过一系列超经济力量调配区域发展差距和城市经济结构②,带来了稳定低速、迟缓滞后的城市化进程。

这一阶段的区域发展战略囿于客观时代条件,并非将区域经济均衡发展建立在遵循经济发展客观规律的基础之上,生产力的均衡配置具有极强的片面性,从而形成的是一种牺牲经济效益为代价的低水平区域平衡。随着国家战略和外部政治经济环境的改变,区域经济均衡发展战略的调整和转变成为必然。

3.1.2 市场经济背景下的经济优先型非均衡发展

改革开放后,中国开始进行经济体制改革和对外开放战略,对区域经济发展战略也进行了相应调整。这是建立在“发展才是硬道理”的经济指导思想和“先富带动后富”的大局构想基础之上的。1978 年 12 月 13 日,邓小平在中共中央工作会议闭幕会上发表《解放思想,实事求是,团结一

---

① 张深溪:《从均衡发展到非均衡协调发展的战略转变》,《学习论坛》2003 年第 6 期,第 14—17 页。

② 张蕾:《中国东部三大都市圈城市体系演化机制研究》,浙江大学出版社 2012 年版,第 5 页。

致向前看》的讲话，他提出："在经济政策上，要允许一部分地区、一部分企业、一部分工人农民，由于辛勤努力成绩大而收入先多一些，生活先好起来。……带动其他地区、其他单位的人们向他们学习。这样，就会使整个国民经济不断地波浪式地向前发展，使全国各族人民都能比较快地富裕起来。"这是一个能够影响和带动整个国民经济的大政策。1988 年 9 月，邓小平又提出："沿海地区要加快对外开放，使这个拥有两亿人口的广大地带较快地先发展起来，从而带动内地更好的发展，这是一个事关大局的问题，内地要顾全这个大局。反过来，发展到一定的时候，又要求沿海拿出更多力量来帮助内地发展，这也是个大局。那时沿海也要服从这个大局。"①1980 年 8 月深圳经济特区成立，1990 年上海浦东开发开放战略实施。1992 年，中央提出建立社会主义市场经济体制战略。在"发展才是硬道理"的经济指导思想和"先富带动后富"的战略部署之下，在国际形势趋向和平发展的基础之上，中国宏观区域经济发展指导思想突破过去片面强调均衡发展的束缚，开始由均衡发展战略转向非均衡发展战略。

根据国家经济发展战略演进特征和重大政策调整周期变化，可以将经济优先型的区域经济非均衡发展阶段再划分为两个部分，分别是效率优先的非均衡发展阶段和注重效率兼顾公平的非均衡发展阶段。

（一）效率优先的非均衡发展阶段

效率优先的非均衡发展阶段是从 1978 年改革开放到 1996 年。从"先富带动后富"和"两个大局"一系列观点提出，到具体体制改革和政策落实，追求效率的区域经济发展战略获得快速推进。自"六五"计划开始，国家在政策支持、资金投入、体制改革、对外开放、建设项目和工作力度等多个方面都开始向东部沿海大力倾斜。东部沿海地区特别是经济特区建设的成功实践经验，对国民经济持续、快速、健康发展起到了强有力的带动作用，成为社会主义市场经济体制更是社会主义发展史上一场前所未有的伟大社会变革和制度创新，取得了社会主义现代化建设举世瞩目的辉煌成就。②

---

① 《邓小平文选》第 3 卷，人民出版社 1993 年版，第 277—278 页。

② 习近平：《解放思想、实事求是要一以贯之——重读邓小平同志〈解放思想，实事求是，团结一致向前看〉》，《求是》1999 年第 1 期，第 21—24 页。

这一发展阶段,中央对地方政策相对宽松,地方政府从服从中央政府分配的被动执行者变成了主动的政策决断者,以外资为主的市场力量与地方发展积极性相结合,成为沿海地区经济发展的主要促进因素。①至此,改革开放成为中国区域经济发展战略的关键转折,效率优先的非均衡区域经济发展战略得以确立。这一时期的城市化发展动力更加多元化、市场化,形成了计划机制、市场机制和政策机制共同作用的区域发展新型动力机制。这虽与经济体制出于转轨阶段的时代特点相适应,但也同时为城市化和区域协调发展带来了新的矛盾与问题,如城乡差距问题、区域公共服务差距问题等,成为未来区域协调发展和一体化发展的障碍。中国城市化空间结构呈现出"东密西疏"的态势,京津冀、长三角和珠三角三大都市圈迅速发展,凸显了我国市场化体制改革和对外开放所提供的制度环境巨大优势。

20 世纪 80 年代改革开放初期,中央在深圳、珠海、汕头、厦门创办经济特区,1984 年开放上海、天津、大连、秦皇岛等 14 个沿海城市,1985 年在长三角、珠三角和厦门、湛江、北海三角地开辟沿海经济开放区,1988 年和 1990 年先后将辽东半岛和胶东半岛及广东省韶关、河源、梅州列入沿海经济开放区。这样从南到北连接成片,形成了以东部沿海城市为中心的沿海经济开放带。随着浦东开发战略实施和长江流域沿江城市开放带相继建立,东部沿海地区通过经济特区、开放城市和经济开发区等多种空间形式获得改革开放时代机遇和政策机遇。②

广东省珠三角地区成为第一个对外开放的地区,现在已经成为研究中国改革开放和区域发展的典型地区。改革开放政策对珠三角地区城市化和经济发展的影响是全面而深刻的。早期的重要变化是乡镇农村经济的工业化,包括县级官员在内的各级机构纷纷利用文化亲缘优势争夺以港资为主的各种外资。经济结构的重组随即带来城市化和人口构成的变化。这种变化在珠三角地区的分布并不均衡,靠近省会广州的城市,如佛山、东莞和江门等城市从经济发展中获益最多,成了该区域经济增长的核

---

① Wei Y. D., Beyond the Sunan Model: Trajectory and Underlying Factors of Development in Kunshan, China. *Social Science Electronic Publishing*, 2008, 34(10):1725—1747.

② 张蕾:《中国东部三大都市圈城市体系演化机制研究》,浙江大学出版社 2012 年版,第 43 页。

心。这种经济发展相应地刺激了该区域城镇和人口的规模化聚集，这些区域的工业技术、基础设施和商务环境都在不断发展。①

与珠三角地区较早的外商直接投资推动不同，20 世纪 80 年代改革开放初期，长三角发展主要受到乡镇集体企业发展的带动，仍然远离世界经济体系的分工和循环，形成大城市停滞和中小城市发展并存的局面。这一时期，在以条块分割、地区分割为特征的行政区经济背景下，长三角地区仍然出现了符合市场经济规律、促进技术流动和人才流动的“星期日工程师”现象。这一时期，江浙地区私营企业蓬勃发展，在多个环节出现了严重的技术短缺问题，因此邀请大量来自上海的技术工程师，在周末时间为企业提供技术咨询、技术支持和管理支持，极大促进了长三角区域的交流合作和经济发展。这是长三角地区地缘、商缘、人缘相近相通的体现，是以个人和企业为主体推进的阶段性区域经济合作现象。但是进入 90 年代以来，长三角乡镇企业发展所推动的区域发展遇到了资源和空间瓶颈，大量乡镇企业也由集体所有制走向了私有制。

1990 年浦东开发开放和 1992 年邓小平南方谈话发表之后，上海和长三角区域进入高速发展时期，真正改变了长三角城市格局。长三角地方政府以更强的引导能力和执行能力，以更大的力度吸引外商直接投资，形成了与珠三角区域有所差异的自上而下驱动的区域经济发展模式。上海很快在长三角区域乃至整个长江流域及全国层面确定了经济龙头的地位。

东部沿海地区在效率优先的非均衡发展战略实施下获得了优先发展的时代机遇。在出口导向型经济和多项优惠财税政策的引导下，东部沿海吸引了大量的外商直接投资，海内外资金和人才不断聚集，形成了新兴工业集聚发展地和改革开放先行示范区域。同时，东部沿海和内陆地区经济差距扩大，东部地区内部也出现了区域产业同构现象。区域失衡是我国改革过程中“以经济建设为中心”逻辑下出现的一个阶段性发展战略，带来东部发展效率的同时也带来了区域发展失衡的阶段性问题，因此区域经济发展战略再次面临调整。1991 年“八五”计划首次提出要坚持区域经济合理分工和协调发展，区域协调发展议题进入经济发展规划议程。

---

① 邹兵、施源：《建立和完善我国城镇密集地区协调发展的调控机制——构建珠三角区域协调机制的设想和建议》，《城市规划汇刊》2004 年第 3 期，第 9—15、95 页。

1996 年“九五”计划将“坚持区域经济协调发展，逐步缩小地区发展差距”作为今后 15 年经济和社会发展必须贯彻的重要方针之一，①并伴随着一系列重大区域发展战略规划的发布和政策调整与实施，开启了注重效率兼顾公平的区域经济发展阶段。

（二）注重效率兼顾公平的非均衡发展阶段

注重效率兼顾公平的非均衡发展阶段是从 1996 年“九五”计划开始到 2017 年党的十九大召开。以长三角、首都圈和珠三角为代表的东部沿海区域经济快速发展，区域经济差距不断扩大。1997 年，党的十五大报告特别强调要“从多方面努力，逐步缩小地区发展差距”，“促进地区经济合理布局和协调发展”，要求东部地区充分利用先发有利条件，在推进改革开放中实现更高水平的发展，有条件的地方要率先基本实现现代化；要求中西部地区要加快改革开放和开发，发挥资源优势，发展优势产业；同时提出国家将加大对中西部地区的支持力度，优先安排基础设施和资源开发项目，逐步实行规范的财政转移支付制度，鼓励国内外投资者到中西部投资，并进一步推动东部地区同中西部地区多种形式的联合和合作。

一系列中西部协调发展战略的实施成为存中西部地区经济增长的重要动力，极大改进了中西部地区的基础设施条件和投资环境，弭平了不同区域之间发展政策的较大差异。从区域平衡角度和国家经济平稳发展视角来看，中西部经济增长能够有效扩大消费内需、扩大国内市场规模和平稳国内经济发展有着重要作用，同时也体现了“全国一盘棋”、“先富带动后富”等社会主义现代化国家建设和国家治理的制度优势和道路优势。2008 年国际金融危机爆发后，出口导向型的东部地区经济受到国际市场波动的影响要远大于内陆省份，经济增长速度迅速跌至东中西部几大板块之末。②这些都为区域协调发展战略提供了决策依据，为以国内发展、内需为主等后续政策提供了现实经验。

中国区域经济战略进入注重效率兼顾公平的发展阶段。在保持东部沿海地区优势的同时，国家通过一系列战略规划调整区域经济发展布局。

---

① 刘书瀚：《当代中国经济政策与实践》，中国财政经济出版社 2014 年版，第 90 页。

② 刘云中、何建武：《地区经济增长格局的变动与区域差距的缩小：短期波动抑或长期趋势》，《发展研究》2011 年第 12 期，第 7—12 页。

1999 年 9 月，党的十五届四中全会提出“西部大开发”战略，党中央、国务院先后印发实施《关于实施西部大开发若干政策措施的通知》（国发〔2000〕33 号）、《国务院关于进一步推进西部大开发的若干意见》（国发〔2004〕6 号）、《中共中央国务院关于深入实施西部大开发战略的若干意见》（中发〔2010〕11 号）等文件和一系列相关政策。2003 年 10 月《中共中央国务院关于实施东北地区等老工业基地振兴战略的若干意见》发布，2009 年 9 月《国务院关于进一步实施东北地区等老工业基地振兴战略的若干意见》发布，2016 年 4 月《中共中央国务院关于全面振兴东北地区等老工业基地的若干意见》发布；2004 年 3 月国务院政府工作报告中明确提出促进“中部崛起”战略，2009 年 9 月《促进中部地区崛起规划》发布。同时，这一时期也注重通过一系列政策规划促进东部三大区域内部统筹协调发展，包括 2010 年 6 月发改委发布的《关于印发长江三角洲地区区域规划的通知》、2015 年 4 月中共中央政治局通过的《京津冀协同发展规划纲要》和 2016 年国务院印发的《关于深化泛珠三角区域合作的指导意见》等顶层设计规划。这一系列区域经济政策体现了这一阶段经济发展优先前提下区域经济协调统筹发展的特点，区域经济范围明确，发展任务和目标清晰，成为中国统筹区域协调发展的国家战略。

就东部沿海地区而言，自 2001 年底中国加入世贸组织（WTO），以长三角和珠三角为代表的沿海地区争相采用以 GDP 和外商直接投资作为地方官员考核指标的做法，形成经济优先型的非均衡式区域发展模式。这一模式带来东部沿海区域经济发展的巨大成功，同时也造成环境污染、同质化竞争和发展不平衡等区域问题。①区域经济政策的阶段性统筹调整虽然一定程度上缓解但是并未实质性缩小区域发展差距，市场经济的极化效应愈发显著，国家经济重心仍然偏向东部沿海地区。经济优先型的区域非均衡发展带来的其他问题还包括地方政府间的区际壁垒和资源争夺、不平等竞争、产业布局扭曲等。特别是多项区域规划和区域政策已经成为实质性的发展权力。从地方政府的角度来讲，上升到国家战略、区域发展战略的各种示范区、改革试验区等区域政策规划隐含着地方政府自

---

① 邹兵：《我国城镇群规划实施面临的困境与发展趋向——由珠江三角洲城镇群规划引发的思考》，《城市规划》2006 年第 1 期，第 47—54 页。

主权的扩大、优惠政策的多重享有以及用地指标等约束性条件的突破,本质上就表现为发展资格和发展权利的倾斜,在一定程度上,政策就成为地方政府发展经济的重要生产力,央地关系就成为事关经济发展的重要生产关系。因此,地方政策为争取纳入区域规划、争取更重要区域定位与更优惠区域政策而进行了激烈的央地博弈和同级别竞争。①这种激烈争夺政策红利、政策租金、发展权利的资格竞赛行为,造成区域政策覆盖对象重叠、政策泛化的想象,带来竞争发展速度的同时也带来地方政府区际壁垒、资源争夺和政策效力下降等问题,为后续政策规划和政策执行造成一定程度的政策惯性,埋下了制度隐患。同时,在区域规划和区域政策通过扩大投资、促进发展带来稳定经济增长和发展权利的情况下,投资项目建设规模扩大形成过剩的、重复的生产能力,也造成了同质化竞争、政策主导型发展和生产要素价值扭曲等有损市场经济客观规律的后果。

从理论层面来说,几乎所有非均衡理论的支持者都承认非均衡发展的负面影响。非均衡发展理论的创立者赫西曼就认为,非均衡发展是后发国家不得已而为之的权宜之计。同样,诺贝尔奖获得者、经济学家缪尔达尔从二元结构理论出发,对非均衡发展的不利后果也进行了分析。他认为非均衡发展使资本、劳动力、技术流向经济增长较快地区的“回波效应”,必将加剧部门或区域的不平衡。②非均衡发展导致的中国现代化发展不平衡问题已经为国家决策层和学术界所公认,带来了经济社会发展不平衡、城乡发展不平衡、区域发展不平衡以及人与自然发展不平衡等一系列问题。但是,在实证层面和国际经验方面,威廉姆森③利用各国的经济发展资料发现,一个一个国家范围内各个区域间的经济发展差距与国家的整体发展水平相关。在一个国家经济发展水平较低的时候,区域经济发展的差距也较低,其后随着国家经济发展水平的提高,区域经济发展差距逐步扩大,但在到达某一转折点之后,区域经济发展差距又将伴随国家

---

① 赵勇、白永秀:《中国区域政策宏观调控职能的影响及其未来取向——兼论中国区域政策“泛化、叠化、虚化”现象》,《贵州社会科学》2015 年第 5 期,第 120—128 页。

② 叶国文:《从非均衡到均衡:当代中国发展的政治逻辑》,《观察与思考》2013 年第 2 期,第 16—21 页。

③ Williamson, J. G., Regional Inequality and the Process of National Development: a Description of the Patterns. *Economic Development and Cultural Change*, 1965, 13(4): 3—45.

经济发展水平的提高呈现下降趋势，这就是关于区域差距的倒U形假说。他根据美国、德国、法国、加拿大等12个国家在不同发展时期（最早可追溯至1840年）国家内部区域差距的变化，可以看出许多国家都在历史上经历了这种区域差距先扩大后缩小的过程，进一步的实证数据表明，在以上发达国家人均GDP达到5 000—6 000国际元的时候，区域差距的转折点随之出现。①我国的人均GDP也在临近这个拐点。因此，中国区域发展不均衡问题是一个国际普遍的发展阶段问题，是经济追赶型国家和区域的正常发展轨迹，同时在不平衡发展中不断走向区域平衡也是一个长期趋势。

经过长期以经济建设为中心的努力发展，中国特色社会主义进入新时代这一新的历史方位。区域发展不平衡问题成为我国“发展不平衡不充分”这一突出问题和主要矛盾的重要组成部分，区域协调发展战略上升为国家战略。具体而言，区域发展战略、重点区域规划是为解决区域发展的特定问题或达到区域内特定目标而制定和实施的战略、思路、布局方案和政策措施，其上升为“国家战略”一般有三个方面的标志：一是由国家出台，即由国务院批复、发文或讨论通过，亦即近年来常说的“国家战略”；二是具有典型的经济区域导向特征，是针对特定类型地区的规划，而不是针对全国的整体规划；三是区域发展规划，而不同于原有的国民经济社会发展五年规划、城市（城乡）规划和国土规划。②改革开放40年来，中国经济发展的规模和水平终于初步具备了区域协调发展的现实基础条件。

3.1.3　新时代背景下的区域协调发展

2017年10月，党的十九大报告指出，“经过长期努力，中国特色社会主义进入了新时代，这是我国发展新的历史方位”，中国社会的主要矛盾已经转化为人民日益增长的美好生活需要和不平衡不充分的发展之间的矛盾，我国社会生产力水平总体上显著提高，社会生产能力在很多方面进入世界前列，更加突出的问题是发展不平衡不充分，这已经成为满足人民日益增长的美好生活需要的主要制约因素。新时代背景下，我国经济已由高速增长阶段转向高质量发展阶段，处在转变发展方式、优化经济结

---

① 刘云中、何建武：《地区经济增长格局的变动与区域差距的缩小：短期波动抑或长期趋势》，《发展研究》2011年第12期，第7—12页。

② 刘云中、侯永志、兰宗敏：《我国“国家战略性”区域规划的主要特点》，《中国经济时报》2013年1月17日第5版。

构、转换增长动力的攻关期，建设现代化经济体系是跨越关口的迫切要求和我国发展的战略目标。①站在新的时代起点上，党的十九大报告要求“贯彻新发展理念，建设现代化经济体系”，提出实施区域协调发展战略，以城市群为主体构建大中小城市和小城镇协调发展的城镇格局，创新引领率先实现东部地区优化发展，建立更加有效的区域协调发展新机制，以疏解北京非首都功能为“牛鼻子”推动京津冀协同发展，高起点规划、高标准建设雄安新区，同时继续推进长江经济带、西部大开发、东北老工业基地振兴和中部崛起战略的深化实施，以实现更高质量、更有效率、更加公平、更可持续的区域经济发展。

区域协调发展战略是中国特色社会主义建设进入新时代的必然要求，并由此开辟了中国区域治理的新型目标、新型任务、新型空间、新型模式、新型绩效，探索适应当代中国区域发展与国家现代化建设的新型区域协调发展道路。②新时代背景下的区域协调发展战略是对过去经济优先型区域发展模式的反思和调整，也是中国区域发展的新起点。注重区域发展质量、推动区域高质量一体化发展成为普遍共识。

需要认识到，区域协调发展战略并非区域均衡发展战略。中国经济发展仍然存在发展质量和效益不高、创新能力不够强、实体经济水平有待提高、民生短板较多、城乡区域发展和收入分配差距仍然较大等现实问题。经济建设效率仍然是新时代背景下高质量发展的重要主题。区域协调发展战略强调继续发挥东部地区优势，率先实施创新引领战略，同时尊重城镇发展和经济建设规律，实现发展质量、发展效率、发展公平和可持续发展的有机统一，实现区域协调发展，而非再次回归区域平衡。在此战略思想指导下，针对新时代背景下三大优势都市圈的发展规划，2018 年 12 月，国务院批复《河北雄安新区总体规划（2018—2035 年）》；2019 年 2 月，中共中央、国务院印发《粤港澳大湾区发展规划纲要》；2019 年 12 月，中共中央、国务院印发《长江三角洲区域一体化发展规划纲要》，继续发挥三大都市圈在当代中国现代化建设全局中重要的战略地位和突出的带动作

① 习近平：《决胜全面建成小康社会　夺取新时代中国特色社会主义伟大胜利》，《人民日报》2017 年 10 月 28 日第 1 版。

② 唐亚林：《“都带融合发展战略”：新时代长江三角洲区域一体化的战略选择》，《南京社会科学》2019 年第 5 期，第 85—94 页。

用，同时赋予了更高质量一体化的新历史使命。

3.2 三大都市圈经济协作机制对比

3.2.1 京津冀都市圈协同机制：政府主导，政策推动

京津冀区域经济合作的主要特点是政府主导和政策推动。政府制定并推进区域协同发展的相关政策，建立政府协调机制和监督机制。京津冀都市圈在经济发展上的特征是表现出我国其他都市圈所不具备的政治资源优势。虽然在经济功能上试图建设北京和天津“双核”的都市经济区，但北京具有明显强劲的资源集聚优势，拥有得天独厚的发展条件和综合资源，在政治、经济、文化等诸多方面具有其他城市无法相比的优势，因此形成“双核”不均、事实“单核”的都市圈。尽管历经多轮区域协调发展调控、疏散首都非核心功能调控和雄安新区建设等政策推进和规划设计，该区域仍然是典型的首都圈经济区。从经济发展活跃度和区域整合收益看，京津冀都市圈的协同发展效应要落后于长三角和珠三角区域，“环京津贫困带”现象引起社会和学术界关注，由严重雾霾天气引起的环境敏感问题带来津冀产业迁移问题，“为北京服务”、“生态护城河”现象也进一步抑制了区域协同发展步伐。①因此，只有中央政府主导进行顶层制度设计和协调监督落实执行，才能够推进区域协同发展。

2004 年 2 月，京津冀地区经济发展战略研讨会在国家发改委地区经济司主持下在河北省廊坊市召开，并达成加强京津冀经济交流与合作的《廊坊共识》，正式确定了“京津冀经济一体化”的协同发展思路。三地决定从易于突破的交通建设领域入手，渐渐启动京津冀区域发展总体规划编制工作，强调产业布局的整体协调和统筹合作。2004 年 5 月，在国家发改委支持下，北京、天津、河北、山西、内蒙古、辽宁五省二市达成《北京倡议》，主张建立环渤海合作机制，推动更大范围的环渤海地区经济一体化；2004 年 6 月，五省二市再次发布《廊坊框架》，将环渤海的发展与东北亚发展结

① 薄文广、陈飞：《京津冀协同发展：挑战与困境》，《南开学报》（哲学社会科学版）2015 年第 1 期，第 110—118 页。

合起来,建设经济合作机制和管商学合作机制。京津冀区域包括经济协作在内的各项区域合作,主要以政府为主导,企业和学术界共同参与,及时调整并实施。

"京津冀协同发展"这个概念最早进入官方政策议程是在2013年前后。2013年8月,习近平总书记在北戴河主持研究河北发展问题时,提出要推动京津冀协同发展。此后,"协同"成为京津冀区域发展的核心概念。"协同"表达了跨界合作、优势互补、互利共赢的治理理念。习近平总书记指出:"目前京津冀三地发展差距较大,不能搞齐步走、平面推进,也不能继续扩大差距,应从实际出发,选择有条件的区域率先推进,通过试点示范带动其他地区发展。"①

2014年2月,习近平总书记在北京主持召开座谈会,听取京津冀协同发展工作汇报,提出"实现京津冀协同发展,是面向未来打造新的首都经济圈、推进区域发展体制机制创新的需要,是探索完善城市群布局和形态、为优化开发区域发展提供示范和样板的需要","要坚持优势互补、互利共赢、扎实推进,加快走出一条科学持续的协同发展路子来"。此后,京津冀协同发展成了一项重大国家战略。

2015年4月,中共中央政治局审议通过《京津冀协同发展规划纲要》,明确提出以有序疏解北京非首都功能、解决北京"大城市病"为基本出发点,坚持问题导向,以京津冀城市群建设为载体,着力调整优化经济结构和空间结构,着力推进产业升级转移,着力推动公共服务共建共享,努力形成京津冀优势互补、互利共赢的发展新格局。这一规划全面明确了京津冀区域一体化发展目标。

随着京津冀协同发展上升为国家战略,京津冀一体化迈出了实质性的步伐,尤其是2017年4月雄安新区的设立,成为促进京津冀一体化、疏解北京非首都功能的重大战略举措。从历史定位来看,雄安新区是我国在深圳经济特区、上海浦东新区基础上,独立设置的第三个具备全国性意义的新区。从实际作用角度分析,雄安新区的设立和发展建设,能够为促进京津冀区域经济一体化发展提供助力。

---

① 霍小光、张旭东等:《千年大计、国家大事——以习近平同志为核心的党中央决策河北雄安新区规划建设纪实》,《人民日报》2014年4月14日第1版。

疏解北京非首都功能,主要依赖于河北地区在经济、社会、公共服务、产业、技术等各方面缩小与京津的差距。当然这一系列问题的核心就在于如何提高河北的经济发展水平。而京津冀区域协作饱受资源配置低效、地方经济利益强势、生态环境恶化和产业结构同构的困扰。《京津冀协同发展规划纲要》明确提出"到2020年,产业联动发展"的区域经济建设目标。①当前的京津冀整体发展成效基本符合《纲要》预期,特别是北京非首都功能疏解和产业升级稳步推进,一定程度上缓解了"大城市病"的进一步恶化。津冀两地的产业转移态势与纲要目标仍然存在一定偏移。经过检验测算2017年至2019年京津冀三地的产业增加值比重、企业注册资本变化数据可以发现,天津市第三产业持续外迁,河北第二产业持续外迁,"培二育三"都难以保持。津冀自身产业资源流失的同时,也未能接受北京优势产业辐射的红利,未能形成自身资源特色吸引力和可持续发展能力,与《纲要》目标相悖。而北京"极化效应"作用之下,在政治经济资源、高端产业、高端市场、高端劳动力供给、规模经济效应等一系列方面都具有显著优势,第三产业仍然不断在向北京聚集,有利于北京服务经济、绿色经济、知识经济发展,提升高端创新发展能力,促进向高精尖产业的转型,强化了"退二进三的后工业化"经济发展特征,一骑绝尘完成《纲要》目标。京津冀区域内部协同发展仍然任重道远。②

在强有力的政府主导和推动下,京津冀的区域经济协作在产业转移、能源开发、环境保护等多个领域仍在全方位展开,城市功能优化及区域产业升级在取得初步成效的基础上,继续攻坚克难、爬坡过坎,以政策推动力构筑新的地区吸引力,推进区域协同发展。目前,河北省发展水平仍然有待提升,京津冀三地发展水平差距仍然呈扩大态势。区域市场机制发育不足,联合创新机制也尚未形成,区域经济协同高度依赖行政力量和政府干预模式,已在一定程度上形成过度依靠行政力量推进的锁定和循环发展中。京津冀如何增强区域经济联系、提升经济发展均衡度、加深区域协同融合程度都是下一步发展重点和亟待破解的难题。

---

① 《推动京津冀协同发展取得新进展》,《人民日报》2015年7月25日,第1页。

② 杨道玲、任可、袁高洁:《协同视角下京津冀产业转移特征及成效研究》,《中国物价》2021年第2期,第35—39页。

3.2.2 从珠三角经济区到粤港澳大湾区:以市场为主体

从改革开放到中国加入WTO期间,内地市场开放选择了符合自身国情的渐进式、局部开放的道路。从地区看,首先是沿海区域的开放;从领域看,首先是直接投资市场的开放。这些先决条件成为珠三角区域经济发展与产业贸易分工模式的制度前提。珠三角地区形成"前店后厂"式产业分工模式和"大进大出"式对外贸易模式协同互动和相互促进的经济发展路径,带来了珠三角和粤港澳区域贸易量的高速增长,充分利用了香港自由港的制度优势。"前店后厂"产业分工模式是香港的体制、资金等市场优势与珠三角土地、劳动力等资源优势在内地市场局部开放条件相结合的产物。在港澳回归祖国和中国加入WTO之后,粤港澳之间形成"一国两制"的制度模式和内地市场全方位开放的经济模式。珠三角经济发展进入产业集聚和辐射带动的全新阶段。

传统意义上的珠三角经济区是指广东省内九市,包括广州、深圳、佛山、东莞、惠州、中山、珠海、江门、肇庆。经过改革开放之后的高速增长,珠三角区域已经发展成为中国参与经济全球化的主体区域和全国经济发展的重要引领,成为南方对外开放的门户区和辐射带动华南、华中的龙头区。

珠三角地区是我国重要的经济中心区,其在全国的经济领先地位是靠国家政策的落差和时差而实现的。但随着对外开放的扩展,全国范围内多层次、全方位的开放格局已经形成。珠三角如何形成新的竞争优势成为关键问题。随着区域经济的进一步发展和区域一体化协作的进一步深入,2004年6月,由广东省倡导,包括福建省、江西省、湖南省、广东省、广西壮族自治区、海南省、四川省、贵州省和云南省及香港、澳门两个特别行政区在内的泛珠三角区域合作与发展论坛在香港、澳门和广州三地举行。港澳特别行政区及内地九省区政府领导达成广泛共识,签署《泛珠三角区域合作框架协议》,宣告泛珠三角经济合作区正式成立。①泛珠三角区域以"合作发展,共创未来"为主题,②形成多层次、宽领域、全方位的合作格局,显著提升了"9+2"的区域综合竞争力。泛珠三角经济区为深入实施

① 陈宣庆等:《泛珠三角区域合作发展重大问题研究》,中国计划出版社2018年版,第3页。

② 车晓蕙、王攀:《泛珠三角成员签署区域合作框架协议》,《人民日报》2004年6月4日。

国家区域发展总体战略提供了有益的先导与示范经验，成为全国促进区域协调发展的先进示范区。2016年3月，国务院发布《关于深化泛珠三角区域合作的指导意见》，①泛珠三角区概念正式获得国家认可。

泛珠三角区各方初步建立了地方层面的区域经济协调机制，主要包括泛珠三角区域合作行政首长联席会议制度、泛珠三角区域合作政府秘书长协调制度、泛珠三角区域合作日常工作办公室工作制度、泛珠三角区域合作部门衔接落实制度、泛珠三角区域合作行政首长联席会议秘书处工作制度等，以区域经济议题为核心，推动区域协同发展。②主要创新议题包括：第一，创造公平开放的市场环境，促进生产要素的合理流动和优化组合。第二，动员和组织社会各界共同推进，逐步构筑泛珠三角区域发展的区域品牌，增强区域的整体经济影响力和竞争力。第三，加强协调，推进解决发展过程中的重大问题，重点推进产业投资、商务贸易、旅游、农业、人力资源、科教文化、信息化建设、交通基础设施和金融等领域的协同合作。第四，泛珠三角区域跨省份经济合作探索新机制，如广东和广西启动粤桂合作特别试验区，福建和广东两省共同建设闽粤经济合作区。粤桂黔三省建设国家级跨区域合作试验区，形成“三地协同、一区引领”的跨区域一体化发展创新路径。

整体上看，泛珠三角区合作在制度创新和产业推动上取得了一定成绩，包括建立泛珠三角区域合作与发展论坛，以及泛珠三角区域经贸合作洽谈会；建立了行政首长联席会议制度、秘书长协调制度等高层联席会议制度；建立了泛珠日常工作办公制度；建立了部门衔接落实制度。在实践上，泛珠三角区开展了学习考察、对口支援、干部交流、信息共享、项目合作等形式的合作。总体来说，泛珠三角区战略的区域合作在理念、模式、机制、规范、政策上均有所创新，一定程度上实现了从行政区行政至区域公共管理、从各自为政到联合治理、从科层制到网络制、从人治到法制、从内部政策到区域公共政策的转变。③

需要看到的是，这种自发自觉层面建立的泛珠三角区经济合作缺乏

① 《深化泛珠三角区域合作》，《人民日报》2016年3月16日第2版。

② 罗艾桦：《“泛珠”十年　互利共赢》，《人民日报》2014年10月15日第16版。

③ 阳国亮、欧阳慧、程皓：《区域合作空间维度的最优圈层研究——兼论粤港澳大湾区分二体系的纵深拓展》，《经济问题探索》2018年第5期，第80—89页。

约束力,需要进一步创新和完善区域合作体制机制。泛珠三角区各方利益分享和协调机制仍不健全,未能形成利益共同体,协调沟通机制难以完全有效和有力。尤其是对于粤港澳大湾区来说,关境的物理区隔以及流通货币种类多样性成为区域经济离心力的来源,制约了其向纵深推进,如何促进湾区贸易和金融的一体化发展就成为能否保持并不断提高湾区经济凝聚力和向心力的核心因素。①新一轮泛珠区域合作需要更高层次规划和更强执行统筹,提供区域发展顶层设计和政策支撑。

改革开放以来,珠三角实现了经济的跳跃式发展,形成了先行一步的发展优势,成为中国对外开放的重要窗口和多项创新政策的试验田。2019年粤港澳大湾区发展规划纲要发布,2020年《深圳建设中国特色社会主义先行示范区综合改革试点实施方案(2020—2025年)》发布,要求这一区域充分认识和利用"一国两制"制度优势、港澳独特优势和广东改革开放先行先试优势,解放思想、大胆探索,不断深化粤港澳互利合作,打造高质量一流湾区,赋予了该地区更多历史使命和多重战略功能。特别是在国内外双循环背景下,大湾区也成为国家借助港澳国际窗口构建开放型经济新体制的重要探索,是建设"一带一路"战略枢纽、构建"走出去""引进来"双向平台的重要区域支点,同时也是构建港澳经济长远发展动力,成功实践"一国两制"、达至港澳长远繁荣稳定和凝聚港澳向心力的重要措施。大湾区也成为中国唯一一个异质性区域,其他区域存在的协同不足等问题在此更加突出。大湾区建设发展既是对区域发展实践的创造与丰富,也是中国参与全球治理的一个"试验田"。如果形成可以复制和推广的协调机制和政策创新,有助于国家推进新一轮开放,其模式甚至可应用到"一带一路"沿线不同经济体的合作,为全球跨境合作与经济治理贡献新方案与新示范。②

3.2.3 从长三角到泛长三角:市场经济与政府协作双重作用

政府推动的浦东开发影响深远,不仅关系到浦东和上海的发展,更是

① 刘瞳:《粤港澳大湾区与世界主要湾区和国内主要城市群的比较研究——基于主成分分析法的测度》,《港澳研究》2017年第4期,第61—75、93—94页。

② 蔡赤萌:《粤港澳大湾区城市群建设的战略意义和现实挑战》,《广东社会科学》2017年第4期,第5—14、254页。

要求利用上海作为基地发展长江三角洲和长江流域。①1992 年 10 月，党的十四大作出了建立社会主义市场经济体制的重大决策，同时明确提出要“以上海浦东开发开放为龙头，带动整个长江三角洲和整合长江地区经济的新飞跃”。在这些指导精神的影响下，长三角区域以长三角城市经济协调会为主要区域协调组织，展开区域经济合作。

长三角城市经济协调会可以被看作是这一时期跨区域经济合作机制创新的典型案例。20 世纪 90 年代后，随着中国改革开放的深入和浦东开发战略的实施，长三角区域合作议题被提上了议事日程。1992 年，由上海、无锡、宁波、舟山、苏州、扬州、杭州、绍兴、南京、南通、常州、湖州、嘉兴、镇江 14 个市经协委(办)发起，成立了长江三角洲 14 城市协作办(委)主任联席会。1997 年，14 个城市的市政府和新成立的泰州市共 15 个城市，重新组建了新的经济协调组织——长江三角洲城市经济协调会。2003 年 8 月，在长江三角洲城市经济协调会第四次会议上，浙江省台州市被接纳为正式成员。2010 年 3 月，城市经济协调会第十次会议吸收合肥、盐城、马鞍山、金华、淮安、衢州为会员。2013 年 4 月 13 日，城市经济协调会第十三次会议接纳徐州、芜湖、滁州、淮南、丽水、温州、宿迁、连云港 8 个城市成为会员。至此，长三角城市经济协调会会员城市扩容至 30 个，覆盖上海市、江苏省、浙江省和安徽省三省一市，传统的长三角区域治理空间拓展至泛长三角区域。

长三角城市经济协调会的成立与持续运行，意味着长三角区域合作走向了在经济性议题领域的制度性缔结阶段，长三角区域合作有了常规性和功能性的制度保障。长三角城市经济协调会的突出成果包括以下三项：一是取得了促进长三角区域合作的制度成果，包括设立协调会办公室为规范化常设机构，形成制度化的市长联系会议制度，制定《长江三角洲城市经济协调会章程》，并根据长三角发展实际适时修正章程等。二是以区域经济合作为重点，强调建立统一的区域市场环境、建立区域信用体系、完善区域产业分布与合作等，以政府间合作章程、协议、专题会议或合作课题等多种形式促进区域合作，取得多项务实成果，推进区域经济一体化不断深入。三是将多种以沟通、协商为主要特征的跨地区、跨部门的行

① 《邓小平理论与上海改革开放》，上海人民出版社 1998 年版，第 106 页。

业协会或民间组织纳入区域合作与协同治理体系,促进区域合作内容和方式不断拓宽和深化,形成政府主导、市场运作、社会参与的多元化区域治理格局。

这一协作框架中决策层的主要功能是对话协商、达成共识和签署协议。长三角政府间的协商合作关系本质上属于横向府际关系,而合作的动力也在于分配发展带来的各项收益。府际关系的实质即是利益分配和权力配置。从理论上看,纵向权力配置是横向利益分配不可或缺的权威性调节机制。当横向关系主体目标一致时,则会共享发展成果;当横向利益主体产生矛盾时,纵向上的权力主体即会从整体利益出发协调横向关系,促使横向主体协同联动,朝着全局性目标工作。[①]而实际上,无论是领导人会议还是市长联席会议等合作框架的主体都处于平行的横向关系内,当各利益方面临目标冲突时,相同的行政层级则会陷入协调失效的窘境。长三角现有的合作框架即由于缺乏纵向权力主体即共同的领导机构而无法整合各方的利益诉求,分割的行政区划导致的利益冲突又是区域发展的常态,因而形成区域经济与行政区经济的悖论。比如,在产业合作专题方面,中小城市专业生产程度高却很难发挥产业集聚效应的原因就是各城市政府面临地方经济与区域经济的发展目标冲突时选择了前者。在城市经济协调会的机制下,由于缺少超越省级行政区,难以将长三角作为一个整体进行顶层设计、全盘统筹的权威机构和推动机制。由此也造成长三角区域合作仍以局部问题或专题合作为主,基于区域整体利益的全盘统筹和协同推动仍然不足。因此,这种缺乏纵向权威统合机构的横向平行关系下的经济合作框架难以真正发挥各成员城市的联动协同效应。[②]

长三角经济协同合作的重要成果之一多以各种协议、合同、宣言等类法律文本的形式呈现。遗憾的是,这些规范性文件从决策层的议事会走向操作层的各地职能部门后并没有得到一以贯之地执行。协议等文本内容是长三角"三省一市"政府经过协商所达成的普遍共识,这种共识性渗

① 郭蕊:《权责关系的行政学分析》,中国社会科学出版社 2014 年版,第 103—105 页。

② 张则行:《长三角府际合作机制:困境透析与变革构想》,《福建行政学院学报》2017 年第 6 期,第 11—20 页。

透在各项条款或者合作专题内。当其与地方发展的意愿或目标相契合,协议或专题则会被较好地贯彻执行;但当其与地方的发展目标或利益诉求相违背,协议或被束之高阁、或被选择性执行,导致区域共识在各地执行过程中走样,最终损害区域合作的整体效能。比如,长三角园区共建联盟在成立之初即出台的章程对于诸多合作细节没有作具体的规定,为成员在执行章程任务过程中各行其是提供了自主裁量空间,导致各地园区彼此竞争或重复建设。章程的规范与约束功能由于合作各方的象征性或选择性执行而未充分发挥。

这恰恰说明在执行环节建立监督反馈机制的重要性。这种反馈机制包含三项内容:评估、纠偏和惩戒。正如政策循环理论所昭示的,对政策实施评估是检验其产出和效果最有效的手段。通过实时评估,公共政策制定与实施主体可以第一时间掌握政策执行现状,发现问题,从而启动事前制定的纠偏预案,及时纠正执行偏差,同时对执行责任方实施惩戒。①政策执行反馈机制是一项系统性工作,需要相应的法律法规和组织机构的支撑和保障。而这些正是长三角城市经济协调会合作框架所缺失的。

行政区的治理主体是区划内各级政府,经济区的治理主体是区域内各级政府。行政区的目标导向是实现并维护地方利益,而经济区的目标导向是实现并维护区域共同利益。尽管强调地方发展优先的行政区经济现象仍然存在,但随着各地发展水平的不断提高和交流协作的日益密切,加强区域合作领域经济议题的协商协作、推进区域经济融合发展已逐渐成为区域内各级政府、企业和社会的普遍共识和自觉选择。区域经济协同倡导在区域政府间建立一种跨区域治理的策略性合作伙伴关系,建立新的区域合作同盟,完善区域治理政策框架,建构区域利益平衡与协调机制,区域一体化融合与协同发展步伐已明显加快。

3.2.4 区域经济协同机制的特征

党的十九大以来,中央对区域经济发展提出了许多新的思路和构想,主要包括区域协同发展战略、"一带一路"倡议、京津冀协同发展和长江经济带协同发展等,长三角区域一体化战略也上升为国家战略。为了更好

① 张则行、陶庆:《论法治政府的价值内核渗透与实践机制重构——以公共政策过程为观察领域》,《广东行政学院学报》2016 年第 1 期,第 20—24 页。

地落实这些举措,需要我们深入地理解区域经济发展模式的特征以及不同模式之间的异同。区域经济协作试图通过机制创新和实践创新,在既有行政区划中展开经济议题的协同与合作。这是一种自发自觉的区域合作,反映了区域经济一体化的客观趋势和现实需求,是中国区域一体化发展的重要推动力。

三大都市圈的经济协作的特征有以下四个方面。

第一,区域经济协作属于城市间松散型协作。尽管由于实际情况各有不同,但是三大都市圈的经济协作实际上未能缔结强有力的联盟关系,也未能形成深层次的利益联盟,没能形成整体性区域竞争优势。

第二,区域经济协作具有渐进性协作的特点。鉴于各省区、各城市存在着历史、经济、文化、自然等诸因素的明显差异,区域经济合作只能是渐进式地推进,在产业结构、经济体制等深层次方面的合作只能分步骤实施,在旅游、文化等领域的合作较为迅速。

第三,区域经济协作具有复杂性的特点。泛珠区域"9+2"范围横跨东、中、西三大地带,链接"两种制度",复杂性较高。长三角区域整体经济水平高,文化相融,层级结构合理,但各城市内部差距较小,经济协调难度较大。京津冀区域则对政策依赖性过强,难以形成以市场为主导的区域经济结构。

第四,区域经济协同机制的限度也是明显的。由于缺乏深层利益驱动力、现实约束力和监督能力,区域合作体制机制难以健全和深化,区域产业协同发展和合理格局难以建成,区域整体性竞争潜力难以充分释放。因此,建立国家层面统筹指导的区域协同机制成为必然选择。

对比来看,长三角和珠三角的发展模式比较和协同机制比较具有重要的理论价值和现实意义。从总体来看,在改革开放初期,珠三角地区的发展速度要快于长三角地区,但从90年代开始,特别是进入21世纪以后,珠三角地区的发展速度要明显慢于长三角地区。①长三角和珠三角地区分别代表了不同的区域经济发展模式②,它们之间的区域竞争也成为近年来

① 黄赜琳、傅冬绵:《区域经济发展水平与增长方式的差异分析——基于长三角和珠三角的比较研究》,《上海财经大学学报》2009年第5期,第67—75页。

② 黄亮雄、韩永辉、谭锐:《长三角与珠三角生产率比较分析》,《南方经济》2015年第10期,第115—124页。

广大学者研究的热点。

王益澄在比较改革开放以来两个三角洲的经济发展时指出，两个地区在经济活动的空间布局上具有不同的区域特征：由于长三角在经济发展过程中的扩散作用一度远远强于集聚作用，长三角的经济活动空间分布表现出了大范围的空间扩散特征；珠三角的经济活动空间布局则具有高度集中的特征，但由于其在发展过程中对国际市场的依赖程度较大，对国内市场的开拓还远远不够。由此，他认为，在与国内其他区域经济发展的融合上长三角要明显优于珠三角，长三角对全国其他区域的经济影响大要强于珠三角。①张颢瀚在比较了长三角和珠三角的经济发展态势后认为，长三角在中国经济发展中具有特殊的战略地位，因此，增强中国经济发展的动力，长三角理应发挥更加突出的龙头作用和"主引擎"作用。②

改革开放以来，中国的经济发展取得了令世人瞩目的成就，在世界经济中的总体地位不断提升，经济总量现已跃居世界第二位。这一切成就的取得与我国区域发展竞争格局的形成不无关系，其中，长江三角洲和珠江三角洲以其深厚的历史积淀和特殊的区位条件，成为改革开放以来我国经济增长最快的地区，同时也是最具经济活力的地区，它们对全国的经济发展做出了巨大的贡献。③当前，两大都市圈的区域经济一体化进程都在加快，区域间一体化的差距越来越小，趋同趋势明显。区域经济一体化逐渐为各地认同，各区域都将加强区域合作和提升一体化程度纳入发展重点，初步的成效也已显现。④

我国经济由高速增长阶段转向高质量发展阶段，对区域协调发展提出了新的要求。新形势下促进区域协调发展，总体思路已经变化成为：按照客观经济规律调整完善区域政策体系，发挥各地区比较优势，促进各类要素合理流动和高效集聚，增强创新发展动力，加快构建高质量发展的动力系统，增强中心城市和城市群等经济发展优势区域的经济和人口承载

---

① 王益澄：《长江三角洲与珠江三角洲经济发展特征比较》，《长江流域资源与环境》2001年第2期，第106—111页。

② 张颢瀚：《提升长江三角洲的经济能级》，《社会科学》2003年第4期，第17—21页。

③ 皮建才、殷军、杨雳：《长三角与珠三角发展模式的比较制度分析》，《中国经济问题》2018年第1期，第27—38页。

④ 周立群、夏良科：《区域经济一体化的测度与比较：来自京津冀、长三角和珠三角的证据》，《江海学刊》2010年第4期，第81—87页。

能力,增强其他地区在保障粮食安全、生态安全、边疆安全等方面的功能,形成优势互补、高质量发展的区域经济布局。①

3.3 创新驱动与区域发展新动能培育:中国区域经济发展战略转型

在新一轮科技革命和产业变革的重大机遇前,世界主要国家和地区对创新的重视程度不断升级,力求占据科技创新制高点。随着国际竞争从经济竞争、资本竞争前移到科技竞争和创新竞争,构建区域创新网络能够提升区域创新发展整体水平,发挥网络协同效应和辐射带动作用,实现经济发展动能转换,对建设具有国际竞争力和影响力的创新区域和创新枢纽具有重要意义。区域经济是国家经济体系的重要组成与空间载体,实现创新驱动与区域发展新动能培育是其服务于国家任务的必然选择。②提升区域创新能力、构建区域创新网络,能够有效培育区域发展新动能,形成国家区域发展战略和国家发展目标的重要支撑。

3.3.1 创新驱动战略推动建设创新型大都市圈

创新驱动中国经济更高质量发展的核心关键词。中国充分认识到建设科创中心的重要性和紧迫性,从国家战略的高度围绕科创中心建设出台了相关政策规划。③随着中国经济发展进入新常态,传统的依靠土地、劳动力等要素驱动和资源消耗支撑的发展方式难以为继,唯有科技创新、创新驱动才能够释放更强增长动力④,推动中国经济向更高层次发展迈进,进入健康发展、可持续发展的转型升级阶段。中国发布多项宏观战略与发展政策对区域创新网络的建设进行了系统谋划和顶层设计部署,整体上要求聚焦国家战略需求和重大原始科学创新问题,加快区域协同创新

---

① 习近平:《推动形成优势互补高质量发展的区域经济布局》,《求是》2019 年第 24 期。

② 李兰冰、刘秉镰:《“十四五”时期中国区域经济发展的重大问题展望》,《管理世界》2020 年第 5 期,第 8、36—51 页。

③ 李东兴:《创新驱动发展战略研究》,《中央社会主义学院学报》2013 年第 2 期,第 101—104 页。

④ 习近平:《中国发展新起点 全球增长新蓝图》,《人民日报》2016 年 9 月 4 日第 3 版。

网络建设，完善区域协同创新机制，带动区域创新水平整体提升。

京津冀、长三角、粤港澳三大都市圈以建设世界级城市群为目标，是中国区域创新网络建设的重点区域，注重积极推进区域创新网络建设，推动科技创新，提升区域产业升级和综合竞争力。三大都市圈被赋予不同的区域战略定位和发展使命。

（一）京津冀打造协同创新共同体，共建全国科技创新中心

京津冀地区持续推进全面创新改革和区域创新网络建设。2016年6月，国务院批复同意《京津冀系统推进全面创新改革试验方案》①，要求充分发挥北京全国科技创新中心的辐射带动作用，依托中关村国家自主创新示范区、北京市服务业扩大开放综合试点、天津国家自主创新示范区、中国（天津）自由贸易试验区和石（家庄）保（定）廊（坊）地区的国家级高新技术产业开发区及国家级经济技术开发区发展基础和政策先行先试经验，建立健全区域创新体系，推动形成京津冀协同创新共同体，打造中国经济发展新的支撑带。截至2017年8月，京津冀系统推进全面创新改革试验取得实质性成效，北京积极推进加强全国科技创新中心建设16项任务，北京输出到津冀技术合同成交额达325亿元。京津石海关实行区域通关一体化改革，通关时间平均缩短41天。京津冀协同发展试点示范工作方案印发实施，新机场临空经济区等先行先试平台加快打造。北京服务业扩大开放综合试点141项任务已完成126项，形成一批创新成果。②

北京是京津冀城市群的核心，是信息流、技术流、商流、人才流动、物流汇集的重要枢纽，是世界级城市群建设的关键。北京作为区域首位城市，具有坚实的科技基础和丰富的创新资源，力求加强建设全国科技创新中心。截至2015年底，北京拥有两院院士766人，约占全国的50%；各类科研院所412家，位居全国首位；国家重点实验室120余家，国家工程技术研究中心近70家，分别约占全国的1/3和1/5。国家高新技术企业超过1.2万家，约占全国的1/6。创业投资和股权投资管理机构3 800家，管理资金总量约1.6万亿元。2015年，研究与试验发展（R&D）经费投入占北京地

① 《国务院关于京津冀系统推进全面创新改革试验方案的批复》，中华人民共和国中央人民政府网，2016年6月24日。

② 《十八大以来推动京津冀协同发展不断取得重大进展》，中华人民共和国中央人民政府网，2017年8月21日。

区生产总值的比重达到5.95%,位居全球领先水平。①《京津冀协同发展规划纲要》强调疏解北京的非首都功能,定位北京为全国政治中心、文化中心、国际交往中心和科技创新中心。2016年9月11日,国务院印发《北京加强全国科技创新中心建设总体方案》。②2016年9月23日,《北京市"十三五"时期加强全国科技创新中心建设规划》发布,要求北京以中关村国家自主创新示范区为主要载体,以构建科技创新为核心的全面创新体系为强大支撑,充分发挥中央在京单位作用,充分激发人的创新活力动力,增强原始创新能力,推动科技和经济结合,构建区域协同创新共同体,加强科技创新合作,深化体制机制改革,塑造更多依靠创新驱动、更多发挥先发优势的引领型发展,持续创造新的经济增长点,在创新驱动发展战略实施和京津冀协同发展中发挥引领示范和核心支撑作用。

但是,北京市在实施"全球有影响力的全国科技创新中心"战略定位的进程中,面临不少较为突出的障碍因素,使得北京市自主创新能力对自身经济新动力的形成和京津冀经济新动能的形成,尚未形成有效的支撑作用。这具体表现在:

第一,北京市原始创新能力、全球创新要素资源聚集能力正处于提升阶段之中,尚未形成具有有效的经济支撑作用和区域辐射作用。一方面,2015年北京市R&D经费投入占地区GDP的5.95%,处于全球领先水平,然而,从研发投入的结构角度来看,基础创新研究经费占R&D投入的13%,这个比重水平可能与北京"加快建设具有全球影响力的国家创新战略高地,成为国家自主创新重要源头和原始创新主要策源地"的发展战略定位的内在要求,仍然存在相当大的差距。③从投入主体而言,企业、政府办科研院所、高等院校是北京科研活动的三大主体,存在基础创新向应用创新的转化效率不够,原始创新向产业创新的辐射作用不够的重要现象,北京市创新对经济新动力的支撑作用还有很大提升空间;另一方面,2015

① 《北京市"十三五"时期加强全国科技创新中心建设规划》发布,北京市科委,2016年9月23日。

② 《国务院关于印发北京加强全国科技创新中心建设总体方案的通知》,中华人民共和国中央人民政府网,2016年9月18日。

③ 李子彪、李叶、孙可远:《京津冀协同发展规划建设进程及成效的统计监测》,《统计与管理》2019年第7期,第16—43页。

年北京市技术合同成交额高达 3 452.6 亿元，占全国的 35.1%，其中 70% 以上的技术辐射到国内其他省份地区以及国外，而真正辐射到京津冀区域的技术转移并不多。①因此，从狭义的角度来看，北京创新能力对京津冀经济新旧动力的转化以及经济新动力的形成，并未形成足够的辐射和支撑作用。

第二，科技创新对北京市的"高精尖"经济结构以及经济新动力新动能的加快形成方面，尚未形成充分的促进效应。2015 年六大高端产业贡献了北京市 GDP 的 45.2%，其中，金融、信息和科技服务对经济增长的贡献率高达 70%。②这种基本的现实格局就表明，一方面，北京市"高精尖"经济结构初步形成，以制造业为基础、为核心的"高精尖"经济结构仍然发展不足，存在较大的提升空间；另一方面，北京市金融为主的经济结构，在缺乏制造业实体经济部门的支撑作用下，可持续发展动力动能存在难以持续的风险。

第三，无论是从原始创新的角度来看，还是从应用创新和产业创新的角度来看，在北京创新研发投入的活动中，市场配置创新要素的决定性作用机制发挥力量尚未全面构建与发挥其应有的作用。客观来看，由于北京市自身的结构特征，导致北京市科技创新资源资金的分配，主要还是由政府以及国有企业为主的主体来进行的，这就在很大程度上，造成北京市乃至京津冀区域内创新资源和要素的配置机制，仍然是由政府以及国有企业来主导的，而真正的市场配置资源的决定机制还没有完全发挥和激发。

北京作为京津冀区域中"具有全球影响力的全国科技创新中心""原始创新、基础创新以及重大产业创新的策源地"的发展定位，必然是引领京津冀产业协同发展以及经济结构转型升级的牵头者，在京津冀区域是率先成功落实创新驱动发展战略的主导者和示范者。

北京、天津和河北在技术水平上存在着较大差距，这也为京津向冀进行技术转移提供了前提条件。从发展阶段看，京津两市分别进入后工业化和工业化后期，河北处于工业化中期，与长三角和珠三角的区域结构不

① 《"数说"经济发展新常态下首都科技创新的新趋势和新亮点》，《北京日报》2015 年 2 月 26 日第 4 版。

② 张杰、郑若愚：《京津冀产业协同发展中的多重困局与改革取向》，《中共中央党校学报》2017 年第 4 期，第 37—48 页。

同，京津冀的城市经济体系尚未真正形成合理分工与合作共赢。京津两地过于集聚，特别是河北省与京津两地之间呈现断崖式落差，已成为京津冀世界级大都市圈建设过程中的重要掣肘因素，亟待向形态更高级、分工更复杂、结构更合理的区域协同发展格局演化。①

北京定位于科技创新中心，拥有较优质的科技资源；天津定位于先进制造业基地，拥有高质量的产业基础，这使得京津向冀进行技术输出拥有较大的可行性。天津和河北的产业定位重叠、产业同质化竞争苗头显现，针对北京的产业转移竞争加剧但目前根据京津冀技术市场交易的情况来看，河北并没有过多地享受到这种技术。②差距的益处。2015 年从北京输出的技术合同共 37 447 项，比上年增长 0.6%，占技术合同成交总项数的 51.8%；成交额 1 878.7 亿元，增长 9.1%，占技术合同成交总额的 54.4%。可见，北京有一半的技术是提供给外省市的，但流向河北的合同数为 2 291 项，成交额仅有 53 亿元，且比上年下降 14.1%。河北与北京、天津地缘相近、人缘相亲，但没有形成一个技术转移的良好态势，技术转移网络以北京为中心的“核心—边缘”结构有逐步削弱的趋势，且大宗技术转移以北京为核心向其他区域扩散，受地理距离的约束较小。③

实行产业梯度转移、接收京津疏解出的产业成为京津冀协同发展的重要方式之一，但梯度转移的后果显然把河北作为低端产业的接收地，虽然从河北现状来看，接收低端产业有合理性，某些低端产业适合在河北发展，并且可以增加河北的经济总量，但这种不是以河北为中心的转移，也不是针对河北的需求，过多地从大城市中选择“淘汰”的产业，这样既不利于河北的发展，从长远看，也不利于河北的产业竞争力和产业升级进而影响形象提升。

北京向河北的技术转移效果不佳，还有一个重要原因就在于河北的产业结构特征与北京相差较大，与北京相近的产业发展水平也不足，造成

① 李兰冰、郭琪、吕程：《雄安新区与京津冀世界级城市群建设》，《南开学报》(哲学社会科学版)2017 年第 4 期，第 22—31 页。

② 孙久文、姚鹏：《京津冀产业空间转移、地区专业化与协同发展——基于新经济地理学的分析框架》，《南开学报》(哲学社会科学版)2015 年第 1 期，第 81—89 页。

③ 胡书金、陈正其、刘濛：《京津冀技术势差与技术转移的内在机理分析》，《宏观经济研究》2018 年第 5 期，第 149—159 页。

了技术供需的产业失衡。北京流向外省的技术领域主要集中在城市建设与社会发展、现代交通技术、电子信息技术、核应用技术、环保、新能源等领域，与这些技术相关的产业无不是低能耗、低污染的产业。河北产业结构与北京的技术领域结构是不相匹配的，脱离了产业基础的技术转移，虽然看似有较大的交易量，但从总金额上来看，技术转移的效果不是很明显。

北京市自身周边区域中“经济不发达圈”和“环首都产业不发达带”的存在，其自身的经济发展迫切需要产业转移的支撑，这可能会削弱北京向河北和天津两地产业转移的动力，强化三地之间产业的同质化竞争格局。北京市自身周边区域经济的相对不发达，迫切需要通过北京市的核心区域的产业转移来加以支撑。这种现实格局之下，对于北京而言，最优先的发展战略是，将北京市核心区域板块的产业转移到北京的周边区域。只有当北京周边区域的产业发展达到一定饱和程度后，才有可能向河北和天津两地实施真正的产业转移。从北京市“十三五”科技创新战略规划来看，具体定位为“首都自主创新中心区（城六区）重点推进基础科学、战略前沿高技术和高端服务业创新发展，首都高端引领型产业承载区（城六区以外的平原地区）重点加快科技成果转化、推进生产性服务业、战略性新兴产业以及高端制造业创新发展”的格局，由此可见，北京市自身发展是战略的首要重点，是将北京自身的周边区域作为战略性新兴产业、高端制造业以及先进制造业的聚集发展区，优先在北京区域内部形成产业和创新的循环发展体系。这就必然导致京津冀三地产业协同发展动力的弱化，导致构建京津冀区域创新共同体以及推进区域协同创新中心的动力不足。[①]因此，京津冀协同发展迫切需要硬件和软件方面的全面融合和协同发展。虽然在硬件一体化建设方面得到初步缓解，但是，在软件一体化建设方面却仍滞后于协同发展的内在要求。

区域间技术转移有赖于几个条件：一是地区间要有产业关联，也就是说技术需求方要有相关产业，技术的应用一定是具体到某些产业之上的；二是输入地的物质资本基础和人力资本基础是承接技术转移的保障，没有资本的积累，就没有承接技术转移的能力；三是政府和市场要通力协

---

① 张杰、郑若愚：《京津冀产业协同发展中的多重困局与改革取向》，《中共中央党校学报》2017 年第 4 期，第 37—48 页。

作，政府需要创造良好的技术转移的环境，企业要成为技术市场的主体，技术转移是一种市场行为。这些结论运用到京津冀区域间的技术转移是适用的。①

制约京津冀协同发展战略的因素，不仅仅在于交通基础设施等硬件一体化建设方面，更在于市场机制一体化、金融体系一体化、产业政策一体化、政府行政体系效率和官员专业能力等软件方面的一体化建设。从长期的可持续发展角度来看，只有真正实施了这些软件方面的一体化建设，才能从根本上落实和推进京津冀一体化和产业协同发展战略。确切地说，这些软件方面的一体化建设，是京津冀一体化发展和产业协同发展的基础条件和必要条件。

雄安新区的设立，为京津向冀进行技术转移和制度一体化试验提供了集中承载地。河北输入的技术合同在一定程度上取决于地区经济社会发展的水平，没有产业的优化升级，没有资本和人才的长时间积累，是很难具有承接新技术的能力的。因此，在河北建设国家级新区是行之有效的途径。雄安新区的设立为河北的发展提供了重大机遇。雄安新区成为深入推进京津冀协同发展、集中疏解北京非首都功能、探索人口经济密集地区优化开发新模式、调整优化京津冀城市布局和空间结构、培育创新驱动发展新引擎所做出的一项重大战略决策部署，是京津冀协同发展的重要和关键环节。②雄安新区如果能够在京津冀技术转移活动中扮演重要角色，能够帮助河北满足京津向冀转移技术的基本条件，同时加上地缘因素，会促使京津向冀转移技术效果更好，从而有效促进京津冀区域的产业转移和转型升级。③

（二）粤港澳大湾区创建国家级创新中心

在创新驱动与产业升级方面，泛珠三角地区注重发挥粤港开放优势，协同泛珠区域政府及民间研发创新资源，组建国家级创新中心。国家级

---

① 李红、孙红军、张旭：《北京技术转移机构在京津冀地区服务模式的探索——基于京津冀企业技术转移需求的分析》，《绿色科技》2017 年第 8 期，第 256—259、261 页。

② 刘楷：《京津冀协同发展与雄安新区引领作用》，《财经智库》2018 年第 1 期，第 19—31、140 页。

③ 胡书金、陈正其、刘濛：《京津冀技术势差与技术转移的内在机理分析》，《宏观经济研究》2018 年第 5 期，第 149—159 页。

创新中心由技术研发、系统设计等前瞻性领域和创新成果的转化实施、创新产业集聚领域及创新产业示范区两部分相互融合而成。泛珠区域的优势在于有利于构建以企业为主体、以市场为导向、产学研深度结合的区域协同创新体系。

泛珠三角区域及规划中的粤港澳大湾区城市群区域坚定不移实施创新驱动发展战略，建设区域创新网络，打造区域创新发展强大引擎。在布局上，泛珠三角地区注重构建“1+1+7”的区域创新格局，以深圳、广州为龙头，珠三角其他7市为支撑，推动珠三角一体化创新发展。做强深圳创新产业优势，对标国际创新先进地区，打造中国的“硅谷”。发挥广州的科教和人才优势，打造全省创新发展的另一个“发动机”。珠三角其他7市立足各自优势，集中做大做强高新技术开发区。沿广深轴线建设科技创新走廊，集聚创新资源，带动东莞等珠三角城市，打造具有国际水平的创新经济带。2016年，珠三角研发投入占GDP的2.85%，珠三角9个国家高新区内高新技术企业占纳入统计企业比重从2012年的36.7%提高到现在的50.1%。珠三角创新型经济格局加快形成。[①]规划中的粤港澳大湾区则强调充分发挥功能平台的探索与示范作用。大湾区功能平台众多，包括前海、横琴、南沙，有自贸区、综合改革试验区等，赋予的政策力度之大、试验内容之广及层次之高，都是其他地方很难比拟的。应把它看作是国家赋予这一地区的特殊资源优势，充分发挥这些功能平台的作用。专家建议珠三角东岸要重点瞄准通讯设备、信息技术、智能制造产业带，珠三角中部重点发展汽车、船舶、电子信息、健康医药产业，珠三角西岸则以海洋工程、光电装备等为突破，努力成为科学技术、生产方式和商业模式创新的引领者。[②]粤港澳大湾区在规划阶段即注重采取创新驱动发展战略，促进区域创新网络协同合作，打造全球科技创新平台，构建开放型创新体系，完善创新合作体制机制，建设粤港澳大湾区创新共同体。

（三）长三角地区建设具有全球影响力的科创中心

2016年12月，长三角主要领导座谈会召开，三省一市（上海市、江苏省、浙江省、安徽省）签订《关于共同推进长三角地区协同创新网络建设合

---

① 胡春华：《坚定不移实施创新驱动发展战略》，《人民日报》2017年8月30日第9版。

② 《在大湾区里打造科技创新走廊》，《南方日报》2017年7月2日第4版。

作框架协议》,明确要继续推进创新链产业链深度融合,努力提升区域综合竞争力。积极推进长三角协同创新网络建设,以上海建设具有全球影响力的科技创新中心为引领,加强上海自贸试验区、浙江自贸试验区、张江国家科学中心、合肥国家科学中心、张江国家自主创新示范区、苏南国家自主创新示范区等合作互动,打造协同创新平台,共建创新服务联盟,共同营造创新发展良好生态。①2017 年 9 月,浦江创新论坛发布《2017 年上海科创中心指数报告》,指出上海已成为全球创新网络中的区域关键节点,新兴产业发展引领力和区域创新辐射带动力提升速度明显,年均增长率分别达 15.6%和 15%,对周边区域起到重要的辐射带动作用,在全球创新网络中扮演关键节点和枢纽角色。②

从全球来看,以往具有全球影响力的科技创新中心往往集中于研发机构众多的城市,主要以著名高校、高等级科研机构和高科技企业的快速集聚与高速发展而著称,如硅谷、波士顿、慕尼黑、多伦多等城市。在新科技革命背景下,一些拥有创新资本及优势产业基础的全球城市正逐渐成为全球科技创新中心。这些城市是全球顶级城市,经历了从制造业向生产性服务业和金融业快速转移的过程,正在从资本集聚向知识集聚、技术集聚转型,逐步塑造全球创新中心功能。如纽约经历 2008 年国际金融危机后,立足自身资本、信息、人才的集聚优势,重新回归科技创新前沿阵地,实施"从过度依靠金融业膨胀和房地产泡沫的债务驱动型经济向依靠技术进步的实体经济"的新一轮转型。这些具有全球影响力的科技创新中心是全球创新网络的核心节点,对全球创新网络具有前瞻性引导作用和高效的组织与控制能力,目标是引导全球科技创新发展方向,促进全球科技要素流动增值。同时,这些科技创新中心自身集聚了大量高端创新要素,在创新意识、规模和模式等方面领先于全球其他地区,在具体某几个特定前沿领域具有全球创新的技术主导权。③

长三角区域首位城市上海正在加快建设具有全球影响力的科技创新

① 《长三角地区主要领导今天开会座谈,定下了哪些大事》,上海市人民政府合作交流办公室,2016 年 12 月 9 日。

② 《全国 1/3 顶尖科技成果出自上海》,中国上海网,2017 年 9 月 30 日。

③ 周振华、陶纪明等:《上海建设全球科技创新中心》,格致出版社、上海人民出版社 2015 年版,第 14 页。

中心。2014 年 5 月，习近平总书记在上海考察期间指出①，科技创新已经成为提高综合国力的关键支撑，成为社会生产方式和生活方式变革进步的强大引领，要求上海推进科技创新、实施创新驱动发展战略转型，在关键核心技术领域取得突破，加快建成具有全球影响力的科技创新中心。

为落实响应中央关于上海向具有全球影响力的科技创新中心城市进军的新要求，2015 年 5 月 26 日，上海市委、市政府发布《关于加快建设具有全球影响力的科技创新中心的意见》。②该《意见》立足中国全局，着眼上海实际，明确上海建设科创中心的奋斗目标和总体要求，提出推进体制机制改革、集聚创新创业人才、营造良好科创环境及优化重大科创项目布局等四大具体举措。

该《意见》确立上海科创中心建设的奋斗目标：努力把上海建设成为世界创新人才、科技要素和高新科技企业集聚度高，创新创造创意成果多，科技创新基础设施和服务体系完善的综合性开放型科技创新中心，成为全球创新网络的重要枢纽和国际性重大科学发展、原创技术和高新科技产业的重要策源地之一，跻身全球重要的创新城市行列。

为达成整体目标，该《意见》制定了 2020 年和 2030 年的“两步走”规划：(1)2020 年前，上海要形成科技创新中心基本框架体系，为长远发展打下坚实基础，政府管理和服务创新取得重要进展，市场配置创新资源的决定性作用明显增强，以企业为主体的产学研用相结合的技术创新体系基本形成，科技基础设施体系和统一开放的公共服务平台构架基本建成，适应创新创业的环境全面改善，科技创新人才、创新要素、创新企业、创新组织数量和质量位居全国前茅，重要科技领域和重大产业领域涌现一批具有国际领先水平并拥有自主知识产权和核心技术的科技成果和产业化项目，科技进步贡献率全面提升。(2)2030 年，着力形成科技创新中心城市的核心功能，在服务国家参与全球经济科技合作与竞争中发挥枢纽作用，为中国经济发展提质增效升级作出更大的贡献。走出一条具有时代特征、中国特色、上海特点的创新驱动发展的新路，创新驱动发展走在全国

---

① 《习近平两天考察上海 5 单位　强调牵科技“牛鼻子”》，人民网，2014 年 5 月 25 日。

② 《中共上海市委、上海市人民政府关于加快建设具有全球影响力的科技创新中心的意见》，东方网，2015 年 5 月 26 日。

前头、走到世界前列,基本形成较强的集聚辐射全球创新资源的能力、重要创新成果转移和转化能力、创新经济持续发展能力,初步成为全球创新网络的重要枢纽和最具活力的国际经济中心城市之一。最终要全面建成具有全球影响力的科技创新中心,成为与我国经济科技实力和综合国力相匹配的全球创新城市,为中国发展提供科技创新的强劲动力,打造创新发展的重要引擎。

加快建设具有全球影响力的科技创新中心是上海适应全球科技竞争、服务国家战略转型的必然要求,为此进行了密集的政策规划及多样的配套措施。同时,上海科技创新中心的建设又能够与长三角区域一体化国家战略、“一带一路”倡议、长江经济带发展等协同对接,以科技创新中心建设为枢纽平台,从“一带一路”建设的顶层设计政策高度和巨大的跨国经济体量中选择导入科技创新要素和高端资源要素,扩大开发国际国内市场①,并整合利用长江经济带战略、上海自贸试验区建设等政策,实现规划互动、机制互动和政策互动,从而实现科创中心建设的规划目标。

突破要素驱动、技术推动、需求拉动等发展方式,区域创新网络的发展与建设成为促进创新驱动转型、推动科技发展的全新动力。区域创新网络建设有利于发挥区域网络协同效应和辐射带动作用,实现区域经济从“超大”到“超强”转变,提升区域创新整体水平。②三大都市圈皆注重聚焦重大战略需求,加快区域创新网络建设,完善区域协同创新机制,打造区域创新共同体。

3.3.2 区域创新网络建设:战略叠加推动大都市圈更高质量发展

创新驱动发展战略和区域协调发展战略是新时代推动我国经济更高质量和更可持续发展的重要战略选择。构建区域创新网络能够发挥网络化结构的链接互动效应与协同效应,提升区域整体创新能力,是新时代背景下促进区域创新发展和协调发展的重要议题。

区域创新网络的内涵与结构研究在不断扩展。从熊彼特创新理论到

① 郭先登:《论“双循环”的区域经济发展新格局——兼论“十四五”及后两个规划期接续运行指向》,《经济与管理评论》2021 年第 1 期,第 23—37 页。

② 国务院发展研究中心课题组、马建堂、张军扩:《充分发挥“超大规模性”优势　推动我国经济实现从“超大”到“超强”的转变》,《管理世界》2020 年第 1 期,第 1—7、44、229 页。

区域创新网络(regional innovation network)理论，创新理论不断发展。弗里曼认为创新网络是针对系统创新所作出的一种基本制度安排，网络架构内的企业间通过创新合作活动逐渐形成一种具有无形边界和制度规则的网络体系。①库克提出区域创新系统(RIS)概念，定义为特定区域范围内相互分工又相互彼此关联的生产企业、研究机构和高校等主体，在以根植性为特征的制度环境下从事交互学习而构成的有利于创新活动的区域组织系统。②Howells、Harris 和 Isaksen 等认为，区域范围内的企业之间的互动已经难以完成较为复杂和前沿的创新，企业开始与政府、大学和科研院所等主体展开协同合作，并形成正式或非正式的具有网络化结构特征的稳定合作关系，即构成区域创新网络。从概念上来看，区域创新网络的研究范式强调区域空间内各个创新主体之间的知识互动与创新联系所形成的网络化结构关系；在此基础上，区域创新网络的网络结构、协同机制、演化路径、政策选择及创新绩效评估等成为区域创新研究的核心命题。

理解区域创新网络可归纳为四大理论视角。制度视角(institution perspective)认为区域创新网络是各个创新主体在区域范围内通过交互作用建立正式或非正式关系的制度安排；研究将企业的创新绩效与区域的网络特征和制度因素联系起来，强调区域创新的嵌入性特征，认为创新是包括技术创新、管理创新、制度创新和组织创新等在内的全面创新，区域创新网络是一种兼具市场与制度优点的中间型体制组织。互动学习视角(interactive learning perspective)认为知识是最具战略性的资源，学习如何生产、处理、扩散和获取知识是当前知识经济社会的基本要求，大学、产业和政府的新型互动关系成为知识经济时代的核心“三螺旋”。经济地理视角(economic geographical perspective)侧重研究创新网络的空间结构、知识溢出的空间尺度及网络交互作用，倡导重视区域创新的本地知识网络，重视根植性特征和地理临近优势，强调区域在整合全球、国家和地方经济中的关键作用；演化视角(evolutionary perspective)重视创新活动的历史继承性和协同性，研究创新网络的演化阶段、演化机理和演化的社会

① Freeman, C., Innovation, changes of techno-economic paradigm and biological analogies in economics. *Revue Économique*, 1991, 42(2):211—231.

② Cooke, P., Uranga, M. G., & Etxebarria, G., Regional innovation systems: Institutional and organisational dimensions. *Research policy*, 1997, 26(4—5):475—491.

过程，将路径依赖、自我锁定等概念引入创新理论研究，运用社会网络分析等方法研究区域创新网络的知识扩散路径、网络结构关系和空间演化特征。①

创新网络的根治性（embeddedness）特征受到广泛重视。区域创新网络是与区域的经济社会发展密切关联的，只有深入嵌入本地化的创新环境，创新网络才能够保持存活和发展。这种根植性包括两个方面，一是地理位置的接近与嵌入，创新主体只有充分嵌入并利用区域的创新资源、创新基础与创新优势，才能增强创新能力；二是制度环境和文化理念上的嵌入，即要求创新主体嵌入当地的社会文化和关系网络，从社会、文化和政治的各个方面参与和融入区域创新网络。对整个区域而言，创新网络的重要功能在于优化整合区域创新资源，促进区域经济增长和创新能力提高。创新是一个社会化的非线性过程，是行为主体通过相互协同作用而创造技术的过程。网络式创新结构之中，各个结点都可能发生创新，而当创新产生之后也能够迅速在网络内流动扩散开来，形成区域经济的又一个增长点。随着创新要素的大量聚集和创新能力的显著增强，有利于形成区域创新文化、培育区域创新资本，进一步建立起完善的区域创新体系，形成区域经济的新增长极。

关于区域创新网络演化模式与政策的相关研究同样丰富。对创新政策的讨论往往以美国的经济模式和硅谷模式为起点。尽管多数学者认为美国的创新经验基于自由主义经济理论和市场经济模式，但 Block②、Mazzucato③ 和 Weiss 等学者强调美国政府事实上一直执行着强力且持久的创新政策。二战后几乎所有奠定美国超级大国地位的重大技术突破及产业创新都来源于战争期间和战后发展并稳定下来的政府主导的产学研相结合的创新政策范式；20 世纪 80 年代通过的《杜邦法案》、《小企业创新发展法》、《国家合作研究法》以及此后大量与创新和产业技术合作相关的

---

① Boschma, R., Proximity and innovation: a critical assessment. *Regional studies*, 2005, 39(1):61—74.

② Block, F., Swimming Against the Current: The Rise of a Hidden Developmental State in the United States. *Observations Concerning the Planet Venus*, Springer London, 2008.

③ Mazzucato, M., Introduction in finance innovation and growth: reforming a dysfunctional system, 2013.

多种法案、计划、项目等成为政府创新政策的制度基础；而又由于军队各军种、联邦政府各部门及大学、企业等机构在政策选择和政策执行中的博弈与合作，美国形成了创新政策的多元化管理体制以及政策工具的网络化执行机制，从技术研发、技术突破到技术产业化、商业化的不同环节，相应的政策工具往往都是由不同的政府项目、不同的政府机构、通过多个专业并相互联系协作的技术小组、投资基金或中介服务组织以业务外包、补贴计划、风险投资等形式执行完成的，从而将政府行政机制、多主体协作机制和市场机制很好地结合在了一起。这样的行政网络、政策网络、执行网络和市场网络是硅谷区域创新网络兴起与繁荣的深层根源。随着科技复杂性和研究成本的提高，美国联邦政府所支持的科研活动已经超过私营企业对技术的推动。①Soete 认为欧洲的区域创新政策需结合本地区的经济和制度基础，识别并解决创新网络结构和动态演化进程中最关键和最薄弱的环节，避免移植硅谷或挑选胜者等模式，"量身定制"创新政策及政策组合，并建立健全的监测和评估机制。②大多为欧洲学者指出欧洲仍存在创新政策执行不力甚至中断、基础研究强劲而技术应用和市场转化不足、研究成果及高端智力外流等问题。Todtling 则提出"碎片化大都市区"(Fragmented Metropolitan Regions)的重要概念，认为一些经济发达、产业密集和大学集中的大都市区反而存在创新碎片化的问题，区域内公司之间创新链接薄弱、互动学习水平较低，决策者需要克服旧的产业政策惯例和政策执行模式，学习并适应新的政府角色，采用强调网络互动的创新政策和新型干预工具。③

面对我国经济发展进入新常态以及发达国家科技战略调整，强调自主创新和协同创新的区域创新网络概念成为学者和决策者的关注热点。国内学者对区域创新网络的相关研究主要包括：区域创新网络的理论研

① Block, F., Swimming Against the Current: The Rise of a Hidden Developmental State in the United States. *Observations Concerning the Planet Venus*, Springer London, 2008.

② Soete, L., From industrial to innovation policy. *Journal of Industry Competition & Trade*, 2007, 7(3—4):273—284.

③ Tödtling, F., & Trippl, M., One size fits all?: Towards a differentiated regional innovation policy approach. *Research policy*, 2005, 34(8):1203—1219.

究(盖文启,2002;池仁勇,2007)[1]、区域创新网络的模式研究(肖雁飞,2007;周灿等,2017)、区域创新网络演化与协同机制研究(冯峰、汪良兵,2012;李俊华、汪耀德等,2012;刘凤朝等,2013)、区域创新网络的绩效研究(贺灵,单汨源,2011;苏屹、李柏洲,2013;张永安等,2015)等。随着创新驱动战略和区域协调战略的深入实施,关于区域创新网络的相关研究也在增加。国内研究注重引介欧美等发达国家成功案例的经验模式,并结合中国案例和中国问题进行研究。结合 Saxenian(1994)对硅谷和 128 号公路的创新案例对比,国内学者认为中国区域创新网络的建设应以企业为主体,形成具有自我造血能力的创新网络(李新春,2000;刘希宋,2003)。[2]涂成林(2005, 2007)认为美国建立的是市场牵引型区域创新网络,日本建立了研发驱动型区域创新网络,韩国建立了政府主导型区域创新网络,中国应以企业为创新主体,注重创新主体与创新空间和制度环境的互动,建立基于中国制度环境和区域特点的创新网络。[3]陈瑞莲(2006)、马勇(2010)和刘曙光(2017)等认为欧盟的区域创新网络嵌入欧盟政治经济一体化进程中,在制定创新规划、创新法律和创新政策等方面有重要引领作用,但仍有待解决技术转化不足、政策执行薄弱和长期性监督评估不够等问题。[4]国内案例研究主要包括中关村及京津冀区域创新网络研究(盖文启等,1999;周密等,2017)、长三角产业集群与区域创新网络研究(池仁勇,2005;王维,2006)和珠三角及粤港澳区域创新网络研究(杨勇,2014;魏达志,2017)。[5]

区域创新政策对区域创新网络建立具有重要的引导及保障作用。陈劲和王飞绒认为,我国的区域创新政策在已取得显著成效的基础上,尚存在缺乏体系、缺少协调、缺失立法的问题,在政策制定中需由从行政化政

---

① 盖文启、王缉慈:《论区域的技术创新型模式及其创新网络——以北京中关村地区为例》,《北京大学学报》(哲学社会科学版)1999 年第 5 期,第 29—36 页。

② 李新春:《高新技术创新网络——美国硅谷与 128 公路的比较》,《开放时代》2000 年第 4 期,第 23—28 页。

③ 涂成林:《国外区域创新体系不同模式的比较与借鉴》,《科技管理研究》2005 年第 11 期,第 167—171 页。

④ 刘曙光、张涵:《人力资本与欧盟区域创新活动研究——基于探索性空间数据分析和地理加权回归模型》,《科技管理研究》2017 年第 19 期,第 155—163 页。

⑤ 盖文启:《创新网络:区域经济发展新思维》,北京大学出版社 2002 年版。

策选择转向法治化政策选择。①柳卸林等认为,政府与市场机制的作用与平衡是现阶段创新政策讨论的热点,发展中国家应注重发挥二者协调演化的优势,构建均衡的区域创新网络。②程栋等认为,传统的区域经济政策和产业政策模式限制了政策工具创新,应利用区域治理协同促进区域经济合作,合理选择创新政策。③刘涛熊提出"竞争—创新"的政策分析框架,认为中国产业政策转型的核心议程是从传统产业政策迈向竞争与创新政策,这就要求政策制定从以产业扶持为主转向以促进竞争与创新为主,从行政批文为主转向以行政立法为主,从政府主导转向第三方监督与评估。④

从上述区域创新网络的文献梳理来看,国内外对区域创新网络的研究已经超越初期的古典经济学和新区域主义研究领域,受到管理学、政治学和经济学等多个学科的广泛关注。区域创新网络的演化机制和政策选择已成为多个国家和地区的重要研究议题,越来越受到学者和政策制定者的关注。国内外学者越来越注意到区域创新网络的发展与演化较为复杂,创新研究已是一个综合性研究议题,相对单一的理论视角或相对宏观的模式研究已难以准确理解创新过程,需交叉运用跨学科的理论与知识体系,深入探析区域创新网络的关系结构、运行机制与演化路径。区域创新政策的研究侧重理念与价值倡导,较为缺乏中观和微观层面的可操作化的技术路线与制度设计,在政策连续性、完整性和突破性方面尚有研究空间。

区域创新网络的产生与发展机理受到经济社会因素和制度因素的多重作用。促进区域经济可持续增长、智慧增长和区域发展成为区域创新网络的主要驱动力,市场驱动机制、知识创新机制和政策引导机制等通过协同效应与耦合效应,形成区域创新网络的复合动力系统。从发展周期

---

① 龚建立、金荣炜、王飞绒:《区域产业集群的生命周期阶段研究》,《经济论坛》2008年第23期,第4—7页。

② 陈傲、柳卸林、程鹏:《空间知识溢出影响因素的作用机制》,《科学学研究》2011年第6期,第883—889页。

③ 程栋、周洪勤、郝寿义:《中国区域治理的现代化:理论与实践》,《贵州社会科学》2018年第3期,第123—130页。

④ 刘涛雄、罗贞礼:《从传统产业政策迈向竞争与创新政策——新常态下中国产业政策转型的逻辑与对策》,《理论学刊》2016年第2期,第76—82页。

来看，区域创新网络是区域经济和政治社会一体化发展到高级阶段的产物。中国三大都市圈的区域经济发展经历了改革和变迁，经历了产业培育、产业发展、产业集群和产业升级等多个发展阶段，也带来了区域治理目标、治理内容、治理机制和治理政策的相应转换，当前已从技术引进、技术模仿、技术追赶发展到注重创新驱动和自主创新的新阶段。依据区域经济发展的阶段构成和区域治理机制的关键政策特征两个维度，可以形成区域创新网络演进路径的理论模型（见图 2）。

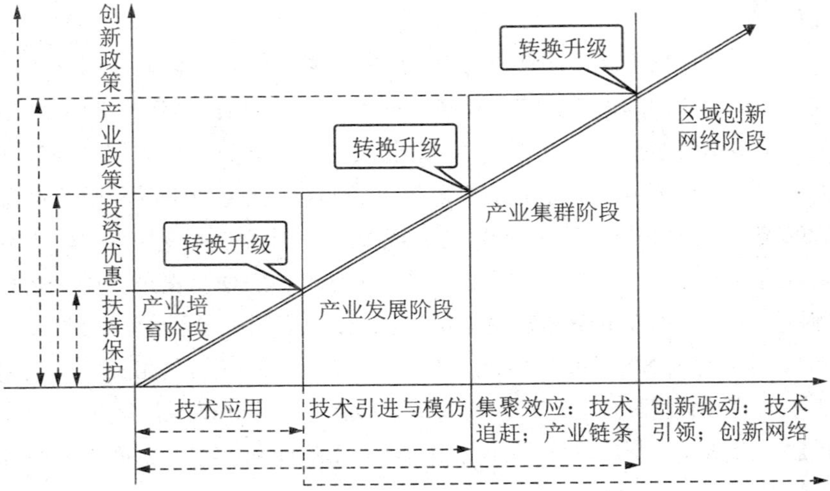

图 2　区域创新网络演进路径的理论模型

从实践经验来看，区域的创新治理主要受到结构性因素和制度性因素的双重困扰。区域创新网络建设往往局限于“城市创新网络”建设，区域层面的网络化链接结构多未形成，知识学习与交流互动不足，特别是知识的转化和技术应用能力有待加强。因此，需要有效识别三大都市圈创新网络建设的关键弱点和关键问题。随着创新复杂性的提升和创新成本的提高，以及区域创新网络形成与演化进程中的结构失灵与制度失灵，仍需要具有针对性和有效性的政策介入和政策影响。在区域创新网络建设中，可以通过对比世界范围重点区域创新网络建设的政策机制，对域外知名区域创新网络建设的演化模式和运行机制形成更为具化的认知，从而服务于我国三大都市圈的区域创新网络建设。

（一）美国区域创新网络建设的实践经验与治理机制

美国区域创新网络建设主要通过立法保障、预算投入和行政执行等一系列多元化管理机制和网络化执行机制来推动。

立法方面，20 世纪 80 年代通过的《拜杜法案》《小企业创新发展法》《国家合作研究法》以及此后大量与创新和产业技术合作相关的《联邦技术转移法》《莫里尔法案》《哈奇法案》等多种法律、计划、项目等成为政府创新政策的法制制度基础。立法环节是美国创新政策的重要环节。庞大的科技预算讨论主要集中在专业科学精英、立法精英以及有利益关联的企业精英群体之中，通过拨款授权法的形式明确预算用途，确保权威性和稳定性。以《拜杜法案》为例，其以法律的形式鼓励和保障高校教师的科研成果商业化，获得大学和教师的广泛支持，并在实际实施过程中同时促进了大学的传统使命（教学和研究）和创业使命（经济和技术）。1980 年《拜杜法案》通过之后，美国高校只有 25 个技术转移办公室；直到 2005 年该法案通过 25 周年的时候，美国已 3 300 个大学技术转移办公室，为研究者提供商业化支持和法律支持，协助解决与市场化和资金来源有关的问题。①

行政方面，美国科技政策制定主要依赖于各政府任期内总统及核心决策主体对国家目标的界定、科技发展规律的评估以及对时代特征和国家挑战的应对策略。②多年来，美国多个政府部门（如能源部门、卫生健康部门、航空航天局等）、各军种、各高校等关键机构出于预算竞争和独立性等多种需要，都筹建并运行了自身独立的科研机构，在科技政策领域形成了相对分散并多元博弈的治理体制和制度网络。③如著名的美国国防部高等研究计划局，成立于 1958 年，专门资助前沿开创型的技术应用，同时还设立了专门支持相关技术商业转化的风险资本，通过技术扩散、促进技术私有化和商业化的方式减轻部门财政压力，从而形成"促进前沿技术研

① 尼古拉斯·沃诺塔斯等：《创新政策：一本使用指南》，社会科学文献出版社 2016 年版。

② 封凯栋、李君然、付震宇：《隐藏的发展型国家藏在哪里》，《公共行政评论》2017 年第 6 期，第 65—85、210—211 页。

③ 涂成林：《国外区域创新体系不同模式的比较与借鉴》，《科技管理研究》2005 年第 11 期，第 167—171 页。

发—完成技术的工程化—促进技术的商业化”这一高效的科技创新行政网络。①

预算方面，美国联邦政府多年来依然是世界上对创新活动投入最大的政府，年度科研预算远高于全球其他国家和主要经济体。②美国科技战略及研发重点领域选择皆体现于联邦的研发预算授权法中。美国认为这样的多元体系和密集网络，能够使得参与政策和研究的各个部门和组织以不同的方式看待科学问题，推进符合自身使命和利益的具体目标。即使会使不同机构的工作有所平行或重合，也更多体现了美国体系的优势。③

相较于发展中国家多采取以国家集中的科技政策与政府补贴直接支持技术与产业发展的做法，以美国为代表的发达国家政府更致力于通过间接性创新政策工具和专业化、网络化的协作机制来辨别和支持有潜力的创新项目，促进政府机构与企业间的紧密高效合作。欧美区域创新网络建设的最大优势在于网络化的协同机制、专业化的服务机制和系统化的评估机制。④

美国政府的创新政策重点关注促进关键突破、资助成果转化以及促进产业眼或企业间的网络协作，将政府对创新活动的干预更好地隐藏在大中小型企业、大学与研究结构所组成的协同网络中。基于这一运行机制，美国的创新政策工具选择更多地体现为科研设备采购、项目资助、中介和金融服务等方面的支持，最重要的是在推动企业成果商业化、专利转让、投融资方面的介入和对企业新产品的政府采购支持中。创新政策工具的选择以间接性工具为主，侧重于“服务”职能。同时，在技术研发、技术突破到技术工程化、产业化和商业化的不同环节，相应的政策工具往往是由不同的政府项目、不同的政府机构主导执行的，具体执行则分散于数千

① 郭淡泊、雷家骕、张俊芳、彭勃：《国家创新体系效率及影响因素研究——基于 DEA-Tobit 两步法的分析》，《清华大学学报》（哲学社会科学版）2012 年第 2 期，第 142—150、160 页。

② 吴卫红、杨婷、陈高翔、陈冬生、方勇：《美国联邦政府科研经费的二次分配模式及启示》，《科技管理研究》2017 年第 11 期，第 37—43 页。

③ 荷马・尼尔等：《超越斯普尼克》，北京大学出版社 2017 年版。

④ 郭晓蓓：《欧美“再工业化”战略进展及对我国产业升级的启示》，《当代经济管理》2018 年第 3 期，第 89—97 页。

个专业的技术小组、投资基金或中介服务组织中。其中，能够市场化的投资基金、专利服务等环节则转由市场经营——美国第一代风险投资的主体即由此形成。市场效益不高或转化周期较长的知识生产、原始重大技术研发、技术突破和技术转化等则仍由政府主导或政府资助的各种专业小组、外包项目、业务委员会等专业机构运营，从而确保持续性、专业性和稳定性。

尽管美国强调“大政府、小社会”，政府在国家治理和政策实施过程中，使用直接投资、直接执行的政策工具较少，但会采用大量的间接性政策工具解决问题、实现目标。美国国防部投入建设的阿帕网成为互联网的基础，美国政府的信息高速公路计划成为美国信息产业和信息经济领先全球的开端。在硅谷的高速成长与发展过程中，同样处处可见政府发挥主导、引导、服务、支持和治理的功能，政府根植于硅谷区域创新网络中，提供制度保障、政策保障和环境保障。可以说，美国政府是硅谷最大的顾客与战略规划师。①

(1) 在投资方式上，政府面向大学、研究机构和企业实施诸多名目各异的大型研究项目、军事项目和采购项目。②政府持续实施种类众多的教育支持项目、大型基础研究项目、国防军事项目与军事订货、政府委托研究项目、政府产品采购项目等，不断增强对大学、特别是高水平技术性私立大学的研究资助，在大学广泛建立研究中心。政府同研究机构、企业等签订大量的委托研究合同。

(2) 在投资领域方面，政府注重投资长周期、高风险的研发项目，对重大的、基础性的、符合国家科学发展需要的“市场失灵”研发项目给予国家资金支持。③硅谷通过承担研发项目、采购项目和军事项目，获得了研究开发经费、围绕技术项目进行研究、创新。企业则较多承担服务企业、服务市场、服务利润的商业性研发项目。

---

① 封凯栋、李君然、付震宇：《隐藏的发展型国家藏在哪里》，《公共行政评论》2017 年第 6 期，第 65—85、210—211 页。

② 吕薇：《多措并举　促进基础研究转化为原始创新能力》，《科技中国》2018 年第 2 期，第 1—5 页。

③ 郑江淮、章激扬、陈俊杰：《发达国家创新治理体系的历史演变、新趋势及对我国的启示》，《国外社会科学》2020 年第 5 期，第 112—124 页。

(3) 在投资效果上,通过项目成果的商品化、产业化开拓市场,促进军事技术、航空航天技术、重大原创技术创新等向有商用价值的民用领域、市场领域转移,以科技创新升级重构传统产业、促进高科技新产业形成,完成美国的产业结构创新升级,领先占据世界相关行业标准主导权和产业领导权,开拓并引领全球市场。[①]

在执行过程中,政府主导或支持的各种专业机构主要依托学术界和企业,以项目经理和业务外包等形式开展具体业务:从学术界雇用专业的技术项目经理,以充足的经费和积累成熟的协作模式来广泛协调学术界、企业和产业链之间的合作,并以专题研讨会、第三方技术检验等多种形式支持行业竞争者之间的知识共享。[②]这些有效且高效的创新政策都不是通过行政机构贯彻的,而是通过先行建立好的专业化协作网络执行的。这一模式将行政主体、创新主体和市场主体很好地结合在一起,政府巨额财政投资得以分散到不同的部门机构、通过不同的渠道渗入到创新活动的不同环节。美国正是在国家积极介入之下形成了运转良好的网络化科技创新市场。高品质的技术性大学所提供的源源不绝的智力、技术等优越资源[③],结合区域内的企业与工业基础、商业与金融资金,成为硅谷模式发源与延续的重要基础。

同时,由于军队各军种、联邦政府各部门及大学、企业等机构在政策选择和政策执行中的博弈与合作,美国形成了创新政策的多元化管理体制以及政策工具的网络化执行机制。在技术研发、技术突破到技术产业化、商业化的不同环节,相应的政策工具往往都是由不同的政府项目、不同的政府机构、通过多个专业并相互联系协作的技术小组、投资基金或中介服务组织以业务外包、补贴计划、风险投资等形式执行完成的,从而将政府行政机制、多主体协作机制和市场机制很好地结合在了一起。随着科技复杂性和研究成本的提高,美国联邦政府所支持的科研活动已经超

---

① 徐治立:《科技政治契约张力论——戈斯顿委托者—代理者理论模型分析》,《自然辩证法通讯》2005 年第 3 期,第 71—79、111 页。

② 翟丹妮、韩晶怡:《基于网络演化博弈的产学研知识协同研究》,《统计与信息论坛》2019 年第 2 期,第 64—70 页。

③ 樊春良:《战后美国科学政策的形成》,《科学文化评论》2006 年第 3 期,第 38—72 页。

过私营企业对技术的推动。①

这种协同化的行政网络、政策网络、执行网络和市场网络成为硅谷区域创新网络兴起与繁荣的深层根源。并非是由硅谷建立了这样的网络，而是在这样的网络之上诞生了硅谷。

结合美国经验，从传统产业政策到科技创新政策，支撑区域创新网络建设需要三大关键支撑条件。

第一，科技创新网络的建设需要政府长期稳定的财政投入。美国作为当前的技术引领型国家，在科技创新领域仍然是一个财政投入最多、持续最久的国家。由于科技创新的复杂性与研究成本的提高，单纯依靠企业和市场已经很难支撑昂贵的基础研究。尤其是对于科技追赶型的发展中国家来说，其企业和市场本就在全球经济体系中处于追赶位置，难以承担科技赶超和引领创新的责任。②

第二，需要首先由政府引导建设保障科技创新的行政网络、政策网络和执行网络，作为"生产赢家"的科技创新"基础设施"。发展中国家常见的优惠政策或政府补贴等形式，或在市场上被动"挑选赢家"的方式，已经证明对于技术模仿、工业产业追赶是有效的。但是网络化的创新政策工具选择和协同机制建设，对于国家和企业的引领性科技创新发展更为有效，能够主动并持续地"生产赢家"。

第三，良好的创新市场网络是需要由国家参与制造和积极干预建设的，科技后发国家难以自发生成并维持具有全球性技术引领能力的完善市场。无法假定首先存在一个自发运转良好的创新市场机制，并由这个市场自发完成从技术追赶到技术引领的根本性转变。美国以政府的巨额财政投入、行政组织网络、专业运营网络等为基础，建立了大量专业技术委员会和项目委员会，以多样化的形式支撑和影响市场，在此基础之上才形成了运转良好的科技创新市场。硅谷的起源和发展与军队国防、高等教育、风险投资等密切相关。③美国以硅谷这样的科技创新市场对外示人，

---

① 封凯栋、李君然、付震宇：《隐藏的发展型国家藏在哪里》，《公共行政评论》2017年第6期，第65—85、210—211页。

② 威廉·A.布兰彼得：《美国科学政策的法律和历史基础》，《科学学研究》2005年第3期，第289—297页。

③ 肖小溪、代涛、李晓轩：《美国国家实验室的改革动向及启示》，《中国科学院院刊》2016年第3期，第376—382页。

并以“市场经济”和“自由贸易”为大棒影响和干预后发国家的经济政策和科技政策,意在固化国际经济秩序和科技秩序,保持“我做核心你做配套”的科技霸权地位。①尤其在贸易战背景下,即使表面的“小政府、大市场和国际化”三原则也已遭颠覆。发展中国家政府主管部门需要避免被他国“忽悠瘸了”,不能依赖后发型科技创新市场自发缓慢发育。政府应将技术创新、技术扩散和技术转化等服务于科技创新市场的“基础设施”先建立起来,才能够“以企业为主”形成良好创新市场,由这样的市场主动“生产赢家”。

(二)欧盟区域创新网络建设的实践经验与治理机制

欧盟区域创新网络建设的突出难点在于跨越国界、协调统筹独立的主权国家联合制定区域科技研发规划、实施科技创新政策并取得一定效果。这种机制制度、合作动力、政策规划整合与实施能力的有效经验值得中国借鉴。

1. 欧盟区域研发一体化演进历程与主要举措

与欧盟国家的主权联合、经济合作和区域一体化治理等进程相同,欧盟的科学技术合作也一直是区域一体化发展的重要方面。②早在20世纪50年代初,当时的欧洲一体化组织欧洲合众国行动委员会就曾提出过建立“欧洲技术共同体”计划。1957年相关欧洲国家通过的《欧洲原子能共同体条约》列出了“促进研究”的专门章节,旨在聚集欧洲的核研究和核能力,推动和促进成员国的核研究和核工业发展。1957年签署的《建立欧洲经济共同体条约》同样将“研究与技术开发”专门单列一章,目标在于增强欧洲共同体的工业科技基础并使其在国际上更具竞争力,并同时促进一切研究活动。③此后,欧共体理事会在多次首脑会议上均强调制定科学技术领域的目标并保证共同政策的发展,并发布了科技政策相关原则、政策目标、总体条件和科技项目选择标准。20世纪80年代到90年代,随着新技术革命的深入发展,欧洲与美国、日本等国家在技术上差距不断扩大。

① 智强、林梦柔:《美国国防部DARPA创新项目管理方式研究》,《科学学与科学技术管理》2015年第10期,第12—22页。

② 于立、舒玲敏、刘劲松:《欧盟竞争政策及其发展趋势》,《世界经济研究》2005年第4期,第61—66页。

③ 郝莹莹:《欧盟科技政策及其区域效应研究》,华东师范大学出版社2007年版。

欧盟在多个方面加强科技联合发展,取得积极成效。

(1) 规划方面,欧共体从 1984 年开始实施欧洲研究与技术开发框架计划,通过整体规划,确定欧共体所有研发与开发活动的科学技术目标、优先领域、项目安排、经费预算等。①欧盟各国由一般的科技联合逐渐走向区域科技共同体。这一进程与欧洲在政治、经济上从一般联合走向建立欧共体,进而建立欧盟的进程是一致的,欧盟走向全面、深层的一体化区域联合。

(2) 法律方面,1982 年欧共体成员国签署《单一欧洲法令》,关于"研究和技术开发"的内容单独成篇,包括 11 条政策法令,这就使欧共体的科技政策有了坚实的法律基础。2004 年欧盟各成员国首脑签署的《欧盟宪法条约》将研究、技术开发与航空作为单独一章,法规内容明确、权威有力,继续成为欧盟科技协作的法律保障。②

(3) 政策方面,欧盟继续制定多项技术政策,以促进各成员国之间的政策协调。科技政策在此后欧盟发布的多项政策、法令、条约中的篇幅比重越来越大。

(4) 项目方面,欧盟一些国家之间联合开展若干大型科技研究项目、航空航天项目,如欧洲研究与技术开发框架计划、欧洲工业技术基础研究计划、欧洲高级材料研究计划、欧洲先进通信技术计划、欧洲信息技术研究战略计划等。③

(5) 组织方面,欧盟先后成立欧洲科学与技术合作组织、欧洲科学基金会、欧盟科学技术研究委员会等多样化的正式科技研发组织机构保障区域研发整合。

2. 欧盟的区域创新网络建设的经验总结

(1) 欧盟创新网络建设的难点在于,欧盟的区域研发一体化首先要突破独立的主权国家界限和各国政策差异、制度差异、文化差异,制定出能够协调各国研发活动的欧盟整体层面的政策。欧盟科技政策的目标是建

① 黄灿:《欧盟和中国创新政策比较研究》,《科学学研究》2004 年第 2 期,第 212—217 页。

② 马勇:《欧盟科技一体化研究》,华东师范大学出版社 2011 年版。

③ 袁晓东:《欧盟科技创新政策分析》,《研究与发展管理》2003 年第 4 期,第 101—106 页。

设欧洲研究创新共同体，与各成员国的科研活动以及欧洲的政府间协作行动更紧密地联合，并促使欧盟研发资金在更大程度上和各国公共的、私人的科研投资结合起来。欧盟层面主要资助前沿的、有风险的、新型的研究活动；而各成员国的资金机构主要关注国家的、地区的或部门的研究体系中优势研发能力的巩固和提高。欧盟研究委员会强调，欧盟并不是要代替成员国的科研体系，而是要为适当的竞争提供一个新的来源，并为成员国的科研活动确立标准，从而提高知识创造过程中各个层面的质量，应被视为一个重要的创新源泉。

(2) 欧盟区域创新网络的亮点在于，欧盟的研发一体化进程与欧盟的政治、经济一体化进程是同步的，欧盟全面深入实现区域政治整合、经济整合的过程，也是区域科技整合的过程。①欧盟研发一体化一直是欧盟区域一体化的一个重要方面，研发一体化也成为促进欧洲一体化的合作动力，对欧盟在国际上的产业竞争力、综合实力和经济可持续发展能力有重要影响。②

(3) 欧盟区域创新网络的政策效果在于，在欧盟成员国已有紧密合作的核能、宇航空间等优势领域继续加强合作，保持优先地位；政策目标侧重于资助那些行业领域大型企业参与的重点项目，而不是那些由各种团体组织提出的不同类型的多样化项目，在生物技术领域和电信领域皆是如此。欧盟创新政策对于已有悠久科研传统的发达国家影响不够明显，但是对欧盟区域内此前国内缺乏连贯一致创新政策的“科技弱势”成员国影响显著，起到提供创新政策框架、增强创新技术扩散和提高创新研发能力的重要作用。

3. 欧盟区域创新网络建设的主要问题

(1) 欧盟科技创新政策限度在于，重点支持优势产业使一些国家在传统弱势领域日益落后；重点支持大型主要企业以及信用记录良好、经济价值较高的企业，使一些中小型创新企业被排除在科技政策和资金项目覆盖范围之外。这与欧盟创新委员会有限的机构预算、紧缺的工作人手有

---

① 张天明：《对欧盟科技创新政策的分析和评价》，《全球科技经济瞭望》2001 年第 7 期，第 7—9 页。

② 李力、曹雄军、宋姣英：《欧盟产业集群政策及其启示》，《科技管理研究》2008 年第 1 期，第 235—238 页。

关，每个项目官员已经负责了几乎超出能力范围的项目数量，执行难度也较高。

(2) 欧盟科技政策问题的深层原因在于，欧盟层面的科技政策规划虽然健全美好，但是欧盟层面没有采取行动的权能，也没有对各个国家科研政策进行协调的决心和执行政策的能力。这导致欧盟区域创新政策成为一些正确的“建议”或“战略目标”，依靠签订协定、作出承诺或“道德说服”来推动政策实施。这种局面下欧洲科研活动持续存在碎片化问题。

(3) 长期来看，欧盟一体化创新体系建设仍有赖于欧盟制度建构的不断完善，以及欧盟的超国家性质继续深化发展。

整体上看，欧盟在区域一体化进程中通过大量区域科技创新一体化的规划、法律法规，实施了一系列自上而下的、制度层面、组织层面的科技政策措施。科技创新一体化也成为欧洲一体化的驱动力之一。[①]特别是在经济全球化压力之下，欧洲与美国在科技创新能力、成果转化和财富创造方面已拉开差距，欧盟具有整合区域创新资源、提高整体竞争力的切实需要。

但是，欧洲共同体从 6 个创始成员国经历多次扩大发展到目前 27 个欧盟成员国，使得欧盟的创新政策需协调众多经济发展水平各异和科技研发能力不一的利益主体。要求众多不同的主权国家将国家利益让位于更广阔的欧洲整体利益很难真正实现，尤其是在科技研发活动与国家经济利益，甚至国家安全(如国防科技领域)密切相关时。各国在签订协定时表态在原则上支持欧盟提出的各种科技创新主张，但在行动上表现迟缓，这一点在短期内很难改变。欧洲仍然在开发新的、更为强力的区域科研创新治理模式，以图建立一个真正的欧洲创新共同体。

值得一提的是，丹麦政府形成了一整套颇具亮点的专业、高效、实用的科技创新创业服务机制，能够做到为初创企业赋能、固定资产调剂调用、供应链共享。

(1) 筛选：政策部门公务员进行政策讲解，筛选创业企业定期追踪。在企业登记时，政府创业部门公务员会根据企业核心业务详尽讲解行业

---

① 刘华：《欧盟科技政策对协同创新的启示》，《科学技术哲学研究》2013 年第 4 期，第 104—108 页。

基本形势和创业政策。①他们政策知识丰富,创业管理经验丰富,能够根据企业技术特点和产品特点筛选出一些需要定期追踪的创业企业,以判断是否需要进入下一步支持。

(2) 赋能:具有市场知识的政府部门介入,提供专业化、精英式的企业产品定位、市场营销支持、仪器设备支持和资金支持。这一环节接近风投公司天使轮的基本操作模式,为企业赋能。首先筛选出拥有基本团队、产品和市场竞争力的初创公司之后,具有市场知识的政府部门介入,由具有丰富市场经验的投资和商界人士对企业产品进行技术评估、产品定位和竞品分析。获得通过之后该部门提供国家创业资助,并在后续发展中由专家评估再投入额度。②政府能够帮助创业企业从当地大企业或高校中协调借用所需要的仪器和设备;如需购买,则由政府出资购买全新设备并挂在当地高校或大企业名下。这一环节可以非常详尽完善,例如能够为技术型创业企业提供专业的市场营销支持,包括以很低的价格为企业制作高端精美的 PPT 和宣传物料,或以低价为企业提供财务会计支持和法律支持等等。

(3) 保障:场地租金补贴和完善的退出机制。政府部门根据企业特点,在老厂房、大型企业周边或高校等场地,为创业企业提供办公室、生产线和场地的各种租金补贴。特别是一些创业公司,在政府部门协调下能够和大型企业共用供应链,享受极低的采购成本和良好的支持服务,甚至能够就近获得大型企业管理人员和技术人员的帮助和指导。③政府同时组建负责初创企业退出的部门,负责监督管理创业企业,提出退出建议,以降低破产企业对政府、供应商和创业者本人的经济影响,及时止损,最大限度确保政府资金的安全以及创始人的基本生活保障。

这种服务式的创新创业支持体系同样需要政府持续投入资金和人力资源,同时还需要整套完善的社会征信系统、精准的税收预算和完善的市

---

① 李琛:《丹麦企业持续技术创新政策研究》,《现代商贸工业》2014 年第 4 期,第 35—36 页。

② 张瑞:《三螺旋视角下的丹麦科技创新实践及对我国的启示》,《科学管理研究》2019 年第 5 期,第 167—172 页。

③ 李琛:《丹麦对企业持续技术创新的政策引导及启示》,《当代经济》2014 年第 6 期,第 50—51 页。

场法律支持,是一种精细化、精英式的创业模式。

在创新评估方面,欧盟创新记分牌的综合型创新评估指标体系的建设经验值得借鉴。欧盟创新记分牌具有稳定性、持续性和独立性的优势,对企业创新效益和经济效益等多个维度和多项指标进行持续追踪式的权威评估,对欧盟各国以及整体的创新能力评估和创新政策制定具有重要参考价值。①

信息化、区域化与全球化发展背景下,多个国家和地区在经济发展和产业升级过程中形成了各具特色的区域创新网络。英国伦敦创新区、中国台湾新竹科技园、日本筑波科技园、韩国大德创新城等,结合各自国家或地区的经济发展战略和政策文化传统,发展成为公认的成功创新区域。检视这些科技园的发展历程和经验举措,往往也可以见到政府政策支持、大学智力支持、大中小企业作为创新创业核心主体成功运营、形成互动协作的创新网络等经验论述。区域创新网络的形态并非是固定的,多种形式的区域创新网络都处在动态发展和借鉴学习过程中。在分析国内外典型区域创新网络的功能性质、运作方式、主要做法的基础上,结合自身创新网络建设实际情况,探索值得借鉴的经验启示,服务本区域创新网络建设,具有重要现实意义。

3.3.3　案例研究:长三角区域创新网络建设的优化路径

长三角区域创新网络建设的目标是建设具有全球影响力的科技创新高地,瞄准世界科技前沿领域和顶级水平,成为全球创新网络的重要枢纽,以及国际性重大科学发展、原创技术发明和高新科技产业培育的重要策源地。

近年来,中国重大科研突破呈井喷式发展,取得一批具有国际先进水平的成果。根据当前中国创新布局及实践特征,可判断中国创新形成"集成创新能力超强、基础原创能力奋力赶上、基于互联网的微小创新能力奋勇争先"之"两强一弱格局"。"集成创新能力超强"是指,以国有大中型企业、科研院所、高等学校联手的集成创新,在大飞机大材料大能源大基因大机械等领域已取得多项突破性进展。"基于互联网的微小创新能力领

① 殷阿娜:《中国开放型经济转型升级的战略、路径与对策研究》,新华出版社2015年版,第268页。

先”是指，在“互联网＋”领域，千千万万创业者在“大众创业、万众创新”氛围中，在移动互联网领域、移动智能领域已实质性领先世界。移动支付、共享单车、电商网购与高铁一起，被称为中国“新四大发明”，中国的信息技术和创新模式正在进入全球科技市场引领行列。此为“两强”。

“基础原创能力奋力赶上”是指，在基础科研研究领域，在“863”、“973”等重大科技创新计划支持以及如今的高峰学科一流学科建设支持下，在未来10—30年内，会有中国科学家取得重大原创科学创新突破井喷的局面。这里有一个时滞问题。此即为“一弱”。

（一）长三角区域创新网络建设的目标要求与发展现状

长三角沪浙苏皖三省一市都已发布多项旨在促进科技创新的规划政策、财政政策、人才政策和产业政策等，长三角城市协调会、各省市科技厅委等也已建立长效的科技合作研发机制和项目攻关合作模式等，取得突出成效。长三角区域已基本形成以上海为核心引领节点，以杭州、南京和合肥等行政中心为创新网络二级中心节点，以苏州、无锡等城市为技术扩散节点的梯度分明的区域科技产业分工体系。

在模式创新方面，G60科创走廊成为强化长三角协同创新的突破式创新实践。G60科创走廊的建设有利于融合与拓展上海、嘉兴和杭州的创新和产业优势，推动城市间互联互通创新要素、联合研发技术攻关，增强区域高端创新资源的集聚、整合与辐射功能，打造区域协同创新共同体，实现区域科技创新协同范式和治理范式的双重创新。①当前，已有数家百亿元级项目落户G60科创走廊。

长三角建设世界级区域创新网络的目标要求，可从国际、国家、区域和城市四个层面来进行分析。

一是国际层面：建设世界级城市群，成为全球创新网络重要枢纽。

上海建设全球城市、长三角建设世界级城市群是我国在更高层面参与国际竞争与合作的战略任务。长三角协同创新网络建设能够为此提供重要战略支撑，具体目标要求包括：建设具有全球影响力的科技创新高地，瞄准世界科技前沿领域和顶级水平，成为全球创新网络的重要枢纽，

---

① 汝刚、梅晓颖、刘慧：《以科创走廊探索科技创新协同发展新模式——基于G60科创走廊协同创新的理论分析》，《上海经济》2018年第2期，第72—85页。

以及国际性重大科学发展、原创技术发明和高新科技产业培育的重要策源地。

值得注意的是，粤港澳大湾区同样高度重视在国际层面建设区域创新网络。大湾区规划确定“开放引领，创新驱动”的合作原则，①注重积极构建开放型经济新体制。面向国界合作，大湾区制定的主要创新政策包括：第一，“打造国际科技创新中心”，统筹利用全球科技创新资源，完善创新合作体制机制，优化跨区域合作创新发展模式，构建国际化、开放型区域创新体系，不断提高科研成果转化水平和效率，加快形成以创新为主要引领和支撑的经济体系和发展模式；②第二，“培育国际合作新优势”，充分发挥港澳地区独特优势，深化与“一带一路”沿线国家在基础设施互联互通、经贸、金融、生态环保及人文交流领域的合作，携手打造推进“一带一路”建设的重要支撑区。支持粤港澳共同开展国际产能合作和联手“走出去”，进一步完善对外开放平台，更好发挥归侨侨眷纽带作用，推动大湾区在国家高水平参与国际合作中发挥示范带头作用。

二是国家层面：多项国家重大发展战略在长三角区域优势叠加。

中央制定并实施了一系列国家重大发展战略，并在长三角地区呈现叠加的态势，这成为长三角地区转型升级、实现历史性跨越、建设世界级城市群的重要时代机遇，也成为促进长三角地区城市发展的政策机遇和全新驱动力。

随着世界经济国际化和区域化进一步发展，中央从增强综合国力和提升国际竞争力的战略高度，提出了长三角地区建设“面向全球、辐射亚太、引领全国的世界级城市群”的新目标要求。同时，“一带一路”倡议、“长江经济带”发展战略、“上海建设具有全球影响力的科技创新中心”等多项蔚为宏大的国家发展方略在长三角区域共生并存、交织联结，为长三角城市群充分发挥区位优势、在更高层次更高水平参与国际合作和竞争打开了全新空间。这就促使长三角地区各地政府在国际、国内、区域和城市四个层面迅速找准定位、主动出击、抢抓机遇，以有效对接一系列国家重大

① 中共中央、国务院印发《粤港澳大湾区发展规划纲要》，《中华人民共和国国务院公报》2019 年第 7 期，第 4—25 页。

② 毛艳华：《粤港澳大湾区协调发展的体制机制创新研究》，《南方经济》2018 年第 12 期，第 129—139 页。

发展战略,实现联动发展、协同发展和融合发展。

三是区域层面:长三角协同创新网络建设需依托于区域一体化建设

国家要求长三角区域共建内聚外合的开放型创新网络构建协同创新格局。建设以上海为中心、宁杭合为支点、其他城市为节点的网络化创新体系。强化上海创新思想策源、知识创造、要素集散等功能,加快张江国家自主创新示范区建设,重点提升原始创新和技术服务能力。①挖掘苏浙皖创新资源,加快苏南国家自主创新示范区、杭州国家自主创新示范区、合芜蚌自主创新综合试验区建设,集中打造南京、杭州、合肥、宁波等创新节点,重点提升应用研究和科技成果转化能力。

2016 年 3 月 14 日,国家发改委、科技部、工信部联合印发《长江经济带创新驱动产业转型升级方案》,要求以创新驱动促进长江经济带的产业转型升级和经济提质增效,建设创新驱动引领带、产业融合先行带、区域协同示范带和开放合共赢带,成为引领我国经济转型升级、支撑全国统筹发展的重要引擎。②

但是需要看到,与高起点规划、高标准执行的京津冀区域创新网络相比,长三角创新网络建设整体性规划尚未制定。区域内各省市的创新规划制定缺乏政策衔接性、政策互补性、政策交叉性和政策配套性,难以对区域创新网络建设发挥规划的统筹引领作用。同时各地常见创新政策过于原则化,责任重点不够明确,缺乏合理规范、操作性强的具体规定和科学划分。创新政策看似面面俱到,实际上衔接不够、重点不明,对区域创新网络建设的界定也并不清晰。创新规划对接协同不够,创新政策制定的府际合作关系尚未建立,多级政府之间创新政策各自为政,缺乏协同,各种政策文本存在差异且多侧重宏观描述和构建,出现政策碎片化和重复化现象。长三角创新协同网络建设需依托于长三角一体化建设进程,并有效促进和全面服务于区域一体化建设。

四是城市层面:上海加快建设具有全球影响力科创中心,引领区域创新网络建设。

---

① 高长春:《长三角区域创新网络协同治理思路和对策》,《科学发展》2018 年第 9 期,第 35—46 页。

② 朱剑红:《长江经济带将打造三大增长极》,《人民日报》2016 年 9 月 12 日第 9 版。

2014年5月,习近平总书记在上海考察期间指出,科技创新已经成为提高综合国力的关键支撑,成为社会生产方式和生活方式变革进步的强大引领,要求上海推进科技创新、实施创新驱动发展战略转型,在关键核心技术领域取得突破,加快建成具有全球影响力的科技创新中心。

(1) 上海加快建设具有全球影响力的科技创新中心。

为落实响应中央关于上海向具有全球影响力的科技创新中心城市进军的新要求,2015年5月26日,上海市委、市政府发布《关于加快建设具有全球影响力的科技创新中心的意见》,立足中国全局,着眼上海实际,明确上海建设科创中心的奋斗目标和总体要求。该《意见》确立上海科创中心建设的奋斗目标:努力把上海建设成为世界创新人才、科技要素和高新科技企业集聚度高,创新创造创意成果多,科技创新基础设施和服务体系完善的综合性开放型科技创新中心,成为全球创新网络的重要枢纽和国际性重大科学发展、原创技术和高新科技产业的重要策源地之一,跻身全球重要的创新城市行列。

2017年9月,浦江创新论坛发布《2017年上海科创中心指数报告》,指出上海已成为全球创新网络中的区域关键节点,新兴产业发展引领力和区域创新辐射带动力提升速度明显,年均增长率分别达15.6%和15%,对周边区域起到重要的辐射带动作用,在全球创新网络中扮演关键节点和枢纽角色。

(2) 上海密集发布配套政策,形成创新创业政策体系。

2015年7月6日,上海市发布《关于深化人才体制机制改革促进人才创新创业的实施意见》①,制定更具竞争力的创新人才集聚制度和激励机制,为上海建设具有全球影响力的科技创新中心提供坚实的人才支撑和智力保障。2015年9月30日,上海市发布《关于服务具有全球影响力的科技创新中心建设实施更加开放的国内人才引进政策的实施办法》,进一步构建更加开放、更具竞争力的国内人才引进政策,主要从评价方法、引进标准、引进对象、政策梯度等方面进行创新突破。②2015年10月10日,上海市人力资源和社会保障局发布《关于完善本市科研人员双向流动的

---

① 《上海将实施创新人才集聚“20条”》,《解放日报》2015年7月6日第1版。

② 陈琼珂:《重点引进创业人才等五类人才》,《解放日报》2015年10月31日第2版。

实施意见》,推进建立更为灵活的人才管理制度,拓展科研人员双向流动机制,促进科技成果转化。①2016 年 9 月 26 日,上海发布《关于进一步深化人才发展体制机制改革加快推进具有全球影响力的科技创新中心建设的实施意见》,在 2015 年多项政策基础上进行再完善、再突破、再创新,实施更积极开放的海外人才引进政策,发挥户籍政策在国内人才引进集聚中的激励和导向作用,优先引进重大科学工程、重要科研公共平台、大科学研究中心、重大科技基础设施建设等领域高层次人才。至此,上海已基本形成梯度明晰、相互衔接的创新创业人才政策体系。②

2015 年 8 月 8 日,上海出台《关于本市发展众创空间推进大众创新创业的指导意见》,支持加快发展众创空间,激励大众创新创业,政策机制层面加强创新创业金融支持和财税扶持,为创新创业提供多项便捷服务。③

2015 年 11 月 24 日,上海市政府印发《关于加快推进中国(上海)自由贸易试验区和上海张江国家自主创新示范区联动发展的实施方案》,规划上海要充分利用国际国内两个市场、两种资源,打造国际化循环、全球化配置的创新创业生态系统,发挥上海自贸试验区和张江高科示范区叠加区域的核心优势,"双自联动",加快建成具有强大原始创新能力的综合性国家科学中心,到 2030 年,把双自联动区打造成具有全球影响力的创新资源配置中心。

2016 年 4 月 15 日,国务院发布《上海系统推进全面创新改革试验加快建设具有全球影响力的科技创新中心方案》,要求上海开展全面创新改革试验,率先实现创新驱动发展转型,破除体制机制障碍,加快建设具有全球影响力的科技创新中心。④

2016 年 8 月 5 日,《上海市科技创新"十三五"规划》发布,紧紧围绕建设具有全球影响力的科技创新中心历史使命要求,明确"十三五"期间上海科技创新发展思路、目标和任务。⑤

加快建设具有全球影响力的科技创新中心是上海适应全球科技竞

---

① 陈琼珂:《鼓励科研人员兼职离岗创业》,《解放日报》2015 年 10 月 31 日第 2 版。
② 张骏:《上海推出人才新政"30 条"》,《解放日报》2016 年 9 月 26 日第 1 版。
③ 俞陶然:《发展众创空间,推进大众创新创业》,《解放日报》2015 年 8 月 18 日第 2 版。
④ 谈燕:《举全市之力加快推进科创中心建设》,《解放日报》2016 年 4 月 15 日第 1 版。
⑤ 《上海市科技创新"十三五"规划解读》,《解放日报》2016 年 8 月 19 日第 7 版。

争、服务国家战略转型的必然要求,为此进行了密集的政策规划及多样的配套措施。①同时,上海科技创新中心的建设又能够与"一带一路"建设、长江经济带发展等重大国家战略协同对接,以科技创新中心建设为枢纽平台,从"一带一路"的顶层设计政策高度和巨大的跨国经济体量中选择导入科技创新要素和高端资源要素,扩大开发国际国内市场,并整合利用长江经济带发展战略、上海自贸试验区建设等政策,实现规划互动、机制互动和政策互动,实现科创中心建设的规划目标。②

(3) 周边省市重视承接创新资源,嘉兴、南通"主动对接"融入上海。

长江三角洲城市经济协调会是长三角区域合作的制度化机构,以区域经济合作为重点,以政府间合作章程、协议、专题会议或合作课题等多种形式促进区域合作,取得多项务实成果,推进区域经济一体化不断深入。随着长三角地区各地经济水平的不断提高和经济交流的日益密切,加强区域政府协商协作、推进区域经济融合发展已逐渐成为政府、企业和社会的普遍共识和自觉选择。区域合作取得多项制度化成果,在合作层次、领域和深度上都有较大提高,区域经济融合与发展步伐加快。

但是仍需看到,长三角区域府际协同治理机制尚未建立。构建有效的跨区域协同治理体制是实现区域创新协同创新的制度基础和支持条件。需要首先通过明晰的政府间事权划分和构建区域性组织来实现区域府际合作和协同行动,才能有效促进区域创新网络建设的政策协同。长三角各省市侧重自身经济社会发展规划,创新政策协同不够。

在区域合作中,各地高度重视科技创新和产业转移等资源,较为忽视区域创新软环境一体化建设,长三角跨区域经济社会一体化建设程度不够。区域经济社会文化一体化发展能够有效促进区域创新主体的协同合作和区域创新要素的高效流动。突破省市界限,实现更大范围的跨区域基础设施建设一体化、跨区域政策体系一体化、跨区域公共服务与政府治理制度一体化,能够有效提升政策整合力度和协同程度,共建区域创新网络建设的基础设施"硬环境"和区域经济社会文化一体化的"软环境",形成

① 上海市人民政府发展研究中心课题组、肖林、周国平、严军:《上海建设具有全球影响力科技创新中心战略研究》,《科学发展》2015 年第 4 期,第 63—81 页。

② 王海军、骆建文:《上海科技创新中心战略与"一带一路"国家战略的协同研究》,《现代管理科学》2017 年第 1 期,第 15—17 页。

区域创新网络协同治理的新格局。

突破传统的行政主导或协商协作等跨政府区域合作模式,“主动对接”成为区域合作的全新动向,①一系列创新实践开启了长三角区域协同发展的全新篇章。浙江省嘉兴市、江苏省南通市纷纷“主动对接”上海及上海大都市圈建设,制定具体建设规划和实施方案,并得到浙江省、江苏省政府的正式批复。嘉兴市全面接轨上海示范区,南通市建设上海大都市北翼门户城市,两市主动抢抓“一带一路”建设、长江经济带发展等重大机遇,对接上海建设有全球影响力的科创中心、上海大都市圈建设等发展机遇,全面对接、深入合作。区域合作成为地方政府真正共识,区域一体化协同发展日趋深化。

长三角首位城市上海强调提升全球城市功能、强化区域引领责任,以上海大都市圈承载国家战略和要求,对周边城市加强合作形成吸引力和“拉力”。同时,上海周边城市具有与上海“地域相连、经济相融、人缘相亲、文化相通”的优势,因此“主动策应、借势发展”,积极把握上海建设卓越的全球城市和建设具有全球影响力科创中心对周边城市的要求,立足本市,依托本省,对接上海,拓展发展空间,形成对接上海、深度融合的强大“推力”。同时,加强区域合作也成为长三角地区各省级政府重要发展战略,提供多方支持。多重合力,促进区域合作实践不断发展创新。

长三角区域合作办公室,成为区域协同创新网络的重要组织保障和制度保障,为区域科技协同创新网络的建设提供了重大机制创新突破的关键基础。从区域创新网络发展阶段上来看,长三角区域协同创新网络的建设正在从以技术追赶为主要特点的产业集群阶段,升级为以技术引领为主要特点的区域创新网络建设阶段,关键政策范式也由扶持优惠类的产业政策转换为注重竞争和博弈的创新政策。这两点成为当前长三角协同创新网络建设的关键变化。

1. 制度保障:长三角组建区域合作办公室

2018年3月,长三角区域合作办公室已经组建,办公地点设立在上海。长三角区域合作办的工作职责包括拟订长三角一体化发展战略规

① 唐亚林、于迎:《主动对接式区域合作:长三角区域治理新模式的复合动力与机制创新》,《理论探讨》2018年第1期,第28—35页。

划、协调统筹体制机制和重大政策建议等，“把长三角建设成为贯彻落实新发展理念的引领示范区，成为在全球有影响力的世界级城市群，成为能够在全球配置资源的亚太门户”。①

长三角地区是中国经济最具活力、创新能力最强的区域之一，是“一带一路”和长江经济带等重大国家战略的交汇点。上海作为上海大都市圈与长三角世界级城市群的核心城市地位与引领作用也在多项国家级战略规划中得到体现。长三角区域合作办公室的组建成为建设长三角区域协同创新网络的重要组织保障。

2. 产业升级：从区域产业集群到区域创新网络

区域创新网络是区域经济和政治社会一体化发展到高级阶段的产物。长三角区域经济发展经历改革和变迁，经历了产业培育、产业发展、产业集群和产业升级等多个发展阶段，也带来了区域治理目标、治理内容、治理机制和治理政策的相应转换，当前已从技术引进、技术模仿、技术追赶发展到注重创新驱动和自主创新的产业升级新阶段。相应的关键治理政策也由扶持保护、投资优惠为主的产业政策转变为鼓励市场竞争与多元博弈的创新政策。

(二) 长三角区域创新网络建设存在的关键问题

长三角区域的创新网络建设主要受到结构性因素和制度性因素的双重困扰。长三角区域的优势本在于产业基础雄厚，科教资源发达，而问题在于城市间网络化链接结构尚未完全建成，区域创新网络建设往往局限于“城市创新网络”②建设，知识学习与交流互动不足，特别是知识的转化和技术应用能力有待加强。根据碎片化大都市区理论，经济科教领先却创新功能不足的发达大都市区域形成了“区域创新悖论”。成熟工业地区已经建立了过于紧密的面向旧专业、旧产业和旧惯例的联系结构，形成路径依赖，导致严重的创新锁定效应；同时，在经济发展优先的绩效考核模式下，经济政策的选择也趋于保守和固化。地方组织、经济结构和社会文化环境逐渐形成一种闭合性和内向型的区域创新僵局，带来创新系统失

---

① 谈燕：《以一体化更好服务全国发展大局》，《解放日报》2019 年 3 月 29 日第 1 版。

② 周灿、曾刚、曹贤忠：《中国城市创新网络结构与创新能力研究》，《地理研究》2017 年第 7 期，第 1297—1308 页。

灵、创新组织缺失、创新链接薄弱等问题,破坏区域创新能力。

在政策方面,省市层面,特别是主要城市已初步制定相对完整的产业政策、创新政策、人才政策整体框架,区域层面的创新政策网络框架尚有待建立。根据此前分研究报告中的理论研究及问题研究可见,长三角区域创新网络建设受到碎片化大都市区形态的结构性因素困扰,也受到趋于固化的创新治理模式的制度性因素困扰,并由此形成不利于创新的社会文化环境。

综上所述,从理论和现实角度来看,随着创新复杂性的提升和创新成本的提高,长三角区域协同创新网络建设即存在着创新基础结构缺失与创新政策失灵等问题,需要选择具有针对性和有效性的创新政策工具。这一问题的产生见图3。

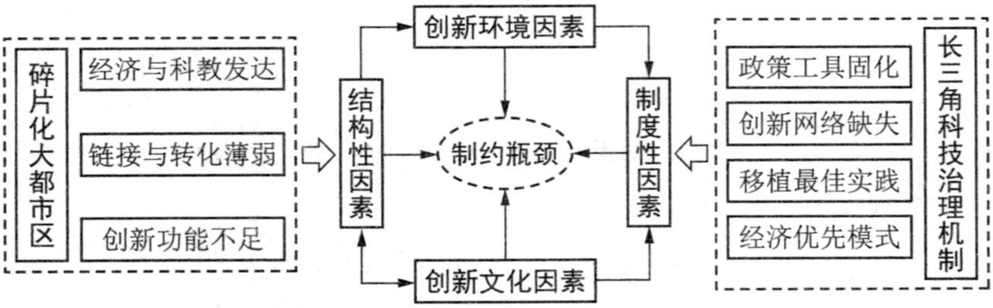

图3　长三角区域协同创新网络的关键问题

具体而言,长三角区域创新网络建设主要存在以下几个问题。

(1) 尚未制定区域创新网络建设的整体性规划。长三角创新网络建设已有顶层设计性质、方向指导作用的定位规划,体现在长三角区域规划的相关章节中,但是尚未制定整体性区域创新网络建设规划。长三角三省一市侧重制定自身创新规划,创新政策规划存在目标不一致现象,缺乏衔接与协同。上海建设全球科创中心已见成效,创新政策初步形成体系,创新中心建设对长三角区域形成辐射和带动效应①,但尚未起到主导和引领区域创新网络建设的作用。

(2) 尚未建立区域创新网络建设的制度化机制和组织机构。长三角

① 孙福全:《上海科技创新中心的核心功能及其突破口》,《科学发展》2020年第7期,第5—15页。

区域创新协同主要通过“长三角城市经济协调会”中的创新相关主题会议、协议等方式实现①，未形成稳定长效的制度化机制，未建立保障协议和规划执行的组织机构。

(3) 长三角跨区域府际合作关系尚未确立，区域创新网络建设缺少主导者。区域一体化建设受限于区域府际合作水平和合作质量，缺少主导多边府际协作的行动者、领导者。长三角区域协同主要通过平等自愿、签订协议的方式实现，以市场机制为主，整体性规划协同和贯彻执行尚不充分。创新整合与政治经济文化社会整合密切相关，长三角协同创新网络建设必然需要依托于长三角区域一体化建设。

(4) 创新政策与政府效能建设结合不够紧密，缺乏统一有效的评估机制。区域各级政府在科研创新评估中实行多重标准，缺乏规范性。创新绩效评估指标建设名目众多，标准不一，各地试图抢占标准制定权，地方政府制定一批，各学科学者制定一批，研究规划再制定一批②，远未形成科学规范的指标体系。

由于中央及区域内省市地方政府存在多元的政策目标、政策制定阶段对接不足的情况下，出现了产业选择过度趋同、政策规划与自身产业基础错配等短期化行为，造成政策规划传导失效。③由于缺乏权威有效的政策实施效果的评估考核机制，各政策主体规划积极、政策过多，而执行不足、绩效不彰。同时，政策客体(企业、高校与机构等创新主体)在政策制定阶段的多元参与尚不充分，创新要素(资源、人才等)流动遵循利益最大化的市场化规律而与政策意愿不完全一致，因此在政策执行阶段侧重基于各自发展要求和利益目标选择政策，未能实现政策效果。

(5) 传统科层制政策执行与科技创新独有的技术范式需要匹配。传统产业促进政策的制定和实施已取得阶段性成功，工业化阶段形成的部门分工思维和政策工具已经验证有效，科层制的政府机构形成了政策主

---

① 徐宜青、曾刚、王秋玉：《长三角城市群协同创新网络格局发展演变及优化策略》，《经济地理》2018 年第 11 期，第 133—140 页。

② 孙洪敏：《创新政府绩效管理的重点难点及其实现路径》，《学习与探索》2018 年第 7 期，第 47—57 页。

③ 李少惠、赵军义：《政府绩效管理领域的研究热点及演化路径分析——基于 CNKI (2002—2015)的计量分析》，《现代情报》2017 年第 2 期，第 141—150 页。

导产业发展的经验模式和政策惯性。但是原有机制措施是否适应科技创新所独有的技术范式仍需研究。世界科技前沿各领域技术融合步伐加快，科技创新链条延长，技术转化与更新换代不断加快，需要制定契合科技创新各个阶段发展特征和需求的政策工具，尊重创新规律，避免唯经济效益的短期化政策导向，注重区分评价科技创新的经济绩效与创新绩效。

（三）长三角区域创新网络建设的创新思路

一是从规划分散到规划统筹：以整体性规划治理模式统筹制定区域科技规划。

在区域协同发展和科技创新网络建设等规划领域，由新组建的区域合作办公室统一行使区域空间规划职责，统一行使区域资源配置和管理职责，能够克服以往区域内各个城市规划职能重叠、交叉分散与相互竞争之不足，将规划引领职能与规划执行、规划监督、规划绩效评估等职能有机统计，形成规划统筹取向的整体性规划治理模式。①已组建的长三角合作办公室应以区域规划为统筹，制定区域协同创新网络建设相关的权威规划，引领长三角创新发展。

二是从行政科层到行政网络：构建创新"基础设施"，形成可持续创新能力。

从单方面建设"创新市场"到建设区域"创新网络"基础设施和服务体系，构建高度分散化、多元化、扩大化的创新网络，能够弥补区域基础创新网络的结构性缺失的问题，提升创新政策执行绩效。政府、军队、大学和研究机构以及企业等多元化主体的理念不同、目标不同、资源配置方式不同、领域和手段不同，科层制和条块化的创新管理框架效用有限，需构建多层次、多类型和互补性的专业化创新服务网络，如产学研创新网络、军民融合网络等。

三是从产业政策到创新政策：冲出区域经济增长"舒适区"，打破"区域创新悖论"。

区域经济政策需从优惠扶持类产业政策转向促进多元竞争的技术创新政策，区域经济治理应从政府主导的产业支持模式转向政府专业化科

---

① 于迎：《从经济优先型到整体性规划：中国城市群发展新型动力建构战略及其实现路径》，《行政论坛》2017 年第 5 期，第 45—52 页。

技创新“服务”模式。

“区域创新悖论”①造成区域创新僵局，区域内大学和公司之间联系薄弱，本地公司和人才之间也缺乏创新联系，缺乏创新文化，地区增长对外依赖性较强，而本地化创新不足。②这就需要以强大的财政预算驱动力、行政网络支撑力和外部竞争压力等形成区域创新复合动力，使区域冲出区域经济增长舒适区，打破区域原有优势产业的利益锁定和资源锁定，打破对曾经有效并固化的贸易政策和产业政策的路径依赖，避免静态资源配置格局和经济动态增长之间出现的结构性矛盾，促进建立非地方关系，建设开放性的全球化合作关系和全国性知识技术联系，从产业政策向技术创新政策转变，实现创新“质”的变化，而非仅是经济“量”的增长。③这方面的典型案例是芬兰，诺基亚衰落之后资金和人力资源大量释放，芬兰政府大力扶持科技创新企业，与高校创业协会等协同合作，形成了宽松活跃的芬兰创业市场，产生了为数众多的 IT、移动应用和游戏等科技创业公司。④

对比国内其他区域的优势结构来看，京津冀地区具备强大的财政资源支持、集中的科技研发资源支持和行政资源支持，特别是北京地区，即使创新创业的商务成本同样不断提升，本地创新吸引力仍然不减；泛珠三角区域则较少原有社会经济结构羁绊，建立了具有开放性、多样性和不确定性的区域创新网络。

科学研究、创新和经济增长的关系已经发生改变，区域创新应建立在更为广泛的、动态的、运作良好的“知识和创新网络”基础之上。区域创新网络建设并非强调政府政策干预的规模或强度，而强调政策与市场互动的有效性。各个国家和地区的创新体系建设已经明显证明了政府政策干

---

① Kjell Andersson, Orchestrating Regional Development Through Projects: The “Innovation Paradox” in Rural Finland. Journal of Environmental Policy & Planning, 2009, 11(3).

② 胡京波、欧阳桃花、曾德麟、冯海龙：《创新生态系统的核心企业创新悖论管理案例研究：双元能力视角》，《管理评论》2018 年第 8 期，第 291—305 页。

③ 钟书华：《创新集群：概念、特征及理论意义》，《科学学研究》2008 年第 1 期，第 178—184 页。

④ 周菲、王宁：《芬兰发展战略性新兴产业的经验与启示》，《对外经贸实务》2010 年第 2 期，第 29—31 页。

预的必要性。因此，干预并推进区域知识和创新的动态协同演化，推进“技术转化”和“知识吸收”等薄弱环节的网络建设，能够推进区域持续增长，增强区域创新能力。

四是从行政化科技创新管理转向专业化科技创新服务。

确定专业化、扁平化的科技创新服务理念，项目管理和预算管理突出专业化评审、市场化导向特征，减少冗长的链条化管理环节和微观组织结构的监管环节。科技创新过程应突出专业化和市场化特征，采取同行评议、匿名评审、市场检验、竞争评估等制度，尊重科学自治原则，尊重科研创新活动的特殊周期规律和技术市场规律，政府在具体执行中应以辅助性服务职能为主，建立更加扁平有效的项目决策机制与执行机制，实现科技创新的善治。

（四）长三角区域创新网络建设的对策建议

长三角协同创新网络建设应继续结合“市场”和“政府”双重优势，形成政府支撑体系、创新服务体系和创新市场网络。

1. 由政府建立区域科技创新支撑体系

一是规划统筹，明确区域内创新城市定位、产业定位，促进长三角区域创新网络规划协同、机制协同和执行协同。

上海建设全球城市、长三角建设世界级城市群是我国在更高层面参与国际竞争与合作的战略任务。长三角协同创新网络建设能够为此提供重要战略支撑，具体目标包括：建设具有全球影响力的科技创新高地，瞄准世界科技前沿领域和顶级水平，成为全球创新网络的重要枢纽，以及国际性重大科学发展、原创技术发明和高新科技产业培育的重要策源地。长三角区域合作办公室已经建立，区域科技创新中期规划、长期规划以及支撑体系建设将成为重要内容，有助于长三角区域共建科技创新服务体系，打造领先的区域协同创新网络。

明确区域内创新城市定位和梯度化产业格局。以科技研发领先的行政中心城市为主要创新节点，定位于重大原始创新引领和国际创新竞争；提升研发低、转化高的城市知识吸收、技术成果应用和技术商业转化能力，建设区域协同创新网络。

二是持续稳定增加科技财政投入，持续支持重大原始创新。

实现足够的研发支出是政策基石。在几乎所有发达经济体中都是如此，在各领先的大都市区域中都是如此。市场机制下对技术进步投资不足的市场失灵问题必然由公共财政支持来解决。提升研发投资的有效性和开放性，容忍失败和不确定性。以政府财政支持和政府采购等多样化机制促进新兴产业增长和新型技术应用，形成创新政策与产业的良性互动模式。①

三是建设综合性区域一体化创新评估体系。

区域创新网络绩效评估不能再使用短期促进增长、短期创造就业等线性的短期化产业政策绩效标准②，需要建立一套综合性指标体系，评估区域创新能力的长期变化，重视衡量创新“软”能力的提升，注重评估区域知识生产绩效和商业创新绩效。

四是以科技创新治理立法保障技术创新与扩散的权责边界与利益分配。

避免“运动式投入”③和“运动式创新”，建设稳定长效的创新制度保障和法制保障。技术创新、技术转移和扩散等多个环节的协同创新法律法规尚不完善。科技创新和市场创新中的新现象、新问题不断出现，需要采取法制化理念解决技术创新、创新收益分配和创新市场经营中的诸多不确定问题。法治化理念有助于消除行政壁垒、市场壁垒和制度障碍，形成具有权威性、稳定性和持续性的法律体系，确保科技创新理念与规划的贯彻执行。④

2. 政府引导建设长三角协同创新网络基础设施

一是建设协同化的行政网络、政策网络和执行网络，作为区域科技创新的“基础设施”。

原有的以企业为导向和以行业产业为导向的政策视角，需要转向以系统为中心、以生态建设为中心的创新政策视角。需要认识到创新网络

① 郝立涛：《促进我国经济结构调整的财政政策研究》，财政部财政科学研究所2014年。

② 江永真：《区域自主创新政策绩效评估模型构建及实证分析》，《福州大学学报》（哲学社会科学版）2012年第2期，第21—25、44页。

③ 叶敏：《从政治运动到运动式治理——改革前后的动员政治及其理论解读》，《华中科技大学学报》（社会科学版）2013年第2期，第75—81页。

④ 贺德方、陈宝明、周华东：《国际科技立法发展趋势分析及若干思考》，《中国软科学》2020年第12期，第1—10页。

结构作为科技创新底层架构的基础性作用，面向大学、研究机构和企业，以项目制、中介制、委托代理制和业务外包制等多种形式建立网络化、协同化的链接结构。科技创新网络是包括决策行政网络、政策网络、执行网络和市场网络等在内的一个“网络化生态系统”，而非仅仅表面可见的创新“市场网络”。[①]“完全市场体制”和“完全计划体制”皆不能可持续地建设区域科技创新网络。特别是科技后发国家，并没有企业能够独立达成类似微软、谷歌和苹果那样动辄千亿美元研发资金规模或建设企业全球研发网络，也尚且没有建设出能环环相扣、紧密咬合的全球化产业生态系统。强大持续的国家财政投入、协同化的创新网络基础设施建设以及以企业为主体的科技创新市场化运行成为后发国家实现创新超越和创新引领的关键选择。

二是针对碎片化大都市区科技创新的结构性薄弱环节，激活长三角发达科教资源，提升技术转化能力，建设科学与商业的联系。建构知识竞争分享平台，形成城市间密集的网络化链接结构，提高区域整体性科技创新网络质量。

网络化结构是一种有利于知识流动、人才流动和企业衍生的创新体系结构。现有的产业政策结构和城市利益空间结构不能提供这些结构。组合运用多种服务型政策工具，支持研究型大学，以灵活高效的政策组合工具和稳定有力的组织保障促进基础研究成果、应用研究成果转化为产品化、市场化的商业成果，促进“联系”，促进“链接”，促进“流动”，缓解创新与企业、大学与产业、政策与市场之间的边界“张力”，从而促进知识扩散、知识转移和知识吸收。

技术工程化、产品化、项目化和商业化的诸多环节需要专业技能支持和专业网络运营。这一部分具有“服务”性质的职能仍需由政府统筹学术界和企业界来建设完成。美国卓越的科技和经济能力即是通过一系列技术转让法案显著扩大了技术的商业化发展能力，构建了囊括国会预算、立法精英、专业科技精英和工商业界的发达技术创新网络。这一网络结构成为美国科技创新和技术引领的重要基础，深刻改变了许多企业的诞生

① 刘建芳：《美国大都市化进程中的地方政府体制“碎片化”及其影响》，《宁夏大学学报》(人文社会科学版)2008 年第 6 期，第 208—212 页。

方式和运作方式。美国以公共资金大量资助专业研究人员，集中将新技术转化为高度商业化的产品和流程；同时聘请学术界专业科技精英担任“项目经理”，以娴熟的方式协调政府、学术界和企业之间的合作，并以专题研讨会、同行评议、技术交流等多种方式支持行业竞争者的知识共享和信息流动。

重视知识的“价值化”。欧盟的经验教训之一是具备良好的原始科技创新能力和知识生产能力，具备世界级高水平大学和研究机构，但知识转化应用和市场化能力严重不足，造成高端知识成果和高端智力资源的严重外流，事实上补贴了像美国这样的资源流入国家的科技创新。

转变理念，正视人才的市场争夺和客观市场定价，尊重知识生产者、学者的智力成果市场价值和经济利益分配。不同区域、不同城市面向全球和全国的抢人大战持续进行。以深圳人才政策为例。深圳自 2011 年制定实施“孔雀东南飞”计划，并持续进行人才政策的组合创新，从海外和全国直接引进创新团队、大力引进创新人才。①深圳海外高层次人才年增量一直保持较快增速。2017 年深圳新增全职院士 12 名，累计 29 名；新增国内高层次人才 730 人，累计 6 979 人；新确认孔雀计划人才 958 人，累计 2 954 人；新引进海外留学人员 1.8 万人，累计近 10 万人。②

三是构建开放性、扁平化和专业化的创新服务体制机制。

从各国经验来看，政府只提供创业资金远远不够，只挑选赢家提供成长资金也不够，组建类似“天使轮”投资性质的专业服务网络势在必行，能够在项目筛选、企业咨询、创业企业赋能、资源协调配置和企业成长与联动等多个方面发挥重要作用。这种公共职能难以完全市场化运行，需要由行政机构组建承担。

提升区域创新网络的专业化服务能力，为创新创业企业赋能。建设专业化、高水平的精英式专家队伍，为企业进行行业咨询、市场分析和产品定位，协调市场资源与资金支持。在技术转化、项目运作方面引入专业化项目经理人制度、同行评议制度等，充分授权，并引入第三方专业监督机制。

---

① 谭翀：《坚持人才优先发展　建设更具吸引力人才特区》，《深圳特区报》2018 年 3 月 20 日第 C01 版。

② 严圣禾、罗旭：《深圳：再引“孔雀东南飞”》，《光明日报》2016 年 8 月 15 日第 1 版。

容忍长期创新过程、项目进程中的不确定性、偏离预期可能和失败可能。

重视形成开放性的区域创新网络,建立更多域外联系,打破旧链接网络,打破创新锁定,建设具有更大开放性和更多可能性的新链接网络。具体包括:(1)充分建立长三角区域与外界的联系,重视建立区域与全国、与世界的开放性知识联系、技术联系和商业联系;(2)重视资源开放,打破产业或行业创新锁定,为新型产业、中小型企业和私营创业企业投入更多创新资金资源、技术资源和政策资源。

四是以创新参与协同为联动:形成区域各级政府、市场组织、社会组织及准行政组织等协同参与的新形态。

在创新创业领域打开窗口,引导和培育多样化的组织形态共同参与,如科技类行业协会,标准类行业协会等,以提供多层次、社会化的区域创新创业支持服务。注重以政府政策为主导,将各种准行政组织、市场组织、社会组织等多样化组织共同纳入区域协同创新网络建设体系,可有效撬动社会多元创新主体参与区域协同合作。以互补和共荣为共识,以平等共赢为动力,以多元力量为主体,以项目合作为纽带,以体制机制为平台,构建一个包括中央政府及其有关部门、区域内各层级政府、市场组织、非政府组织、准行政组织在内的多主体有效协同合作的立体化区域创新协同新形态。

3. 以企业为主体建设长三角协同创新市场网络

一是面向下一个技术周期,探索国际技术进步框架的创新模式,服务国家自主创新战略。

上海和长三角并非仅仅参与区域及国内资源配置,而是参与全球科技创新资源配置。在美国发动对华贸易战背景下,国际经济与科技秩序将遇调整。既有国际技术进步框架已经趋近成熟,面临挑战。以美国为主的欧美发达国家同样在探索科技创新范式的再一次升级替代创新模式。

以马斯克为例,其新能源电动汽车项目、SpaceX 项目、超级高铁项目等,[①]皆是美国政府寻求技术创新模式的再次重大突破性机制尝试,将国家技术代理、财政补贴、市场委托代理等产业升级创新模式推向航空航天领域等前所未有的更高层次和更关键、更核心科技领域。2018 年 5 月,美

---

① 陈一鸣:《美亿万富翁构想“超级火车”》,《人民日报》2013 年 8 月 14 日第 22 版。

国宇航局（NASA）宣布与优步（Uber）签署合作协议，探索城市空中交通（UAM）的相关创新概念和技术，包括分享合作 NASA 的新型空域管理计算机系统、Uber 研发的飞行汽车计划等，从而在人口密集城市形成安全、有效的客运和货运空中交通系统，试图“从根本上改变生活方式，就像智能手机一样”。优步计划于 2020 年对飞行机车进行测试，2023 年投入市场。①

尽管这些项目尚未取得成功，但从中可见主要国家对技术创新升级模式的激进尝试与更高级别博弈竞争，深入更核心、更关键技术领域，面向下一个创新技术周期。

上海和长三角城市群具有突出的科技创新和制度创新优势，对全国经济社会发展具有重要支撑和引领作用，需在更高层次上探索政府、技术与市场的创新进步范式，服务国家自主创新战略，参与国际科技资源配置和科技创新模式竞争。因此需要对标国际，更大步伐，更强力度，更高等级，进行下一代模式竞争。

二是“换道超车”，把握下一代产业领导者机遇。

以信息产业为例。在 PC、移动互联网等领域，全球化生态市场格局已经形成，高度确定，难以突破反超或凭空再造一个替代生态。在这些领域固然需要保障关键技术的自主创新，但是如果采取“技术跟随”“技术追赶”战略或期望一段时间之内“弯道超车”，已经意义有限，且市场对旧的体系和架构依赖程度正在逐渐降低。而在新生市场领域大力发展自主知识创新，在新领域建设“卡位”更具突破价值。②以物联网产业为例，物联网芯片和物联网操作系统都尚未确立全球标准或建立强大技术产业壁垒，仍具有需求分散、场景分散、基础架构未建成等明显特征，突破机会深置其中。这相当于出现了另一条赛道，企业有机会实现“换道超车”。长三角具有良好的半导体、集成电路和信息产业技术储备和应用基础，抓住下一个时代变革，“换道超车”，创造下一代设备和基础设施的底层架构，形成全国乃至全球生态，意义重大。物联网的芯片、操作系统和生态系统的需求范围和市场规模，较之 PC 和移动互联网市场而言将出现数量级式提升。

---

① 《美国宇航局与优步签署合作协议　探索城市空中交通系统》，新华社，2018 年 5 月 9 日。

② 刘友金、周健：《“换道超车”：新时代经济高质量发展的新机遇与新路径》，《社会科学文摘》2018 年第 4 期，第 42—44 页。

三是重视复杂产品系统创新，带动区域整合相关产业链的技术升级。

复杂产品系统（Complex Product System, CoPS）涉及的技术种类多样、技术含量高，其开发成功和市场化应用能够将内嵌其中的各种模块技术应用到其他领域，创新"外溢效应"非常明显①，具有研发投入大、技术含量高、市场规模大的突出优势，在产业发展中处于战略性地位。常见复杂产品系统包括大型电信通信系统、大型计算机、大飞机、智能大厦、半导体生产研发等。②复杂产品系统研发应用周期主要包括概念产品形成阶段、开发制造阶段和市场化交付应用阶段。

长三角区域具有相对完备的产业集群、强劲的国有企业实力和突出的科技人才优势，重视复杂产品系统的项目建设，能够使区域创新活动超越公司、行业和部门边界，在项目层次上展开竞争。大飞机项目即为代表性项目。

四是结合长三角区位优势和产业基础，以创新项目协同为突破：实施重点领域和重大项目率先带动策略。

集成电路、生物医药、网络产业等成为长三角区域优势产业领域，物联网、半导体芯片和新能源汽车等前沿项目也已布局长三角。在国家及区域创新战略框架下，优先选择重点领域率先突破、重大项目率先建设，是区域协同创新网络建设的重要抓手，是促进区域政策实施协同的有效方式。服务于特定政策目标的重要领域、重点工程及重大项目建设实施能够有效促进区域协同创新网络建设的突破性进展，集中力量、协同攻关，在有力有效的执行过程中能够形成创新政策执行协同、创新机制运行协同、创新主体利益协同和创新要素流动协同的重要经验借鉴。

五是被动"挑选赢家"与主动"生产赢家"相结合，建立开放性、全球化技术联系和市场化人才流动机制，形成持续生产市场赢家的科技创新区域。

避免强行政过度管理市场竞争，避免认知锁定和区域锁定，避免由行政主导挑选和扶持市场"赢家"。政府应侧重提供创新网络基础设施和服

---

① 周永庆、陈劲、许冠南：《中国复杂产品系统创新关键成功影响因素研究》，《研究与发展管理》2006 年第 1 期，第 6—12 页。

② 乐承毅、徐福缘、顾新建、陈芨熙、王有远：《复杂产品系统中跨组织知识超网络模型研究》，《科研管理》2013 年第 2 期，第 128—135 页。

务智能，以区域知识和经济制度基础为起点，通过刺激新的应用领域产生新的市场胜者，打造源源不断"生产赢家"的创新型区域。

随着全球范围科学技术的发展、国际竞争格局的变化以及区域协同发展实践的推进，加紧建设区域创新网络，成为推进长三角区域朝着更高层次、更深领域、更广范围发展的必由之路。面对京津冀和粤港澳区域治理空间拓展与扩容，长三角区域需进一步加快建设区域创新网络，在城市群创新驱动与转型升级方面"率先协同、率先突破、率先建成"，在制度创新、技术创新、模式创新等多个方面"跨前一步"，引领中国城市群发展创新。

第四章　从行政分割式治理到整体性规划引领：中国区域发展战略的政府合作机制

中国是区位导向型政策实施最为密集的国家之一。[①]区域发展政策是区域经济格局演化的重要因素。国家和省级政府的宏观政策是一种特殊的工具性“资源”，本来即包含着一种特定的先发权。特别是政府的直接投入和重大先行先试政策，更反映了国家对区域发展的意图或目标。

需要注意到，经济政策或区位治理工具只有在顺应经济趋势和发展规律的前提下，才会对经济体系和区域发展产生决定性的作用，否则其力量也是非常有限的，即使一时的作用力度较大，也不可能长久。[②]从整体上，改革开放以来，中国区域治理和区域政策成功促进了区域经济发展和空间整合，有效引领了国家经济发展。区域发展建设和区域治理已经成为国家建设的主战场。

4.1　区域治理模式的历史变迁与发展特征

4.1.1　计划经济时期的行政主导模式确立

改革开放之前的计划经济时期，国家曾经设立了省级以上的区域机构来加强中央行政主导和区域合作。我国从 1949 年到 70 年代设立过多个区域单位。50 年代初设立的“大行政区”包含了党政机构和全套政府部

① 晁恒、满燕云、王砾、李贵才：《国家级新区设立对城市经济增长的影响分析》，《经济地理》2018 年第 6 期，第 19—27 页。

② 刘志彪等：《均衡中国：长三角发展新模式》，中国人民大学出版社 2014 年版，第 5 页。

门；而50年代末的“经济协作区”只包含协调委员会和区域经济计划办公室，而没有党政部门；到了60年代，党委又被重新加入区域政府以加强区域行政主导能力。①

这一时期的区域发展的主要特征是集中的国家管理和区域平衡发展。这种平衡是通过计划经济带来的，区域发展战略表现为统筹考虑所有区域、全国一盘棋的平均主义。在全国统一的物资配给和财政共享制度框架下，地方政府和政策没有能力和动力自主进行区域合作。

4.1.2　改革开放后的区域合作机制探索

改革开放以来，计划经济的平均主义发展战略被经济优先战略所取代。各城市展开了激烈的经济竞争，并以经济协作为主要目的自发展开区域合作。

这一时期的区域合作模式可以分为两个发展阶段。

第一阶段，行政区经济仍然阻碍区域合作，形成分割式治理的区域发展模式。

20世纪80年代，在改革开放初期，面临传统计划经济体制下形成的条块分割、地区分割的行政区治理现实，中央政府为促进区域经济合作进程，提出充分发挥城市的中心作用，逐步形成以城市特别是大中城市为依托的、不同规模的开放式、网络型的经济区之构想。为了进一步推进区域协作，由中央主导自上而下建立了一系列区域协作机制，如上海经济区、长江沿岸中心城市经济协调会、南京区域经济协调会、华北地区经济技术协作区等。

1981年10月，位于华北的京、津、冀、晋、蒙五省市成立了中国第一个区域联合组织——华北地区经济技术协作区。1986年，在天津市市长李瑞环的倡导下，环渤海地区15个城市共同发起成立了环渤海地区市长联合会。进入90年代，京冀、津冀高层次领导就全面开展经济技术合作达成共识，合作步伐加快、力度加大、领域拓宽、规模增大，落实了多项会议纪要条款。但是，京津冀三地发展很不平衡，京津在一些大型优势工业项目上与河北省存在竞争关系，河北省的发展势头明显落后于京津，且承接了京

① 刘玉、冯健：《中国经济地理：变化中的区域格局》，首都经济贸易大学出版社2008年版。

津一些技术含量低、污染重、耗能多的产业。

再以上海经济区为例。1982 年 12 月 22 日，国务院发出成立上海经济区规划办公室的通知，决定上海经济区以上海为中心，包括苏州、无锡、常州、南通和杭州、嘉兴、湖州、宁波（后来又增加绍兴）等城市。1983 年 3 月 22 日，上海经济区规划办公室正式成立。当时成立上海经济区的原因和主要任务有三个：一是解决条块矛盾，加快上海及周边地区发展；二是依托中心城市上海，发挥中心城市的辐射和带动作用，发展周边城市；三是带有探索试验性质，通过这一区域的探索，在全国逐步形成以大城市为依托的网络型经济区。这是长三角经济圈概念的最早雏形，也是国内第一个促进跨省市合作的综合性经济区。上海经济区规划办公室成立之后，相继展开并完成多项促进区域合作的基础性工作。在跨区域治理机制方面，建立起上海经济区省市长会议制度等，并频繁举行多种层次、多种形式的长三角区域合作会议，签署多项经济合作协议。①

但是，当时条块分割、地区分割的行政区治理现实，使得跨区域经济合作难以真正取得突破性进展。上海经济区规划办公室作为一个规划和协调机构，行政调控力不足，权威性也不够，未能真正解决分割式“行政区”与一体化“经济区”之间的矛盾。出于多种原因，1988 年 6 月 1 日，国家计委通知撤销“上海经济区规划办公室”。当初试图以行政手段为主来推动长三角区域经济合作和区域一体化发展的模式，未能取得根本性成功。

第二阶段，以区域经济协作为主要内容，形成区域协同治理模式，产生多种具有创新性的区域协同机制。

京津冀区域协同机制完全由政府主导。在中央政府主导下，京津冀协同发展取得明显成效，特别是在产业转移和核心功能疏散等深层领域，也取得重大进展。京津冀协同优势在于组建最高层次的跨区域权威协调机构，加强顶层设计和统筹协调，提供强有力的领导支持和专家智力支持，高效推动京津冀协同发展。

珠三角地区最早获得中央对地方的分权和优惠政策，为地方政府发挥职能提供了很大的作用空间。各级政府积极参与经济治理和产生投

---

① 唐亚林、于迎：《主动对接式区域合作：长三角区域治理新模式的复合动力与机制创新》，《理论探讨》2018 年第 1 期，第 28—35 页。

资，规划和兴建各种开发区，发挥了不可替代的作用。泛珠三角区域合作行政首长联系会议制度是该区域的主要合作交流平台，旨在加强各区域政府部门间的横向联系与交流，平等合作、互相协商，发挥各地优势，拓宽合作领域，沟通信息，交流经验，通过建立务实、高效的合作决策机制，切实加强对区域合作工作的指导和协调，为实现区域协调发展和可持续发展作出积极的贡献。

长三角区域在城市经济协调会的组织结构下展开经济协作式的区域治理机制探索。从历史演进视角来看，长三角区域治理模式经历了从分割式治理模式到经济协作式治理模式再到经济社会一体化协同式治理模式的转型，治理绩效也经历了从“分而不合”到“议而不决、决而不行”再到“议而有决、决而有行”的提升。长三角地区的区域治理空间也从传统的沪苏浙两省一市拓展到沪苏浙皖三省一市，意味着长三角向泛长三角的辐射与扩容，为区域合作和经济社会一体化协同发展提供了新的战略空间和治理资源。

长三角扩容能够优化各城市的产业分工、促进城市间的市场统一，进而促进整体城市经济增长，即扩容政策的实施不仅有利于长三角城市之间的产业合理布局，更能在一定程度上有效控制区域内的“行政区经济”与地方保护主义，进而推进长三角城市群大市场的形成以及区域内的有序竞争。具体而言，第一，长三角扩容强化了城市间经济联系，原位城市能够在密切的城市经济联系网络中受益，比如获取新进城市的低廉劳动力与自然资源。①第二，长三角扩容优化了城市间的产业分工，原位城市能够积极推动产业转移，促进自身产业结构升级，从而谋取新的经济发展动力源与增长点。即，长三角扩容有助于新进城市承接沿海发达城市的产业转移，进而优化自身的产业布局、迅速融入长三角城市群的产品价值链分工中。第三，长三角扩容能够有效降低原位城市的“行政区经济”与地方保护主义，降低区域间的边界效应与地方化壁垒，进而形成区域内的统一市场。新进城市能够有效降低城市之间的边界效应，更好地融入长三角城市

① 张学良、Lin Hong：《交通基础设施促进了中国区域经济增长吗？——兼论交通基础设施对区域经济增长的空间溢出效应》（英文），*Social Sciences in China*，2013，34(02)：24—47。

群的统一大市场，进而促进自身经济增长。总体而言，长三角扩容有助于打破城市群范围内的行政化藩篱、地方化壁垒、行政区经济以及地方保护主义，通过增强经济联系、强化产业分工、促进市场统一而促进原位城市及新进城市的经济增长，形成区域大市场、促进区域有序竞争、构建产品价值链等路径推动整个区域经济的可持续发展。①

但是，由于城市经济协调会的经济合作机制是自发建立的，且获得的稳定财政支持和政策支持都较为有限，决策权和执行权仍然在各自成员城市手上，其协作动机也主要是为了增强地方的内生性增长机遇和城市经济竞争力，协作内容也缺乏执行动力和监管机制。区域合作仍然呼唤更为权威、稳定和高效的制度化模式。

政府和市场以及相互间的结合方式是影响区域发展的最重要资源配置机制。中国特色在社会主义市场经济体制背景下，政府加强对区域协调发展的规划引领，更为符合中国区域发展规律。

4.1.3 新时代区域协调发展战略和区域规划引领模式的实施

改革开放四十多年来，面临日趋激烈的地区间竞争和不断扩大的区域不平衡发展，西部大开发、振兴东北老工业基地和中部地区崛起战略等国家战略相继实施，旨在促进区域协调发展。1999 年底，西部大开发战略获得通过，西部地区获得大规模的国家投资和强有力的政策支持。早在 1997 年，该区域的主要城市重庆升格为直辖市，以突出的行政地位在西部地区成为一个增长点。2000 年 1 月，国务院下设西部大开发领导小组办公室，并在“十五”计划和“十一五”规划中为西部地区制定了专门的五年计划。主要规划政策包括《国务院关于实施西部大开发若干政策措施的通知》(2000 年)、国务院发布《关于西部大开发若干政策措施的实施意见》(2001 年)、《“十五”西部开发总体规划》(2002 年)和《国务院关于进一步推进西部大开发的若干意见》(2004 年)等。2003 年，国务院发布《关于实施东北地区等老工业基地振兴战略》。2005 年，国务院办公厅发布《关于促进东北老工业基地进一步扩大对外开放的实施意见》。2006 年，国务院发布《关于大力实施中部地区崛起的若干意见》。包括这些涉及多个省市的

---

① 刘乃全、吴友：《长三角扩容能促进区域经济共同增长吗》，《中国工业经济》2017 年第 6 期，第 79—97 页。

区域政策在内，国务院在2002年还推行社会主义新农村建设项目，以解决长久存在的城乡发展不平衡问题，并在此后连续多年以一号文件的形式专门关注农村发展问题。①缩小区域发展差异、优化区域发展格局和促使各区域公共服务均衡发展，成为各级政府面临的区域治理核心问题。

总体来看，中国区域发展战略自2000年以来进入一个促进区域协调发展的全新阶段。党的十六届三中全会提出了科学发展观的理念，取代了发展才是硬道理的指导思想，提倡均衡、协调、可持续的发展模式。政府部门针对区域发展问题采取了区域协调发展战略和区域规划引领模式。党中央、国务院及国家发改委等发布多项区域规划政策，引领中国区域发展在推动动力、体制机制和发展理念等多个方面产生了实质性转变。

从国外经验来看，20世纪90年代以来，欧美等主要发达国家见证了城市发展战略规划的复兴，通过对大城市和都市圈等地区进行规划以调整城市发展定位、改善基础生活设施和疏散过剩人口，同时通过管制土地利用和投资等战略手段起到资源再分配的作用。到80年代，区域规划不再受到重视，开始转向城市政策和城市项目，规划内容缩小到区域土地利用监管。到90年代后期，区域规划重新兴起，其标志性事件就是1997年英国布莱尔政府重新设立了区域政府机构并重新推行区域规划；到2004年，整个英国规划体系已广泛采用区域规划方法。传统的英国规划是以管制和分配为主，而近年来的规划却更具战略性和前瞻性，更重视发展，政策重点从重新组织企业生产转向更宽泛的方面，特别是包括区域经济发展和环境可持续发展。②进入21世纪以后，新区域规划方法的实施更体现了政策制定尺度的变化以及政策范围的扩展，侧重于次国家层级的区域战略规划，并被赋予法律地位，制定战略规划的权力实际上从地方移到中央和区域层面。政府希望新的区域规划可以使所有政府内外的政策部门和利益相关者合作，达成广泛的发展共识，生产和拓宽国家战略发展空间。

在国内外区域竞争加剧的背景下，中国通过区域规划引领和促进区域发展成为一种必然选择。在地方政府所采取的自发的合作措施基础

① 李祎：《中国区域管治的演变——以长江三角洲地区为例》，南京大学出版社2013年版，第121页。

② 同上书，第41页。

上,中央政府更加注重参与编制并主导区域规划。2017 年 10 月,党的十九大报告首次提出实施区域协调发展战略。这是在新时代背景下,党中央紧扣我国社会主要矛盾变化、针对区域协调发展新特征作出的重大战略部署和最高行动纲领,并从顶层设计高度制定了一系列区域协调发展的整体性规划和创新性举措,掀开了中国区域治理的全新篇章。在新时代实施区域协调发展重大战略的背景下,中国区域治理进入全面深度协同和更高质量一体化发展的全新阶段。

特别是在经济"逆全球化"甚至是"去全球化"风潮重来的背景下,从美国到英国,在国家利益优先价值观主导之下的贸易保护主义抬头,"新区域主义"正在凸显,导致国际经济利益格局的再分配。西方主要发达国家无论是产业政策、贸易政策、金融政策,还是社会公共政策、就业政策以及外交政策都以纠偏"全球化"为出发点,使得国际经济秩序和政治格局发生重构,并引发全球层面经济发展模式再造。世界经济地缘战略的竞争格局出现从"全球化"向"区域化""多边化""集团化"转变的趋势。从演进视角看,国际经济发展路径总是在既合作又竞争的相互制约发展过程中不断达至新的动态平衡以及可持续发展。全球化的退潮必然导致区域经济的重新整合,贸易集团化、经济区块化、金融管制化成为各国经济政策的主要取向,区域和次区域的融合发展主导之下的双边及多边经贸合作将成为世界经济发展模式的主流。①这在客观上也成为中国加大实施区域协同发展战略和创新驱动战略的国际背景。

4.2 从行政分割到整体性规划引领:中国区域治理模式对比

4.2.1 京津冀协同发展新阶段:由中央政府主导的超省级行政动力性质的治理模式

京津冀大都市圈行政化程度较高,发展演进过程面临行政分割严重

---

① 刘瞳:《粤港澳大湾区与世界主要湾区和国内主要城市群的比较研究——基于主成分分析法的测度》,《港澳研究》2017 年第 4 期,第 61—75、93—94 页。

的治理困境,区域合作进展缓慢。因此,组建以中央政府及其有关部门主导的超省级行政动力性质的区域发展模式,便成为一个合理选择。2014年2月,习近平总书记主持召开座谈会,专题听取京津冀协同发展汇报时,强调实现京津冀协同发展是重大国家战略。①2015年4月中共中央政治局审议通过《京津冀协同发展规划纲要》,核心包括有序疏解北京非首都功能,要在京津冀交通一体化、生态环境保护、产业升级转移等重点领域率先取得突破。②2017年2月迎来京津冀协同发展推进三周年的时刻,尤其在疏解非首都功能、产业转移、区域环境协同治理等方面取得了阶段性成果。③2017年4月,中共中央、国务院规划设立河北雄安新区,成为京津冀协同发展的又一个历史性战略决策。④

由中央政府主导的超省级行政动力性质的区域治理模式的组织形态主要有三个:第一个是由中共中央政治局常委、国务院副总理张高丽任组长的京津冀协同发展领导小组;第二个是由中央有关部委和京津冀各政府部门领导人员组成的京津冀协同发展领导小组办公室;第三个是由各方面专家组成的京津冀协同发展专家咨询委员会。

在中央政府统筹下,由中央部委协同地方政府及其职能部门制定区域交通设施建设、区域生态环境治理等领域的协同发展规划。京津冀协同发展战略承认三地发展具有差距,承认区域城镇体系存在结构失衡问题:京津两极过于"肥胖",周边中小城市过于"瘦弱",特别是河北与京津两市经济社会发展差距较大,公共服务水平落差明显。为推进京津冀协同发展,在既定行政区划的基础上,中央政府牵头成立京津冀三地和中央部委参与的领导小组,要求三地加强政策协调,各方在《京津冀协同发展规划纲要》指引下,制定各自的公共政策体系,选择合宜的政策工具,确保北京非首都功能有序疏解、"大城市病"治理与支持河北省发展、推进雄安新区建设等政策目标有效衔接起来。⑤2015年12月,经国务院及京津冀协同

---

① 《习近平就推进京津冀协同发展提出7点要求》,新华网,2014年2月27日。

② 《政治局会议审议通过〈京津冀协同发展规划纲要〉》,新华网,2015年4月30日。

③ 《京津冀 协同发展这三年》,《人民日报》2017年2月13日第2版。

④ 《中共中央、国务院决定设立河北雄安新区》,人民网,2017年4月1日。

⑤ 杨宏山、石晋昕:《从一体化走向协同治理:京津冀区域发展的政策变迁》,《上海行政学院学报》2018年第1期,第65—71页。

发展领导小组批复同意,国家发改委和交通运输部发布《京津冀协同发展交通一体化规划》,三地交通主管部门则负责落实执行。①2015 年 12 月,国家发改委和环境保护部发布《京津冀协同发展生态环境保护规划》,划定京津冀地区生态保护红线、环境质量红线和资源消耗上限,明确京津冀生态环境保护目标任务。②2016 年 2 月,《"十三五"时期京津冀国民经济和社会发展规划》印发实施,成为全国第一个跨省市的区域"十三五"规划。③京津冀区域协同发展规划体系和统筹机制基本建立。

推进京津冀协同发展,既要坚持规划引领,合理调整城镇体系结构,也要尊重地方行政区划和行政体制的现实格局;既要推进重大项目合作,提升跨界交通和公共服务便捷化水平,也要坚持互利共赢,确保各方承担的义务、责任与享有的权利、收益相对等。

4.2.2 从珠三角到泛珠三角:省内行政性组织主导的治理模式

原珠三角区域各城市均地处广东同一省内。2008 年 12 月,国家发改委发布《珠江三角洲地区改革发展规划纲要》,规划范围以广东省内九市为主体,辐射泛珠三角区域。④2016 年 3 月国务院发布《关于深化泛珠三角区域合作的指导意见》,规划范围包括内地九省区和港澳特别行政区(统称"9+2"各方)。⑤2017 年 3 月起,由国家发改委牵头,联合粤港澳三地政府规划编制《粤港澳大湾区城市群发展规划》,支持港澳在泛珠三角区域合作中发挥重要作用,推动粤港澳大湾区和跨省区重大合作平台建设,建设世界级城市群。⑥

从珠三角到泛珠三角,再到规划中的粤港澳大湾区城市群,珠三角区域的发展演化模式出现新的特征:一是国务院有关部门与九省区人民政府以及港澳共同编制合作发展规划;二是建立行政首长联系会议制度,仍然是一种准政府组织形态,落实各项区域规划;三是引入开发性金融机构

---

① 《〈京津冀协同发展交通一体化规划〉发布》,中国政府网,2015 年 12 月 9 日。

② 《〈京津冀协同发展环保规划纲要〉发布》,人民网,2015 年 12 月 30 日。

③ 《三地同下一盘棋　京津冀"十三五"规划印发》,《人民日报》2016 年 2 月 16 日第 1 版。

④ 《珠江三角洲地区改革发展规划纲要(2008—2020 年)》,人民网,2008 年 12 月 1 日。

⑤ 《国务院关于深化泛珠三角区域合作的指导意见》,中国政府网,2016 年 3 月 1 日。

⑥ 《国家发改委专家:粤港澳大湾区打造世界级城市群粤港澳大湾区打造世界级城市群》,泛珠三角合作信息网,2017-03-24。

等市场组织参与区域公共治理，形成市场组织、社会组织与政府组织等多元主体共同构筑的区域公共治理新模式。①

4.2.3　从长三角到泛长三角：准政府组织形态推动的治理模式

长三角区域的政府合作模式发展演化历程可谓一波三折：最初是20世纪80年代初由中央政府出面构建的跨区域政府行政组织，即上海经济区规划办公室，并于20世纪80年代中期消亡；其次是长江三角洲各区域政府作为合作主体主动介入区域治理的历程，构建如长江三角洲城市经济协调会等政府间合作组织，直至今天仍然发挥强大的作用；最后是长江三角洲两省一市（沪苏浙，后来变成沪苏浙皖三省一市）之间建立制度化的政府间与民间合作组织体系，形成了多元主体参与长三角区域公共治理的发展模式。

2010年6月，国家发改委印发《长江三角洲地区区域规划》，规划长三角区域范围包括江浙沪两省一市、共计16个城市。规划认为，自改革开放以来，长三角地区经济社会发展取得举世瞩目的巨大成就，已成为全国发展基础最好、体制环境最优、整体竞争力最强的地区之一，具有在高起点上加快发展的优势和基于。规划以上海市和江苏省的南京、苏州、无锡、常州、镇江、扬州、台州、南通，浙江省的杭州、宁波、湖州、嘉兴、绍兴、舟山、台州16个城市为核心区，"统筹两省一市发展，辐射泛长三角地区"。②

规划要求长三角区域"加强泛长三角合作"，将周边的安徽省等地区作为产业转移区和直接辐射区，构建互联互通的基础设施体系和资源要素市场体系，加强联合与协作，"建立健全泛长三角合作机制"，促进区域加快发展。

2016年6月，国务院通过、国家发改委发布《长江三角洲城市群发展规划》。该《规划》认为，长三角是我国经济最具活力、开放程度最高、创新能力最强、吸纳外来人口最多的区域之一，是"一带一路"与长江经济带的重要交汇地带，在国家现代化建设大局和全方位开放格局中具有举足轻重的战略地位。该《规划》以上海为长三角核心城市，要求建立南京都市

① 唐亚林：《当代中国大都市治理的范式建构及其转型方略》，《行政论坛》2016年第4期，第2、19—24页。

② 《国家发展改革委关于印发长江三角洲地区区域规划的通知》，中国政府网，2010年6月7日。

圈、杭州都市圈、合肥都市圈、苏锡常都市圈、宁波都市圈五个都市圈的同城化发展目标。泛长三角区域在上海市、江苏省、浙江省、安徽省范围内,具体规划范围包括:上海市,江苏省的南京、无锡、常州、苏州、南通、盐城、扬州、镇江、泰州,浙江省的杭州、宁波、嘉兴、湖州、绍兴、金华、舟山、台州,安徽省的合肥、芜湖、马鞍山、铜陵、安庆、滁州、池州、宣城等 26 市,土地面积 21.17 万平方公里,总人口 1.5 亿。①

至此,泛长三角区域治理战略空间正式形成。长三角地区的区域治理空间向泛长三角区域乃至更为广泛的长江经济带等区域的拓展,不仅为区域产业、土地、资本、劳动力等生产要素的资源配置提供了战略空间,而且为区域经济社会一体化发展水平的提升提供了制度建构的新型空间。②

长三角区域城市治理模式所创造的创新成效显著,区域治理模式创新也不断涌现,现代已经开始突破分割式治理模式和经济协作式治理模式等传统模式的窠臼,进入到经济社会一体化协同式治理模式的新阶段与区域内各省市彼此主动对接、深度互动的新时代。长三角区域内核心城市上海"主动走出去"、上海周边区域中心城市嘉兴与南通等主动对接上海的区域合作创新实践,开创了长三角主动对接式区域合作新模式的复合创新动力,即国家重大发展战略的规划引领动力、长三角地区多层次多领域多专题的共识协同动力、长三角区域核心城市上海的主动作为与周边城市主动对接的互动动力等多重动力的复合。长三角主动对接式区域合作新模式通过密集规划、精准接轨、深化落实等一系列创新举措,创造了主动对接、全面对接、深度对接等新型区域合作新机制,推动区域治理范式从理论与实践两个层面的深度转型。

主动对接区域合作新模式所创造的实践绩效背后,内蕴着突破原有分割式与经济协调式治理模式的限制,开创出一条符合当代中国区域发展实际的新型区域善治发展道路这一深刻关怀。从深层次意义上讲,这既是国家一系列区域重大发展战略叠加实施的结果,也是长三角区域政治经济社会文化一体化深度发展的必然结果。

---

① 《长江三角洲城市群发展规划》,中国发改委网站,2016 年 6 月 1 日。

② 唐亚林:《长江三角洲区域治理的理论与实践》,复旦大学出版社 2014 年版,第 195 页。

无论是2010年国家发改委批复的《长江三角洲地区区域规划》,还是2016年6月国务院通过的《长江三角洲城市群发展规划》,都将推进区域经济社会一体化发展的目标作为长三角区域治理的根本任务来强调,要求长三角区域实现更深层次的协同发展、联动发展和均衡发展。这就需要在实践中不断探索和创新,突破各种人为限制,取得实质性突破、制度性成果和理论化建构成果。长三角各地通过密集规划、精准接轨、深化落实等一系列创新举措,创造了集主动对接、全面对接、深度对接于一体的新型区域合作机制以及基于主动对接的区域合作新模式,提升了长三角区域治理的实际绩效,极大地推动了长三角区域治理范式的转型。

当前,中国区域治理全面进入突破既有行政区划限制与狭隘政绩约束,谋求更高层次、更大范围治理空间的区域治理一体化新时代。当代中国三大世界级区域治理空间通过不断的机制创新和规划升级,多次拓展与扩容,昭示着中国区域一体化治理实践的再次创新、区域一体化治理层次和空间的再次提升以及区域一体化治理内涵与方式的新型建构。可以预料,随着以区域发展规划一体化、区域信息基础设施与交通一体化、区域市场体系一体化、区域公共服务体系一体化、区域产业发展一体化、区域经济社会文化生态一体化、区域合作制度体系一体化等为核心的区域治理新型空间、新型任务、新型目标、新型绩效的分步骤、分阶段、分层次的实现,由主动对接式区域合作新模式推动的当代中国区域善治发展道路的未来图景正日益展现在世人的面前。

4.2.4 从行政分割到整体性规划引领:中国区域治理模式的基本经验

从旧三大都市圈到新三大都市圈,综合国内三大主要区域的发展演化模式,其基本经验主要包括以下三个方面。

首先,都市圈发展形态由中央政府统筹行使规划权,从顶层设计层面制定整体性规划。中央政府注重从国家顶层设计层面制定整体战略规划,注重调整制定差异化的区域发展战略规划,明确各大都市圈具体范围及各城市发展定位,促进区域协同发展。作为对区域不平衡发展的经济优先型模式的替代,整体性规划引领模式已经在中国区域一体化发展实践中登场。对比不平衡发展模式主导下的大都市圈发展,区域内各地方政府处在以经济业绩优先的绩效评估体系中,往往优先按照各自行政区域的实际来组织和调控管辖区域的经济发展和社会治理，将区域发展和区域合作等议题置于相对靠后的位置上，缺乏跨区域政府合作的有效体制机制支持和真实的合作驱动力。而由更高层次的中央政府统筹制定的区域发展规划能够打破行政壁垒和制度障碍，为区域跨政府合作提供坚实的制度支持和制度保障。同时，区域发展规划既包括区域战略定位、战略目标，又包括战略目标实现的支持条件，具有突出的整体性引领价值和实践指导价值。整体性规划引领模式在多个方面呈现出对区域不平衡发展的经济优先型模式的超越。

其次，在中央政府统筹制定区域整体发展规划的指导下，由各省、自治区、直辖市政府及相关部门制定各自相应的具体规划。同时大都市圈首位城市及区域内各中心城市等根据自身资源禀赋及职能定位，制定相应的区域协同及城市发展规划，同国家规划一起形成区域协同治理的政策框架体系。需要注意的是，在不平衡的发展模式的长期主导下，区域内各级政府在面对有关区域整体发展的相关议题时，更为重视区域交通设施建设、区域基础设施建设等硬性基础设施规划对接，并且高度重视科技创新、产业转移等相关产业资源流动分配，较为忽视区域生态环境保护、区域文化网络发展等软性区域发展建设议题。如在长三角区域一体化发展中，苏州、宁波、南通等城市规划注重推进区域“经济圈建设”、建设“上海国际航运中心和经济中心配套基础”和“上海科技创新中心技术转移基地”。经济优先型发展模式在实践中多种弊端凸显，需要从根本上进行突破。整体性规划引领模式则重视经济、环境和社会发展目标之间的有机平衡，强调经济发展与社会民生发展并重，具有协同性价值。三大都市圈的最新发展规划均注重体现经济、环境与社会全面、协调、可持续发展的先进发展理念和治理理念。

第三，区域发展规划的贯彻落实需要有力的体制机制保障。随着区域发展规划的有序推进，有必要建立区域发展的绩效评估体系，确定相关考核指标，以对区域协同合作的推进效果进行评估检验。这有利于突破经济优先型发展模式中侧重经济增长的压力性考核指标体系，改变区域发展绩效评估机制缺失的局面，促进区域内各级政府部门贯彻落实区域整体规划，积极协同部署达成区域发展的基本目标，提升区域治理整体绩效。

在国内三大都市圈发展演化的实践经验中，区域发展注重先由中央政府制定规划，再由各级政府及相关部门制定配套规划和贯彻实施，凸显了整体性规划在区域发展中的引领和推动作用。这是一种与经济优先型发展模式不同的动力模式，其战略理念、战略内涵和实现机制等都已经发生重大变化。引领当代中国区域发展的新型战略模式已经出现。①

4.3　当代中国区域发展新型战略建构：整体性规划引领模式

4.3.1　当代中国区域发展战略的新型复合动力

新三大都市圈已经成为多项国家重大发展战略的重要交汇区域和核心引领区域。在国家整体性规划前瞻引领的前提下，各大都市圈已展开多层次多领域多主题的协同合作，都市圈中心城市注重主动引领和协同区域周边城市，同时周边城市也重视主动对接区域核心城市，直接促进了中国区域发展战略新型动力模式的生成。这不仅有利于区域全面深度合作。而且有利于直接推动区域经济社会一体化的协同发展进程。②具体说来，这种新型动力模式主要包括以下三个方面。

其一，国家重大发展战略的规划引领动力。

中央及其有关部门从宏观规划与整体布局制定并实施一系列国家重大发展战略，在三大都市圈呈现叠加态势，成为区域发展转型升级、实现历史性跨越、建设世界级城市群的重要时代机遇，也成为促进区域合作与区域一体化发展的政策机遇和全新驱动力。

随着世界经济国际化和区域化的深度融合与发展，中央从增强综合国力和提升国际竞争力的战略高度，提出了京津冀协同发展战略、长三角地区建设“面向全球、辐射亚太、引领全国的世界级城市群”新目标要求和粤港澳大湾区战略规划。同时，“一带一路”建设、长江经济带发展、上海建

---

① 于迎：《从经济优先型到整体性规划：中国城市群发展新型动力建构战略及其实现路径》，《行政论坛》2017 年第 5 期，第 45—52 页。

② 唐亚林、于迎：《主动对接式区域合作：长三角区域治理新模式的复合动力与机制创新》，《理论探讨》2018 年第 1 期，第 28—35 页。

设具有全球影响力的科技创新中心等在区域层面交织联结、共生并存、协同发力,为三大区域充分发挥区位优势、在更高层次更高水平参与国际合作和竞争打开了全新空间。这就促使各级政府在国际、国内、区域和城市自身四个层面迅速找准定位、主动出击、抢抓机遇,以有效对接一系列国家重大发展战略,实现联动发展、协同发展和融合发展。

其二,三大都市圈多层次多领域多主题的共识协同动力。

区域一体化协同发展日趋深化,区域治理内容开始超越经济合作和产业转移等传统领域,深入区域治理空间布局、政治与行政体制改革、市场体制深化、社会治理体制重组等领域,探索构建区域经济一体化、区域城市化、区域经济社会发展协同化三位一体的多层次立体化发展战略新格局。这是区域一体化发展的必然结果,也是区域治理在充分总结 40 年竞争与合作的经验与教训基础上达成的广泛共识与作出的正确选择,并产生了驱动各级地方政府加速融入区域一体化发展进程的内生动力。

区域合作进入深层次领域,原有分割式的城市治理体系与碎片化的城市管理权限,导致传统的分割式治理模式无法有效应对区域公共问题,无法有效提供一体化的区域治理公共服务,因此,需要从制度安排视角重构区域治理理念、治理结构与治理机制,以推动区域经济社会一体化发展目标。①改革开放 40 年来,三大都市圈的区域治理模式基本遵循从统筹区域合作到促进经济社会协同发展再到推进区域经济社会文化一体化发展这一制度设计主线,为区域治理提供了整体性的发展方略和路径选择,其基本内容体系包括区域规划对接对联、基础设施互联互通、市场体系开放开发、区域制度深度融合、经济社会文化一体化发展“五位一体”的深度协同战略举措。区域合作在政策层面、实践层面和理论层面必须加快合作步伐,已成为多方共识。

其三,区域核心城市主动作为与周边城市主动对接的互动动力。

区域一体化发展进程推进得好不好,绩效是否显著,与区域核心城市是否积极作为、是否主动作为密切相关。近几年来,区域各首位城市皆强调提升全球城市功能、强化区域引领责任,并以大都市圈为主体形态承载

① 唐亚林:《当代中国大都市治理的范式建构及其转型方略》,《行政论坛》2016 年第 4 期,第 2、19—24 页。

国家战略和要求，与周边城市加强合作，形成“拉力”和吸引力；同时，区域内周边城市往往具有与首位城市“地域相连、经济相融、人缘相亲、文化相通”的优势，因此“主动策应、借势发展”，积极把握首位城市对周边城市的要求，立足本市，依托本省，对接首位城市，拓展发展空间，形成了全面对接、深度融合的强大“推力”。

以长三角大都市圈为例。区域首位城市上海发布的《上海市城市总体规划(2016—2040)》提出，上海将进一步强化引领长三角城市群发展，发挥具有全球影响力世界级城市群的龙头作用，以建设全球城市为目标，贯彻落实国家战略，在交通通勤、产业分工、文化认同等方面，将与上海关系更加紧密的地区作为上海大都市圈的范围，积极推动上海大都市圈同城化发展。随即，嘉兴和南通等城市纷纷主动对接，寻求深度融合。《2016年嘉兴市深化接轨上海工作实施方案》提出，嘉兴市要“主动融入大上海都市经济圈”、“加快与上海同城化步伐，全力打造全省接轨上海示范区”。①《南通建设上海大都市北翼门户城市总体方案》同样提出，南通市要“积极策应上海卓越的全球城市建设，主动参与上海‘1＋6’大都市圈协同发展，加快把南通建设成为上海大都市北翼门户城市”。多重创新动力的合力作用，促进了长三角区域合作实践的不断发展创新。

4.3.2　新三大都市圈的全新功能定位

从中国区域发展实践经验和治理机制的变迁来看，随着区域总体发展战略的形成与全面实施，区域规划与区域定位的重要性日益凸显，成为促进区域协调发展、优化区域空间布局结构、提高资源空间配置效率的重要途径和手段。②特别是在2008年国际金融危机和2018年中美贸易战这样的全球局势深刻变化对中国宏观经济稳定带来外部冲击的背景下，中央政府密集出台了一系列区域规划与区域政策，并赋予其扩大内需与经济平稳增长的宏观调控职能，区域政策成为宏观调控政策体系和国家治理体系的重要组成部分。③

---

① 《中共嘉兴市委办公室嘉兴市人民政府办公室关于印发〈2016年嘉兴市深化接轨上海工作实施方案〉的通知》，中国嘉兴，2016年5月25日。

② 魏后凯：《中国区域政策——评价与展望》，经济管理出版社2011年版，第1页。

③ 赵勇、白永秀：《中国区域政策宏观调控职能的影响及其未来取向——兼论中国区域政策“泛化、叠化、虚化”现象》，《贵州社会科学》2015年第5期，第120—128页。

京津冀、长三角和泛珠三角地区成为中国经济最为发达的三大都市圈。这一方面是长期的自然历史演进过程和市场经济发展的双向互动结果，另一方面更是东部优先战略、京津冀一体化战略等国家发展战略主动设计与主动推动的实践成果。随着世界经济国际化、信息化和城市化进一步发展，中国从增强国家综合实力和提升国际竞争力的战略高度，提出了三大传统都市圈转型升级、实现历史性跨越、建设成为世界级城市群的新目标要求。新三大都市圈有了全新的功能定位和历史使命。

第一，将京津冀建设成为具有重大国际影响力的新型现代化首都圈。

京津冀地区具有重要的战略地位。2015 年 3 月的《京津冀协同发展规划纲要》①的出台，意味着京津冀协同发展顶层设计的完成。该《纲要》从重大国家战略的高度定位规划了京津冀城市群的功能定位及协同发展机制，其核心是有序疏解北京的非首都功能。根据规划，京津冀区域将崛起成为一个具有重大国际影响力的新型现代化首都圈，成为我国在世界发展格局中的重要战略支点。

京津冀都市圈以北京为核心，是中国经济最具活力、开放程度较高、创新能力强劲、吸纳人口最多的地区之一，同样是拉动我国经济发展的重要引擎，一度面临区域功能布局不够合理、区域发展差距悬殊等突出问题。2013 年，习近平总书记先后到天津、河北等地调研，强调要推动京津冀优势互补、协同发展；2014 年，习近平总书记专题听取京津冀协同发展工作汇报，讲话强调实现京津冀协同发展是打造新型首都圈、推动区域发展体制机制创新的需要，是探索完善城市群布局和形态、实现京津冀优势互补的国家战略。②2015 年 3 月发布的《京津冀协同发展规划纲要》充分体现了有序疏解北京非首都功能、推动区域整体协同发展的原则。在长期发展过程中，北京集聚了过多的非首都功能，大城市病问题突出，体现在人口过度膨胀、交通日益拥堵、大气污染严重、房价持续高涨等一系列经济社会问题方面，同时资源环境超载矛盾严重、城镇体系结构严重失衡，特别是京津两市与河北发展水平差距较大，公共服务水平落差显著。新的规划将北京定位为“全国政治中心、文化中心、国际交往中心、科技创新

① 《政治局会议审议通过〈京津冀协同发展规划纲要〉》，人民网，2014 年 4 月 30 日。
② 《习近平就京津冀协同发展提七点要求》，新华网，2014 年 2 月 26 日。

中心”,将天津定位为“全国先进制造研发基地、北方国际航运核心区、金融创新运营示范区、改革开放先行区”,将河北省定位为“全国现代商贸物流重要基地、产业转型升级试验区、新型城镇化与城乡统筹示范区、京津冀生态环境支撑区”。这一区域规划突出了功能互补、错位发展、相辅相成的协同发展战略要求。

京津冀协同发展《规划纲要》实施效果显著。北京市在2015年注重调整产业布局和发展重心,有序疏解非首都功能。2014年至2016年累计退出污染企业718家。严控高耗水农业发展,减少小麦生产面积19万亩,生猪、肉禽生产规模分别下降5%、10%。2014年拆除中心城商品交易市场36个,升级改造34家。2015年调整疏解150家商品交易市场,其中,清退拆除市场80个,涉及营业面积56万平方米、摊位1.2万个;对70个市场进行转型升级,涉及营业面积54万平方米、摊位9 000余个。①京津冀三省市和有关部门在京津冀协同发展领导小组和专家咨询委员会指导下,以《京津冀协同发展规划纲要》为战略框架,出台了产业、交通、科技、生态环保等12个专项规划和一系列具体政策,在重点领域已率先突破,取得重要进展。至2017年11月,以北京为中心、“半小时通勤圈”逐步扩大,京津冀PM2.5平均浓度下降33%,“4+N”产业合作格局②加快构建。同时,全面创新改革试验深入开展,北京向津冀输出技术合同成交额年增长超过30%,公共服务共建共享初见成效,京津两市助力河北张承保地区脱贫攻坚扎实推进。③

对比世界级大都市圈的一般演化规律,京津冀都市圈具有多个阶段的混合特征,总体处于多中心都市圈结构的不成熟阶段,但却有了世界级都市圈的雏形。京津两市的极化特征显著,城市间一体化水平不高,京津冀尚未形成成熟的多中心城镇体系。从空间结构上看,雄安新区的设立在空间上有望打造第三中心,推动京津冀向多中心城市群再迈进一步;从中心城市的全球地位看,北京作为京津冀都市圈的核心城市,已经被全球化和世界城市研究小组认定为世界城市,在全球影响力方面已经具备世

① 《北京四部门发布新成果2030年全面实现1小时交通圈》,新华网,2016年2月19日。

② “4”即曹妃甸协同发展示范区、新机场临空经济区、张承生态功能区、天津滨海新区等四大战略合作功能区;“N”即一批高水平协同创新平台和专业化产业合作平台。

③ 蔡奇:《推动京津冀协同发展》,《人民日报》2017年11月20日第6版。

界级城市的部分特征;①从演化模式看,由于过快的经济增长和空间重构,京津冀城市群同时具备离心、合并和融合三种模式的特点,北京不仅向外摊大饼,同时部分人口与生产活动也离心式地在向天津、河北扩散,高铁和高速公路的开通加速了城市间的融合。在国家政策的大力支持下,雄安新区有望成为离心模式的再集聚中心,与京津共同形成多中心城市群,为京津冀世界级城市群建设奠定空间基础。

在区域发展中,为了让市场机制在资源配置中发挥决定性作用,跨界治理需要推进市场一体化、经济一体化、交通一体化。为此,京津冀三地需要开展跨界合作,完善跨行政区和城市群之间的道路交通体系,打破地方政府之间的行政壁垒,减少市场分割,促进生产要素自由流动。从根本上讲,区域经济一体化就是要推进统一市场建设,促进产品、劳动力、资本等生产要素自由流动,深化区域内产业分工,发挥各地在资源禀赋上的比较优势。京津冀作为首都圈承载着重要的国家发展目标。通过推动区域协同互利、京津冀区域一体化发展,能够缩小区域内发展差距,提升区域生态环境质量,均衡公共服务水平,使京津冀都市圈在引领和支撑全国经济社会发展中发挥更大作用,从而建设成为具有较强国际竞争力和影响力的重要都市圈。②

第二,将泛珠三角区域建设成为"一带一路"门户枢纽和海上合作战略支点。

泛珠三角区域在国家区域发展总体格局中具有重要地位,是中国"一带一路"重大国家战略实施的关键区域。2016 年 3 月国务院印发《关于深化泛珠三角区域合作的指导意见》③明确界定泛珠三角区域包括福建、江西、湖南、广东、广西、海南、四川、贵州、云南九省区(以下称内地九省区)和香港、澳门特别行政区(统称"9+2"),拥有全国约五分之一的国土面积、三分之一的人口和三分之一以上的经济总量,是我国经济最具活力和发展潜力的地区之一。新形势下深化泛珠三角区域合作,有利于深入实施区

① 李兰冰、郭琪、吕程:《雄安新区与京津冀世界级城市群建设》,《南开学报》(哲学社会科学版)2017 年第 4 期,第 22—31 页。

② 杨宏山、石晋昕:《从一体化走向协同治理:京津冀区域发展的政策变迁》,《上海行政学院学报》2018 年第 1 期,第 65—71 页。

③ 《国务院关于深化泛珠三角区域合作的指导意见》,新华网,2016 年 3 月 15 日。

域发展总体战略，统筹东中西协调联动发展，加快建设统一开放、竞争有序的市场体系；有利于更好融入“一带一路”建设、长江经济带发展，提高全方位开放合作水平；有利于深化内地与港澳更紧密合作，保持香港、澳门长期繁荣稳定。结合全国建设大局，泛珠三角区域的战略定位是：全国改革开放先行区，全国经济发展重要引擎，内地与港澳深度合作核心区，“一带一路”建设重要区域和生态文明建设先行先试区。

泛珠三角区域具有连接南亚、东南亚和沟通太平洋、印度洋的突出区位优势，成为我国“一带一路”重大国家战略建设的重要功能区域。泛珠三角地区能够充分发挥福建省作为21世纪海上丝绸之路核心区的功能以及相关省区作为“一带一路”辐射中心和海上合作战略支点功能，并能够充分发挥连接港澳的独特作用。区域内具有广州、深圳这样的大城市为引领，在管理创新、科技进步、产业升级、绿色发展等方面具有辐射带动和示范作用，同时可以携手港澳共同打造粤港澳大湾区作为龙头，辐射东南亚、南亚重要经济带，建设世界级城市群。

粤港澳大湾区顶层设计落地在即，并将在产业发展、交通基础设施和生态环境保护等方面加快制定专项规划，推动泛珠三角地区9座城市在体制机制层面加速与香港、澳门的全面对接。港珠澳大桥和广深港高铁等重大交通基础设施的建设与运行对于推动港澳融入大湾区发展大局意义重大。同时，粤港澳大湾区之内“两种社会制度”、“三个关税区”、“三个法律体系”共存的局面，既是粤港澳大湾区的区域优势，也是需要在制度层面大胆突破的难点所在，需要更深层次的治理制度创新和政府社会密切协作，推动基础设施“硬对接”和体制机制“软对接”，通过深化合作形成一体化联动发展的共赢格局。粤港澳大湾区的建设重点和难点即制度创新。2018年8月，国务院宣布关于取消一批行政许可等事项的决定，其中包括取消台港澳人员在内地就业许可事项。广东推出“便利湾区”18项举措，粤港澳专业资格互认深入推进、前海、横琴试行香港工程建设模式、全省有52所高校面向港澳招生、港资澳资医疗机构达46家。①大湾区建设已率先从蓝图构想转化为实际行动，在国家支持下，立足三地优势，加强

① 新华社：《开创融合新格局　探索发展新路径》，《人民日报》2018年8月15日第1版。

三地联动，进一步高质量高效率向前推进。粤港澳大湾区的优势十分明显：经济规模雄厚，当前GDP总量达1.3万亿美元，介于韩国和俄罗斯之间，相当于世界第12大经济体。拥有世界最大的海港群、空港群及快速交通网络；创新能力突出，国家级高新技术企业总数超过1.89万，居全国首位；国际化水平领先，是全球投资最活跃的区域之一。①粤港澳大湾区的建设和探索，有利于发挥湾区经济优势、转型升级、提升开放质量。

第三，将长三角地区建设成为以上海为核心的世界级城市群。

长三角地区是我国综合实力最强的区域，在中国现代化建设全局中具有重要的战略地位和突出的带动作用，成为带动全国经济发展的重要引擎。《长江三角洲地区区域规划》(2010年)②统筹界定了包括上海市、江苏省和浙江省16个城市、辐射带动长三角21.07万平方公里的区域面积。长三角的优势条件包括经济基础雄厚、城镇体系完整、体制相对完善、一体化发展较好等，经济社会往来密切，已形成多层次、宽领域的合作交流机制，并且率先建立起开放性经济体系，形成了多方位、多层次、高水平的对外开放格局。

上海作为长三角地区的核心城市，建设国际大都市目标明确，成为多项国家重大发展战略的重要交汇点和核心节点，在国际、国内、区域和城市自身四个层面皆有突出的发展定位，因此需要上海有效对接国际和区域合作等重大发展战略，深度协同整合国内外和区内外优势资源，实现上海城市发展转型升级。2016年8月22日，上海市城市总体规划编制工作领导小组出台《上海市城市总体规划(2016—2040)》草案③，提出了上海的城市建设目标：至2040年，将上海建设成为综合性的全球城市，国际经济、金融、贸易、航运、科技创新中心和国际文化大都市；强调进一步提升上海作为国际门户和国家交通枢纽的功能，提高对内对外的辐射服务能力，并充分发挥上海在"一带一路"和长江经济带的支点作用，同时在区域内更好地促进长三角地区的协同发展，从而强化上海参与全球经济合作与竞争的能力和影响力，建立上海在世界城市体系中的领先地位。

---

① 阳国亮、欧阳慧、程皓：《区域合作空间维度的最优圈层研究——兼论粤港澳大湾区分工体系的纵深拓展》，《经济问题探索》2018年第5期，第80—89页。

② 《长江三角洲地区区域规划》，中华人民共和国中央人民政府网，2010年6月22日。

③ 《上海市城市总体规划(2016—2040)》，上海市城市规划设计研究院，2018年10月22日。

推动长三角地区更高质量一体化发展取得重大历史性突破。2017年12月，李强任上海市委书记不久的一个大动作，就是带领上海市党政代表团赴长三角地区其他三个省安徽、江苏、浙江学习考察，与各省党政领导共谋推进长三角一体化发展的新战略、新路径、新机制。长三角区域核心城市上海的主要党政领导主动走出去，与长三角地区兄弟省份的主要党政领导互动交流，磋商研讨，为实质性推动长三角经济社会文化一体化发展奠定了坚实的基础。

2018年3月，长三角区域合作办公室正式组建，成为长三角一体化发展的重大历史拐点，为长三角区域一体化发展提供了重要的组织保障和制度保障。长三角区域合作办公室的工作地点设立在上海，主要工作职责包括拟订长三角一体化发展战略规划、协调统筹体制机制和重大政策建议等，“把长三角建设成为贯彻落实新发展理念的引领示范区，成为在全球有影响力的世界级城市群，成为能够在全球配置资源的亚太门户。”①

2018年7月，《长三角地区一体化发展三年行动计划（2018—2020年）》正式印发，为长三角一体化发展明确了任务书、时间表和路线图，覆盖率交通能源、科创、产业、信息化、信用、环保、公共服务、商务金融等12个合作专题，并聚焦交通互联互通、能源互济互保、产业协同创新、信息网络高速泛在、环境整治联防联控、公共服务普惠便利、市场开放有序7个重点领域，创新多项体制机制，推动长三角地区建设影响力和竞争力显著提升的更高质量一体化世界级城市群。②随着在规划对接、战略协同、专题合作、市场统一、机制完善等方面深化共识、付诸行动，长三角一体化发展进入全面提升新阶段。③

以上海为核心，杭州、南京、苏州、宁波等特大城市在区域乃至全国占有重要地位，各具特色，形成经济实力强、社会发展水平高、投资环境优越的都市圈区域，具备了建设具有国际竞争力的世界级城市群的基础条件。“一带一路”和长江经济带等在区域内交汇互联，需要这些区域性中心城市发挥自身优势，提升综合承载能力和服务功能，避免同质化的内耗性竞

---

① 郝洪：《长三角一体化提速》，《人民日报》2018年6月5日第1页。

② 张骏：《长三角：聚焦高质量　聚力一体化》，《解放日报》2018年6月2日第1页。

③ 刘士安：《长三角一体化笃实前行》，《人民日报》2018年8月15日第1页。

争,错位发展,实现多样化互补与共荣,型构区域治理优化新格局。

4.3.3 当代中国区域发展的新型战略建构:整体性规划引领模式

旧三大都市圈的经济优先型发展模式在中国工业化、城市化和信息化进程同时发展、并举推进的过程中发挥了重要作用,取得了举世瞩目的成效。城市化发展和经济增长集中发生在京津冀、长三角、珠三角地区。这三个巨型都市圈吸引了最多的外商直接投资和高度集中的跨境经济活动。同时,在这些区域内部也存在巨大差异,各区域、各城市的发展并不均衡。①这三个区域日益增强的经济聚集说明了中国区域发展的经济优先型模式已经形成。

经济优先型发展模式在国内外都市圈的发展演进历程中都发挥了重要作用。对经济优先型发展模式的肯定性评价主要体现在三个方面:一是经济优先型发展模式具有突出的效率优势。在高速城市化和产业人口集聚过程中,经济优先型发展模式能够充分发挥城市群经济的产业集聚效应、扩散效应、创新协同效应与区域一体化效应,高效地促进城市群发育与成熟,推进城市群发展高级化和世界化。二是经济优先型发展模式具有较高的适应性和普遍性。中西区域发展由于基于不同的国家结构形式和社会政治经济制度,大都市圈的发展形态和发展阶段也存在很大的不同,尊重都市圈成长发育的阶段性规律、尊重市场经济客观规律等机制作用的发挥,是经济优先型发展模式高度一致的做法。三是经济优先型发展模式能够在全球化和信息化新时代背景下持续促进区域发展,在科技创新、产业升级与产业转移、全球竞争与合作等方面发挥重要作用。

经济优先型发展模式具有突出的优势,也具有多方面的弊端。首先,经济优先型发展模式是一种非均衡式的发展模式。经济优先型发展模式虽然在促进区域经济发展方面具有一定解释力和指导价值,但是也陷入了多种实践困境,如造成城市单向度发展、“城市病”爆发以及区域发展不平衡等现实问题。当代中国改革开放历经 40 年的快速发展,正进入打破传统城乡区隔状态、实现城乡一体化的重大发展阶段,城乡发展、区域发

① Zhao S X B, Zhang L. Foreign Direct Investment and the Formation of Global City-Regions in China. *Regional Studies*, 2007, 41(7):979—994.

展以及人与社会发展等各个方面均需突破片面强调经济优先发展的非均衡式发展模式，站在一个更高的起点上，建构起基于中国实践、服务中国区域协同发展的新型模式。其次，经济优先型发展模式无法提供支持区域生长发展的全部动力。如田园城市理论主张建立有限人口、人与自然和谐统一的理想城市，是一种有限发展模式。中国作为一个超大规模国土、超大规模人口的大国，田园城市理论难以为中国区域发展提供足够推动力。第三，经济优先型发展模式的治理机制和一系列制度安排不具有普遍性。如西方区域发展的单中心治理模式提出建立区域统一政府，并不符合中国单一制国家结构体制下行政分割的特征。多中心治理理论则建构于西式民主政体及发达的社群自治、公民参与的社会基础之上，而中国城市中的志愿团体、非营利机构、非政府组织及社区组织等虽已广泛兴起，但整体上尚处于初级阶段，发展壮大尚需要政府的持续培育和扶持。中国政府部门仍然是城市公共事务管理和城市群治理不可替代的组织者和指挥者。因此，随着实践发展和认识的不断深化，经济优先型发展模式难以解决一些深层次问题和根本性难题。①

由经济优先型区域发展模式产生的地区差距问题制约着全国经济发展的平衡性、协调性和持续性。受路径依赖与发展黏滞性影响，经济一旦偏离初始均衡，就会在原有要素分布、城市体系与空间关系的条件下继续沿着既有方向发展。中国经济已经进入区域协调发展和创新驱动的关键时期，更加迫切地需要探索区域协同新路径，实现区域发展格局优化和促进经济创新转型已成为中国亟待破解的重大问题。

2003 年 10 月，党的十六届三中全会通过的《关于完善社会主义市场经济体制若干问题的决定》提出了“五个统筹”发展目标（统筹城乡发展、统筹区域发展、统筹经济社会发展、统筹人与自然和谐发展、统筹国内发展和对外开放），强调坚持以人为本，树立全面、协调、可持续的发展观，促进经济社会和人的全面发展。2015 年 10 月，党的十八届五中全会通过的《中共中央关于制定国民经济和社会发展第十三个五年规划的建议》提出了牢固树立并切实贯彻创新、协调、绿色、开放、共享的发展理念。这意味

① 于迎：《从经济优先型到整体性规划：中国城市群发展新型动力建构战略及其实现路径》，《行政论坛》2017 年第 5 期，第 45—52 页。

着中国城市治理与城市群发展理念的日趋深化,从偏重强调经济优先发展的非均衡式治理理念,转向强调经济发展与社会民生发展并重的包容性、系统性、整体性治理理念。当代中国发展战略模式从经济优先型模式转型为整体性规划引领模式,其基本图景已经在中国区域发展的宏大实践经验中得到体现。

整体性规划引领模式的基本目标是结合中国区域发展动力机制和治理模式的发展转型实际,形成中国区域发展模式和治理机制的有效创新,促进大都市圈成为我国区域协同发展的重要载体和城镇化的主体空间形态,从而实现从非均衡式发展到整体性协同发展的根本转变。

整体性规划引领模式新型战略要求树立三大新型战略理念。

区别于经济优先型发展模式,整体性规划引领模式强调从顶层设计的高度对城市群发展形成全面的、规范的整体性战略引领,是实现城市群整体性协同发展的新型模式。具体而言,整体性规划引领模式的理论机制和实践经验要求体现三大先进战略理念。

首先,树立顶层设计战略理念。中国作为单一制国家,城市群的跨区域规划由中央统筹制定,体现出顶层设计理念。城市群发展规划是区域发展中重大的、全局性、战略性的谋划,需要为平衡区域发展而采取一系列政策措施,要求体现国家与区域、区域政府之间、政府与市场之间、经济社会发展与生态环境保护等多重重要关系的协调部署,树立顶层设计理念能够综合权衡国际国内区域发展背景、现状和趋势,从国家战略的高度引领城市群的整体规划与协同发展。

其次,树立整体性治理理念。整体性规划引领模式体现出整体性治理的先进理念。以整体性规划引领中国城市群的发展是适应全球化与信息化的时代发展要求的必然选择,是对城市群内部发展模式的调整和府际关系的重构,是一种动态的、突破行政区划和边界的合作化管理模式。树立整体性治理理念,必然要求明确城市群发展是一个整体性的系统,从城市群整体系统利益出发,通过建立健全包容和整合制度机制,为整个城市群带来外部正效应。①

---

① 龙献忠、董树军、周晶:《治理现代化背景下政府执行力文化的培育》,《中国行政管理》2015 年第 8 期,第 57—61 页。

其三,树立法治化理念。整体性规划引领模式的实现呈现出对法治化理念的要求。法治化理念是关于法治的理性认识,是关于法治的思想观念、价值判断的总和。它是对法治的性质、功能、制度设计、组织机构、实践运作等的整体认识和把握。法治性理念是对法律本质及其发展规律的一种宏观的、整体的理性认知、把握和建构,是法律实践中对法律精神的理解和对法的价值的解读而形成的一种理性的观念模式。①法治化理念有助于消除行政壁垒、市场壁垒和制度障碍,形成具有权威性、稳定性和持续性的城市群法律体系,确保整体规划的贯彻执行。

整体性规划引领模式新型区域发展战略要求构建五大具体战略内容。

一是规划引领战略。城市群战略规划是区域公共治理的起点和基础,一个富有战略目标的且事关长远的区域战略规划,既详细地说明区域公共治理的基本任务,布置完成该任务的长期基本目标,并安排完成这些目标所需要的各种资源,又有助于区域内各类政府组织、市场组织、非政府组织等有效地保持正确的发展方向。政府在规划中起到一种需求管理者、实施者和协调者的角色,在充分掌握了区域发展的基本信息和发展动态的基础上组织编制区域规划并贯彻实施,协调好城市群之间、城市群内部城市之间的局部利益和整体利益、短期利益和长期利益,以期获得城市群规划的整体经济社会效益。②

二是实施创新驱动战略。中国城市群的发展创新体现在科技创新、制度创新、理念创新、管理创新等方面,坚持以生产方式的创新为基础,通过技术创新来发展一批具有国际竞争力和话语权的产业,将创新产业化,以技术创新来推动制度创新、管理创新等。作为区域经济的增长极,城市群在创造需求和供给、地方税收、资本投入、集聚高端生产要素等方面优势明显,在这些优势领域城市群通过集聚和扩散的效应更容易诱发和形成创新,通过各类创新性生产活动成为区域的创新和研发中心,推动区域创新转型发展。

三是协同共赢战略。城市群发展应避免核心城市单极化趋势,警惕

① 王会军:《中国特色社会主义法治理念研究》,东北师范大学2014年。

② 豆建民、张可:《中国城市群发展的战略目标、思路与展望》,《城市观察》2013年第5期,第86—93页。

对周边落后地区资源和要素的虹吸效应，建立国家层面和城市群层面的协调机构和协调机制，特别是要建立跨区域层面、区域内部各城市之间的水平合作机制，促使城市群内外协调发展。协同共赢不仅仅要求城市群内部各个政府遵守规划规则，而是要求各方积极参与，是一个参与主体共同设计和制定规则的过程，是一个对话协商的民主过程，一个分担责任、分享权力共同维护竞合体的过程，同时也是一个建构合作关系的过程。①

四是绩效保障战略。建立科学化、规范化、制度化的城市群政绩考核体系，是引导城市群内各城市政府树立和落实整体发展观、正确政绩观，促进合作性博弈发展的关键性战略举措。整体性规划引领发展模式要求突破原有的经济优先型发展模式中侧重经济数量和增长速度的压力性政绩考核机制，站在城市群整体发展的高度，统筹短期利益与长远利益，局部利益与整体利益，经济发展与资源、环境的关系，建立科学型、复合型的政绩考核指标，加深城市群内部府际间的深度合作，推动城市群的可持续发展，从而形成质量、效益、速度相统一的城市群发展综合绩效考核体系。

五是生态友好战略。城市群规划重视环境和生态已成为多个城市群发展的必然选择，环境保护成为社会共识。河北雄安新区的最新规划强调生态优先、绿色发展，“打造优美生态环境，构建蓝绿交织、清新明亮、水城共融的生态城市”。②《上海市城市总体规划(2016—2040)》(2016)强调强化区域生态环境共保共治，完善长江口、东海海域、环太湖、环淀山湖、环杭州湾等生态区域的保护，结合黄浦江和吴淞江形成重要的区域生态廊道，推动区域、流域大气、水环境的联防联治。

4.3.4 当代中国区域发展新型战略的实现路径

从经济优先型发展模式到整体性规划引领模式的区域发展战略转型，是在以都市圈为主题形态、推动大中小城市和小城镇协调发展的新型城镇化战略格局背景下，中国区域发展注重将区域经济发展与区域基础设施(交通信息为主)、区域产业结构、区域公共服务、区域治理制度等有机整合起来，通过整体性规划引领与制度对接战略建构的区域发展新模式。中国区域发展将注重用整体性规划带动绩效提升，并从五个方面优化区域发展新模式的实现路径。

---

①② 董树军：《城市群府际博弈的整体性治理研究》，湖南大学2016年。

第一，制定整体性规划前瞻引领。

中国区域规划体现出系统性、前瞻性和整体性的特征，形成了区域定位多样互补与区域发展共赢共荣的规划体系。作为顶层设计的区域战略规划对我国大都市圈的协同发展做出了明确的前瞻指引，为区域的整体性协同发展提供了具化的发展范略和路径选择，成为一项重要的区域治理政策工具。

规划能够从国家发展战略高度明确全国区域发展的功能定位和发展目标，并进一步确定发展战略及部门协同策略。同时，随着全球范围内技术发展、国际竞争格局的变化以及区域协同发展实践的推进，及时制定更新城市群发展规划有助于推进区域合作向更高层次、更深领域、更广范围发展，如正在编制中的《粤港澳大湾区城市群发展规划》即体现出这一特点。

区域协同发展有赖于整体性规划对区域内城市角色、功能地位、资源以及不同城市之间的关系和职能等作出权威性规定，承担前瞻引导的统领功能。在区域规划连接对接方面，通过中央层面的跨省区城市群规划的统筹制定，加强大都市圈区域规划与城镇体系规划、土地利用规划、生态环境规划等的衔接，明确区域发展战略目标、空间结构和开发方向，确定大中小城市的功能定位和分工，形成以特大城市、大城市为核心、以中小城市为连绵地、以小城镇为连接点的大都市圈与城市群战略空间格局体系。同时注重建立以区域战略规划为统领，以各子区域规划为配套补充，以区域年度合作与发展目标为抓手，以年度合作与发展目标的执行绩效评估为保障的三位一体规划与执行体系。

第二，推进跨区域机制制度对接融合。

促进大都市圈内跨区域公共服务与政府治理制度的对接融合对于实现中国区域整体发展有重要意义。制度合作有助于解决城市群协同治理问题，培育更大的规模经济。在区域治理制度深度融合方面，通过建立以对话与合作为核心的跨区域发展协调机制以及成本共担机制和利益共享机制，重点推进户籍制度、就业制度、教育制度、医疗制度、社会保障制度的改革，加快区域公共服务制度均等化进程。

《长江三角洲地区区域规划》(2010)强调创新一体化发展体制机制，加快制度创新和先行先试，率先接轨国际规则，消除阻碍生产要素自由流动的行政壁垒和体制机制障碍，率先形成城市群一体化发展的创新体制机制。《“十三五”时期京津冀国民经济和社会发展规划》提出建立京津冀地区统一规范的市场体系，探索建立行政管理协同机制、生态环保联动机制、产业和科技创新协同机制等，以体制机制创新推动京津冀协同发展率先突破。京津冀发展规划落实中，北京与津冀率先推进公共服务资源共享，促进京津冀医疗养老等公共服务对接融合和均衡化发展。2016 年 6 月，京津冀三地民政部门签署《京津冀养老工作协同发展合作协议（2016—2020 年）》。①2017 年 1 月 5 日，北京市医保中心和河北燕达医院签署了医保直接结算服务协议，标志着京冀跨省异地就医实现互联互通。京津冀三地已有多家医疗机构互认临床检验结果，医疗与养老等公共服务的跨区域协作取得突出成效。②

随着城市群发展规划的全面落实和深度发展，有必要从制度层面建立城市群区域治理绩效评估体系，对城市群协同合作的推进效果进行评估检验。这有利于促进政府部门贯彻落实城市群战略规划，积极协同部署完成城市群治理目标，保障城市群内各类政府组织、市场组织、非政府组织等有效地保持正确的区域协同发展方向，并不因为区域内各机构负责人的更迭而发生目标位移。通过建立城市群发展评估机制，实现对城市群治理质量的系统考察，达到降低交易成本、保障区域公众利益和提高政府工作效率等多重目标。因此，需经调研和科学论证后确立系统化、科学化的城市群治理绩效考察指标。坚持既“重过程”又“重结果”，把城市群建设与政府效能建设有机结合起来。通过建设绩效性政府、回应性政府和责任制政府，能够有效突破分割治理体系的制约，推动不同层次、不同部门间的整合与合作。

第三，推动经济社会文化一体化发展。

跨区域经济社会文化一体化发展能够有效促进区域协同合作和制度创新。突破省市界限，实现更大范围的跨区域基础设施建设一体化、跨区域政策体系一体化、跨区域公共服务与政府治理制度一体化，能够有效提升政策规划整合力度和协同程度，形成区域协同治理的新格局。区域经

① 《京津冀签养老合作协议　医保能“漫游”》，新华网，2016 年 6 月 14 日。

② 《持北京社保卡在河北燕郊燕达医院就医可直接报销》，新华网，2017 年 1 月 6 日。

济社会文化一体化发展能够改变过去只重视经济发展而忽视社会发展、只注重区域一体化而忽视区域经济社会一体化的倾向，更加注重将经济发展与区域经济一体化的成果造福于区域民众的社会福祉提升，建构区域发展的新兴动力。区域基础设施（以交通设施为主）、区域产业结构、区域公共服务、区域治理制度四者的有机整合，具有推动当代中国呈现一体化发展、推动城市群发展与城市群治理一体化发展、推动硬件城市群建设与软件城市群建设一体化发展三重战略使命，是中国城市群发展新动力建构战略的重要实现路径。

长三角城市群规划注重以共同的江南文化为基础，促进区域历史文化的传承、再塑与创新。《长江三角洲地区区域规划》(2010)提出加快构建现代公共文化服务体系，推动区域公共文化服务协同发展，深入实施基本公共文化服务标准化、均等化工程，提高公共文化服务社会化、专业化水平，建设全面覆盖、互联互通的公共文化设施网络体系。继续推进公共文化设施免费开放。注重加强重大文化设施建设，深度挖掘丰富的文化资源，实施地方戏曲振兴、传统工艺传承、当代文学提升、影视精品打造、网络文艺发展、基层文艺繁荣等文化工程；加强历史文化名城、名镇、名村和历史文化街区保护，联合建设非物质文化遗产保护体系。

第四，促进多样化组织形态共同参与。

可将准行政组织、市场组织、社会组织等多样化组织共同纳入城市群协同治理体系，推动政府主导下区域治理主体的多元参与，不断扩大区域治理的共有权利。构建一个包括中央政府及其有关部门、区域内各层级政府、市场组织、非政府组织、准行政组织在内的多元治理主体有效协同合作的区域治理新形态，以开放包容的思维推进当代中国区域治理现代化的深化，构建政府主导、市场运作、社会参与的公共服务多元化供给新格局。

《泛珠三角区域合作发展规划纲要(2006—2020年)》(2006)提出建立泛珠三角区域非官方(包括中介机构、民间组织等)的协调机制，鼓励泛珠三角区域充分利用中介机构和民间组织的协调网络和优势，发挥行业协会等非官方组织在协调泛珠三角区域各成员企业、政府间的作用。[①]非政

---

① 《泛珠三角区域合作发展规划纲要(2006—2020年)》，珠三角合作信息网，2006年3月3日。

府组织参与城市群区域协同发展主要体现在经济领域、科技领域和社会事业领域,在城市群发展规划的制定和参与、需求表达等方面仍有待建立制度化合作机制予以保障。①香港特别行政区的非政府机构及社会志愿团体发展较为成熟,有超过300个非政府服务机构,管辖约3 000个服务单位,②对于珠港澳城市群非政府组织的发展发育及多元协作具有重要借鉴意义。

第五,探索区域治理立法落实规划。

城市群协同发展客观上要求打破行政区划界限,按区域整体规划原则统一布局,以实现区域联合协作与资源优化配置,实现区域经济社会全面发展。区域一体化进程中的制度壁垒及政策鸿沟是区域公共管理的热点问题,③也是中国区域协同治理的难点问题。如何解决区域合作中重规划轻执行、重形式轻结果、重协议轻绩效等突出问题,促进区域治理走上制度化和法制化轨道成为具有重要研究价值的路径选择。在国际上,除联邦制的美国之外,英国、日本等单一制国家为推动伦敦、东京等大都市圈的一体化建设,都是由政府部门制定系统规划、以法律形式保障实施的,如英国政府制定《绿带法》和《内城法》,日本政府制定《首都整备法》、《近畿圈整备法》和《中部圈开发整备法》等。

中国传统的地方政府治理创新往往是在既有制度框架内进行突破,其基本做法遵循"政策试点与政策优惠—机制创新—经验复制与推广—制度创新—法律法规修订"的自下而上的发展逻辑。自党的十八届三中全会后,强调重大改革于法有据,重视通过人大授权或中央政府授权,自上而下地推进制度创新与政策创新进程,反映出当代中国的制度创新过程开始从权力中心主义改革模式向法律本位改革模式的转型。法律本位主义的改革模式是法律规范、公共参与、权力平衡等的有机综合,能够确保政策规划的稳定性和权威性,提升规划的政策效力和法律效力,确保规

① 《泛珠三角区域合作启动三年 共签署合作协议65个》,珠三角合作信息网,2006年8月28日。

② 《香港政协委员:借鉴香港经验推动内地"幸福社区"建设》,珠三角合作信息网,2013年3月8日。

③ 陈瑞莲、孔凯:《中国区域公共管理研究的发展与前瞻》,《学术研究》2009年第5期,第45—49页。

划和政策得到有效的贯彻落实，是实现整体性规划引领发展模式的重要保障。

突破非均衡式的经济优先型发展模式，中国区域发展战略模式转型为整体性规划引领模式，为当代中国区域的可持续发展提供稳定的制度化新型动力，并将成为当代中国区域发展的主导模式。

第五章　从旧三大都市圈到新三大都市圈：中国区域发展战略的治理空间拓展

空间是区域经济社会一体化的载体。区域一体化治理依赖于空间合理组织及协调优化。自从保罗·克鲁格曼等把空间因素引入主流经济学并创立新经济地理学以来，空间因素在区域理论分析中得到越来越多的重视。区域空间结构是指各种经济活动在区域内的空间分布状态及空间组合形式。城市空间结构的演变主要表现为从单一中心向多中心演化，再形成复杂的网络化都市圈。区域内各城市以区域经济一体化为主要推动力，以地缘、商缘和人缘联系为空间联系纽带，以区域交通一体化建设推动区域城市立体化网络化联结，建设区域经济社会文化全方位一体化的区域一体化发展新格局。

提高都市区空间治理，首先要充分认识和尊重大都市圈空间发展的基本规律，才能更好地顺应和利用规律，促进都市区空间治理体系的科学制定和有效落实，最终实现城市发展目标。三大都市圈作为我国发展的龙头区域，是我国区域治理创新的重要试验场。随着旧三大都市圈区域治理空间向新三大都市圈区域治理空间乃至跨海、跨国等更大区域治理空间的不断拓展，深入探讨新三大都市圈区域治理的理论与实践问题，便成为具有重要战略意义的课题。①

---

① 唐亚林：《从同质化竞争到多样化互补与共荣：泛长三角时代区域治理的理论与实践》，《学术界》2014年第5期，第71—83、309页。

5.1 中国区域发展的空间基础:历史因素与区位优势

中国国土面积广大,各地自然禀赋、经济社会基础和历史文化等存在显著差异,形成多样化的区域模式。国家在不断地综合自下而上的经验总结和进行自上而下的规划设计过程中,陆续公布了多项区域规划方案。区域一体化发展的重要内容即是区域空间及其人文社会空间的生产。空间生产概念自 20 世纪 70 年代提出以来就成为城市研究的理论范式之一,当前强调从"空间中的生产"(production in space)转向"空间的生产"(production of space)。①中国的区域化发展以新空间生产为重要特征,具体表现为超大规模的区域空间扩展、超快的发展速度和超常规的政府主导型发展等。对中国区域发展的空间基础、社会空间效应及其演化机制进行分析研究②,能够发现和解释中国区域发展的空间生产机制和空间拓展规律,也有助于未来区域发展问题的解决和理论创新。

就三大都市圈而言,京津冀地区长期以来就是一个地缘相接、相互依存的地域单元。由于区位条件和战略优势,长期以来,以北京为核心城市的首都圈各城市间形成既相互联系又各自分工的格局,保障了首都北京政治、文化职能的实现及功能的扩充。京津冀区域实质上已经成为三北地区(东北、华北、西北)的重要枢纽和出海通道。因此,不论在何种意义上,京津冀都不能弱化为类似美国华盛顿都市圈一般的行政圈。区域协同和一体化发展一直是京津冀区域发展的主流导向。

2015 年 4 月,中共中央政治局通过《京津冀协同发展规划纲要》,提出将北京非首都功能疏解作为战略核心,确定了交通、生态环保和产业三个重点领域,京津冀协同发展上升为国家战略。随后三省市分别出台贯彻《纲要》的意见。规划目标的实现需要在区域发展和空间治理方面进行更

---

① 叶超:《人文地理学空间思想的几次重大转折》,《人文地理》2012 年第 5 期,第 1—5、61 页。

② 陈明星、叶超、陆大道、隋昱文、郭莎莎:《中国特色新型城镇化理论内涵的认知与建构》,《地理学报》2019 年第 4 期,第 633—647 页。

多的理论探索和实践创新。本质上,城市和区域的功能演替与人口聚散趋势是企业和个人区位决策的结果,是区域发展的规律性使然,必须认识和顺应城市发展规律,才能有效开展都市区的空间治理,实现城市和区域空间的组织优化和效率提升。①

珠三角区域是中国南方对外开放的门户,毗邻港澳,与东南亚地区隔海相望,海陆交通便利,具有突出的区位优势。改革开放四十多年来,珠三角区域一直是我国的改革开放前沿阵地,其创新举措和伟大成就与邓小平理论的形成和党的理论创新息息相关,在推进改革开放的伟大历史进程中,走出了一条具有中国特色的发展道路。

上海的崛起是长三角城市化进程中最大的历史事件。自1927年上海正式设市,除了其江海门户、腹地广大、物产丰富等优越的地理环境外,主要得益于鸦片战争后殖民侵略下的强制开放、辛亥革命后期民族产业的迅速发展和包容性较强的都市文化发展等三个方面的历史因素。②这一时期的国际环境主要包括近代工业化发展和国际性城市迅速崛起,长三角区域在此时就被称为世界第六大城市群。在长三角近代城市化进程中,南通、无锡、常州是长三角最早开始兴办近代工业的城市,但是由于产业结构单一、城市功能缺乏环境支撑和配套服务,当时未能建成工业化城市。

改革开放四十多年来,长三角区域已经形成梯度分明、错落有致的城市空间格局,推动了长三角各城市按照比较优势确定城市战略定位,形成差异化、多元化的城市功能体系,呈现出相互包容、相互融合和相互渗透的特点。上海作为区域超大城市和龙头城市,发挥着首位城市的引领作用,基本形成城镇体系与空间布局一体化的公共基础设施和城市社会格局。南京、杭州、苏州、无锡、常周等区域中心城市能够对周边城市起到一定的辐射带动作用。

---

① 刘涛、周强、刘作丽、解永庆、宋健:《国际大都市区空间发展规律与空间治理——兼论对北京的启示》,《城市发展研究》2017年第11期,第64—69页。

② 郁鸿胜等:《长三角区域城镇体系空间布局研究》,上海社会科学院出版社2008年版,第19页。

5.2　新三大都市圈的空间结构比较

5.2.1　京津冀区域：优化协同发展空间结构布局

京津冀都市圈具有特殊性。社会主义大国首都的特性决定了政府主导和效率优先的管理模式和旨在合理配置公共服务和福利资源的福利模式都是京津冀都市圈治理模式构建的必然基础，也是其优势所在。当前，京津冀区域实际上形成了以北京和天津为核心的双城联动式空间结构，正在向京津冀更大区域优化空间结构。

作为建设中的世界级城市、国家和区域中心城市，北京仍将面临高端产业集聚、国内和国际移民的巨大压力，其承担的多重中心属性必然要求其世界城市功能、首都功能和非首都功能在更大区域范围内分担和组织。建设世界级城市和世界级都市圈，必然要求城市中心区主要承担政治中心和国际交往中心的功能；而文化中心和科技创新中心的功能则应在中心城区、城市副中心和郊区新城、区域周边城市之间进行合理分工、密切联系、高效组织。非首都功能的疏解也需要在区域层面上合理组织，形成对世界级城市和首都功能的有力支撑，共同构建功能一体化的全球化大都市圈。因此，应将京津冀区域协同发展、城市副中心和新城建设统筹考虑，拓展都市圈空间治理的范围，以城市区域化引导功能和人口疏解，以区域一体化提升国际竞争力。①

京津冀区域注重优化协同发展空间布局，按照“功能互补、区域联动、轴向集聚、节点支撑”的布局思路，明确了以“一核、双城、三轴、四区、多节点”为骨架，推动有序疏解北京非首都功能，构建以重要城市为支点，以战略性功能区平台为载体，以交通干线、生态廊道为纽带的网络型空间格局。

“一核”，指北京。把有序疏解非首都功能、优化提升首都核心功能、解决北京“大城市病”问题作为京津冀协同发展的首要任务。

“双城”，指北京、天津。这是京津冀协同发展的主要引擎，要进一步强

---

① 刘涛、周强、刘作丽、解永庆、宋健：《国际大都市区空间发展规律与空间治理——兼论对北京的启示》，《城市发展研究》2017 年第 11 期，第 64—69 页。

化京津联动,全方位拓展合作广度和深度,加快实现同城化发展,共同发挥高端引领和辐射带动作用。同时注重发展壮大石家庄、唐山、保定的城市规模,推动由双城联动向多城联动转变。

"三轴",指京津、京保石、京唐秦三个产业发展带和城镇聚集轴,以轴串点,以点带面,建设成为支撑京津冀协同发展的主体框架。

"四区",指四大功能分区,分别是中部核心功能区、东部滨海发展区、南部功能拓展区和西北部生态涵养区,每个功能区都有明确的空间范围和发展重点。中部核心功能区包括北京市平原地区、天津市平原地区、河北省廊坊市及保定市平原地区,主要功能是推动京津保地区率先联动发展,增强辐射带动能力。东部滨海发展区包括天津市、河北省沿海地区,对外开放优势明显,发展空间广阔。南部功能拓展区包括河北省石家庄市、邯郸市、邢台市平原地区以及衡水市,承担农副产品供给和高新技术产业成果转化功能。西北部生态汉阳区包括北京市山区、天津市山区、河北省张家口承德地区及其他山区,重点发挥生态保障、水源涵养、绿色产品供给等功能。

"多节点",指打造多个区域性中心城市,包括石家庄、唐山、保定、邯郸等区域性中心城市和张家口、承德、廊坊、秦皇岛、沧州、邢台、衡水等节点城市,重点是提高其城市综合承载能力和服务能力,有序推动产业和人口聚集。①

现代化交通网络体系是京津冀区域网络化空间布局的骨骼系统。京津冀区域已初步形成以铁路、公路、水运、航空运输为主题,四通八达的综合立体交通运输体系。根据《京津冀协同发展交通一体化规划》,到 2020 年,京津冀区域多节点、网格状的区域交通网络将基本建成,形成京津石中心城区与新城、卫星城之间的"1 小时通勤圈",京津保唐"1 小时交通圈",相邻城市间基本实现 1.5 小时通达。②

从地理意义上的空间结构来看,京津冀大都市圈已经初步成形,但尚未真正形成内在联系紧密、结构优化的都市圈空间结构,与规划意图相比

① 叶堂林:《京津冀协同发展的基础与路径》,首都经济贸易大学出版社 2015 年,第 132 页。

② 《〈京津冀协同发展交通一体化规划〉发布》,中国政府网,2015 年 12 月 9 日。

尚有一段距离。这就需要政府机构制定更具规范性和权威性的政府战略规划，统筹京津冀大都市圈发展大局。

5.2.2　泛珠三角区域：构建区域合作空间新格局

泛珠三角区域从90年代初的单核心结构发展成为双核心引领结构，同时注重以点带面，构建区域合作空间均衡化新格局。

当前，泛珠三角区域剑指空间范围更加扩大、空间结构更加复杂的粤港澳大湾区，规划形成以粤港澳大湾区为核心，以重要交通通道为支撑，以重点城市为节点，构建区域"一核三层六带八群"的空间结构，以点带面，由线连片，开创泛珠区域全新空间格局。

"一核"，指粤港澳大湾区，作为泛珠地区发展的核心。广东与港澳经济联系密切。随着港珠澳大桥的简称，粤港澳之间的经济、资源和人员联系将更为密切和便捷。

"三层"，指泛珠的三个圈层，厦赣桂粤通道为第一圈层，沪昆通道形成第二圈层，昆成岳九通道则构建第三圈层。三个圈层将成为发挥"一带一路"倡议重要作用的关键通道和承东启西、沟通南北的枢纽区域，加强相邻地区在基础设施、产业结构调整、社会发展、生态环境保护等领域的深度融合。

"六带"，指依托流域和交通通道，特别是高铁通道，形成粤贵昆（云贵—南广高铁）、珠江—西江、贵广高铁、京广（武广高铁）、京九（昌深高铁）、粤福（厦深高铁）沿线六个经济带。流域和高铁经济带将成为泛珠区域空间联结的通畅出海大通道，并形成面向港澳和东盟开放合作的前沿地带，形成带动我国西南、中南地区发展的重要增长带。这些区域交通一体化基础设施是泛珠区域空间一体化的重要组成部分，以构建便捷、安全、经济、高效的现代化、国际化、一体化综合运输体系为主线，建设快速通畅、便捷换乘、开放共享的国际化综合交通空间布局。

"八群"，指珠三角城市群、环鄱阳湖城市群、长株潭城市群、海峡西岸城市群、成渝城市群、黔中城市群、北部湾城市群和滇中城市群。[①]这是泛珠区域辐射带动作用的体现。

规划中的粤港澳大湾区在空间结构上呈现出明显的东重西轻的特

① 陈宣庆等：《泛珠三角区域合作发展重大问题研究》，中国计划出版社2018年版，第14页。

点。以广州作为中心点，湾区东部城市有香港、深圳、东莞、惠州，1979年GDP总额达227.7亿美元；湾区西部城市珠海、江门、中山、佛山、肇庆、澳门等，1979年GDP总额仅为28.74亿美元，远低于湾区东岸城市。到2015年，湾区东部城市GDP总和达7 358.1亿美元（1979年不变价格平减），增长近27.6倍；西部城市3 107.1亿美元（同上），仍仅为东部城市的一半。东重西轻的有所改观，但整体格局未变。在产业结构上，广深港作为湾区城市群的中心城市，存在着同质化竞争的问题。在提供专业化服务方面，特别是建设金融中心方面尤为显著。在制度结构上，湾区空间功能整合存在制度性障碍。空间整合是大都市圈发展的核心问题，空间整合对于要素的自由流通具有重大意义。在泛珠区域与香港的空间功能整合方面，在“一国两制”政治框架下，劳动力、资本流动都存在着重大的障碍。从劳动力流动上而言，香港保护本地劳动的法律，少数向内地使命开放的岗位更是限制重重；香港市民赴内地就业数量激增，教育制度、司法制度上的不同是香港居民赴内地就业的障碍。①未来如何整合区域空间，实现协同发展，将是提高湾区竞争力的关键。

5.2.3 长三角区域：构建网络化空间格局

以上海为区域首位城市的长三角区域形成了相对均衡的城镇空间结构布局。长三角区域以上海为中心，南京、杭州和合肥为重要的次区域中心城市，形成核心突出的稳定三角形形态空间结构，呈现出更稳定、更紧密的空间结构特征。

根据规划，长三角区域一体化将构建“一核五圈四带”的网络化空间格局。将注重发挥上海龙头带动的核心作用和区域中心城市的辐射带动作用，依托交通运输网络培育形成多级多类发展轴线，推动南京都市圈、杭州都市圈、合肥都市圈、苏锡常都市圈、宁波都市圈五个次区域都市圈的同城化发展，强化沿海发展带、沿江发展带、沪宁合杭甬发展带、沪杭金发展带的聚合发展，构建“一核五圈四带”的网络化空间格局。

“一核”，指按照打造世界级核心城市的要求，提升上海全球城市功能，加快建设具有全球影响力的科技创新中心，发挥浦东新区引领作用，推动

① 汪行东、鲁志国：《粤港澳大湾区城市群空间结构研究：从单中心到多中心》，《岭南学刊》2017年第5期，第78—85页。

非核心功能疏解；推进与苏州、无锡、南通、宁波、嘉兴、舟山等周边城市协同发展，引领长三角区域一体化发展，提升服务长江经济带和“一带一路”建设的能力。

“五圈”，指促进五个次区域都市圈的同城化发展。南京都市圈建设要注重提升南京中心城市功能，促进与合肥都市圈融合发展，打造成为区域性创新创业高地和金融商务集聚区。杭州都市圈将注重发挥创新创业优势，培育发展信息经济等新业态新引擎，建设全球经济转型升级和改革创新先行区。合肥都市圈则要发挥在推进长江经济带建设中承东启西的区位优势和创新资源富集优势，加快建设承接产业转移示范区，打造区域增长新引擎。苏锡常都市圈需强化与上海的功能对接与互动，发展先进制造业和现代服务业集聚区。宁波都市圈则要打造全球一流的现代化综合枢纽港、国际航运服务基地和国际贸易物流中心，形成长江经济带龙头和“一带一路”支点。

“四带”，指促进四条发展带聚合发展。沪宁合杭甬发展带意图辐射带动长江经济带和中西部地区发展。沿江发展带依托长江黄金水道，打造沿江综合走廊，促进长江沿线有序利用和江海联运港口优化布局，增强对长江中游地区的辐射带动作用。沿海发展带则要协调推进海洋空间开发利用，积极培育临港制造业、海洋高新技术产业、海洋服务业和特色农渔业，辐射带动苏皖北部、浙江西南部地区经济全面发展。沪杭金发展带将以上海自贸区、义乌国际贸易综合改革试验区为重点，提升对江西等中部地区的辐射带动能力。

无论是产业集聚的客观经济发展规律，还是区域高质量一体化整合发展的目标要求，长三角区域都是非常适合加强区域集聚、优先建设高质量世界级城市群的优质区域。在各种城市化和区域化发展战略和道路的争议中，区域均衡和非均衡发展的主要争议内容之一就是公平和效率之争。部分学者认为单纯基于公平考虑而将东部资源和优势向西部和中部分散的做法，不利于中国经济的发展和地区差距的缩小，而更大可能会导致中国在全球化背景下失去优势区域经济持续发展的后续推动力和竞争力。①经

① 张蕾：《中国东部三大都市圈城市体系演化机制研究》，浙江大学出版社2012年版，第147页。

济地理和集聚效应仍然是区域经济发展格局的决定性因素。①区域只有通过产业集聚、资金集聚、人才集聚才能持续发展,区域经济发展和一体化治理本身即高度要求集聚。放弃集聚效率而半途强制公平分散,只会降低做大"蛋糕"的速度而影响目前愈发紧迫的经济发展和科技创新议题。如果说单一城市、特别是超大城市的规模化发展容易造成"大城市病"或摊大饼问题,那么大都市圈这一空间形式则具有更大的集聚优势和治理空间,能够更好发挥规模经济的集聚效应,并促进创新资源集聚和推动创新网络的形成与发展。"大国大城"发展面临诸多社会治理问题,"大国大城市群"发展则是必然趋势,未来的全球竞争本质上是少数大城市及都市圈之间的竞争。大国区域发展的最优策略应是"在集聚中走向平衡"。②这也是新时代的区域发展战略强调"区域协调发展"而非"区域均衡发展"的题中之意。长三角区域在产业形态、区域治理能力、消费能力、社会发展和文化发展等多个方面,都显示了资源集聚、重点培养、发展世界级城市群的综合优势,适宜继续集聚发展,推动高质量一体化城市群建设。目前,上海作为长三角龙头城市,引领长三角高质量一体化发展建设,开始实施"中心城市—近郊五大新城—上海大都市圈—长三角一体化"的圈层式区域一体化发展策略,建设具有全球竞争力的世界级城市群。

5.2.4 三大都市圈的区域空间整合特征

作为国家和区域的经济、政治和文化中心,同时也是全球化时代世界经济体系的重要枢纽节点,大都市圈发展的规律性受到国家城镇化和经济全球化的深刻影响。处于城市发展较为成熟阶段的大都市圈,其规模增长、空间整合、动力结构和生态环境影响都表现出该阶段特有的一些规律性。

国家和区域是城市人口增长、功能拓展和竞争力提升的基础,特大城市和大都市圈的发展尤其离不开国家发展的支撑作用。有鉴于国家城镇化的阶段性规律,我国大都市区的发展将面临多重转型。我国城镇化水

① 陆铭:《城市、区域和国家发展——空间政治经济学的现在与未来》,《经济学》(季刊)2017 年第 4 期,第 1499—1532 页。

② 韩立彬、陆铭:《向空间要效率——城市、区域和国家发展的土地政策》,《城市治理研究》2017 年第 1 期,第 3—4、94—112 页。

平已达 57.4%，城镇化速度将在未来数年内开始逐步减缓，乡城迁移流动给大都市圈带来的人口增长压力将有所降低。同时，城市发展的重心将由规模增长向质量提升转变，经济增长对城市发展的带动效应将主要体现在城市产业结构的优化、城市功能与治理的完善及居民工作生活质量的提升。在城镇化的新阶段，大都市圈应率先适应城市发展重心转移的趋势，将功能结构优化和治理水平提升作为城市发展的重点；在功能布局调整和区域协同发展方面也应未雨绸缪，发挥引领带动作用。

对比世界级城市和世界级都市圈的崛起路径来看，经济全球化带动世界级城市和世界级都市圈的崛起。20 世纪 70 年代以来，国际投资和贸易蓬勃发展，跨国公司成为世界经济的主导者，经济全球化方兴未艾。伦敦、纽约和东京等世界级城市应运而生，伦敦都市圈、纽约都市圈和东京都市圈等世界级都市圈成为各国区域发展的标杆。世界级城市比普通特大城市更加依赖国家整体的发展。伦敦、纽约、东京，所在国都是各时代的全球创新和增长中心。而中国的崛起也带动了北上广深等特大城市的规模扩张与功能提升，正在逐步跻身世界级城市之列。因此，世界级城市必然同时承担着区域、国家、国际、全球等多尺度上的资源配置和决策管理中心的功能，对世界级城市的有效治理提出了挑战。从世界级城市发展的普遍规律来看，全球化功能的进入必然挤出部分国家和区域性功能，各种功能需要在更大的空间范围内实现重组。相应地，城市空间拓展模式也产生了根本性的变化，中心城市自身的人口集聚和空间扩张被城市之间的功能重组和协同发展所取代，大都市圈和全球城市区域成为世界城市空间发展的主流模式。①

随着我国全球化进程的全面深化，北京、上海、广州、深圳等特大城市不断承担着更多的全球性经济、政治和文化功能，国家和地方性的生产和服务功能逐步向周边地区转移，人口布局和城市空间的区域化现象已经十分明显，并将持续深化。在此背景下，这些崛起中的世界级城市的发展面临多重挑战：一是在激烈的全球竞争中，如何争取更多的全球性高端服务职能，提升城市功能和品质；二是在新的高级功能进入的同时，如何有

① 刘涛、周强、刘作丽、解永庆、宋健：《国际大都市区空间发展规律与空间治理——兼论对北京的启示》，《城市发展研究》2017 年第 11 期，第 64—69 页。

效疏解相对低端的非核心功能;三是在城市区域化的背景下,如何有效加强区域协同治理。

区域空间的整合有赖于区域交通的连接和引领。快速轨道交通是大都市圈空间组织的关键纽带和依托,全球大都市区几乎无一例外地依赖大运量轨道交通体系,这是由其巨型的人口和空间规模决定的。从城市轨道交通自身的规划建设特征,能够清晰地看到大都市区空间组织的一般规律。在就业和高级服务集中的城市中心区,普遍利用高密度的站点和高频率的车次应对规模庞大、空间集聚、时间集中的交通需求,高强度交通体系与高强度的建设特点相契合,保障通行效率。而在城市郊区,轨道交通则承担了到中心城区的快速通勤和外围地区自身空间组织优化的双重任务,因此普遍采用大站快车的形式,既能够通过轨道交通站点的设置引导郊区形成点状集中式的开发模式,避免城市空间无序蔓延,又能够满足郊区与中心城区快速紧密的人员通勤和功能联系,拓展大都市区通勤圈的空间范围。中心城区面积大、城郊人口密度高的世界城市则多是上述两种模式的结合体,即大站快车与密集站点的并轨或平行建设,以同时满足高强度和长距离的通勤需求。在轨道交通组织方面最负盛名的东京和纽约也是当今空间组织效率最高的世界级城市,两者均采用了上述两种模式及其结合体。

中国的特大城市发展也已经普遍出现郊区化趋势,也普遍进入了轨道交通的快速建设期。但为了回避中心城区巨额的拆迁成本、促进郊区土地增值,多数城市将有限的建设资金投入郊区,出现了一些误区。如初期线路延伸过长,很多郊区站点几乎闲置,中心城区的线路和站点密度却难以满足出行需求;郊区站点设置过密,沿线住宅地产遍地开花,人口和商业集聚能力很弱,形成大量的郊区空城。鉴于国际上特大城市空间组织的一般规律,应强化轨道交通作为应对郊区化、引导城市空间组织优化的关键抓手作用,在中心城区和郊区采用不同的交通组织策略,提高中心城区的通行效率,强化郊区空间组织的集中性,优化城市空间结构和效率。①

① 刘涛、周强、刘作丽、解永庆、宋健:《国际大都市区空间发展规律与空间治理——兼论对北京的启示》,《城市发展研究》2017 年第 11 期,第 64—69 页。

区域空间整合对区域治理能力提出了更高要求。从世界城市发展的一般规律来看，城市竞争范围从本地向区域再向全球转变，对都市的空间治理提出了更高的要求，城市竞争要素从硬实力向软实力转变。世界城市之间的竞争不再局限于基础设施、税收补贴、经济区位等，而是更强调基于高水平治理的制度、创新、文化等城市软实力，这样才可能在全球竞争中取胜，实现城市功能和效率的提升。因此，明确都市圈空间治理目标。建设有辐射力和影响力的世界级都市圈是中国三大优势都市圈空间治理的重要阶段目标，非核心功能的疏解应与国家中心城市和世界级城市优势功能的培育相结合，以有效的空间治理促进大都市圈空间组织优化和效率提升。

区域空间整合是区域基础设施、产业结构、城市、政府调控和经济政策在空间结构上的相互作用过程，体现了区域各城市的内在关联结构和互动关系结构。①中国三大都市圈的空间整合机制呈现市场驱动和政策导向驱动双重作用的特点，使区域经济社会空间向全方位一体化方向整合，呈现以下具体特征：

第一，通过区域规划构建立体化网络区域空间结构，构建区域一体化城镇体系。区域规划领跑于区域经济社会发展需求，对区域空间格局进行前瞻式规划。这对跨行政区的区域空间整合非常重要。政府在很大程度上主导了我国区域空间演化与整合的方向。

以规划引领都市圈空间协同治理尤为关键。在规模扩张与结构调整并重的时代，区域治理模式的创新应与区域规划建设水平的提高相结合，区域规划也是区域空间协同治理的引领者。区域规划建设的硬实力和区域治理的软实力互为依托。

第二，通过协同建设大型交通基础设施，构建区域空间互联互通、共建共享的网络化格局。网络化的交通基础设施是实现区域整合的基础。

第三，社会参与相对缺失。中国区域发展呈现政府和市场双重影响的特点，而社会参与相对缺失，社会组织发育不够完善。这在三大都市圈的发展历程中皆有体现。因此，将各层次的城市整合进网络化、均衡化的

---

① 刘晓丽、方创琳、王发曾：《中原城市群的空间组合特征与整合模式》，《地理研究》2008 年第 2 期，第 409—420 页。

空间结构中,能够密切区域城市之间的社会经济联系,发挥区域整体竞争优势和协同效应。大都市圈的空间组织优化和治理能力提升应与区域协同发展相结合。

从区域发展的空间结构演变来看,大都市圈是单一或多个中心城市发展到一定程度之后,聚集于城市的经济活动和城市其他功能对周围地域的影响力不断扩大,使周围一定范围内的地域与中心城市能够保持密切的社会经济联系,从而形成具有一体化倾向的城市功能地域。因此,一般而言,大都市圈的空间组织结构包括一个或多个具有一定规模的中心城市,以及与该中心城市有着较高社会经济整合联系的邻近郊区。随着信息技术发展和现代快速交通体系建设,城市分散化趋势日益明显,导致传统的单中心城市、双中心城市等少量超大城市引领的大都市圈发展模式,普遍向网络化多中心城市大都市圈发展转化,空间结构趋于网络化和复杂化,大都市圈内部各城市之间通过功能和空间的有机联系构筑区域空间。从大都市圈内中心城市与其他城市之间的相互关系来看,大都市圈空间组织结构主要有单中心型、一主多副型和多中心型等模式。①在大都市圈空间治理中,中心城市对周边城市的影响因此呈现圈层化的特点,存在差序化逻辑的特征,在空间协同秩序上表现为从核心城市到非核心城市、从周边城市到非周边城市的结构特点。从这个意义上来看,大都市圈成为介于中心城市和城市群之间的最佳城市化实践场景和发展形态。大都市圈是现代城市化进程中因劳动力、资本、物流、信息、技术、资源等生产要素向以大城市、中心城市为主的地域空间高度集聚,以及在高度集聚后因为商务与生活等成本不断攀升,再向大城市或中心城市周边地区辐射、分散、转移而综合形成的,以超大特大城市、中心城市为核心的、以中小城市为连接的、以各种小城镇为基点的梯次布局与功能组团的经济与社会发展空间结构形态。在一定时空范围内,受经济活跃程度、资源禀赋、产业基础、交通设施、文化基因等要素的影响,几大地域范围相近的都市圈之间形成相互辐射、相互连接、相互呼应的都市连绵带,就成为当今世界各国和地区普遍重视的城市群空间发展形态。大都市圈成为介于中心城

① 张蕾:《中国东部三大都市圈城市体系演化机制研究》,浙江大学出版社 2012 年版,第 50 页。

市与城市群之间的枢纽型超大发展平台,成为新时代现代化国家空间布局格局中将"点线面"相接、"场景链带圈层"相融的最佳实践发展形态,为新时代社会主义现代化国家的空间布局战略体系提供了新型发展空间、发展平台与发展动力,找到了有效的发展方略与推进路径。①

5.3　推进区域公共服务一体化:从碎片化大都市区到高质量一体化

公共服务是维护社会公平的基础,也是发挥政府作用、履行政府职能的核心和重点。②区域公共服务一体化以实现区域更高质量、更可持续一体化发展为目标,从区域整体化发展的需要出发,通过一系列制度和机制创新协作提供区域公共服务。改革开放四十多年来,中国区域公共服务一体化发展经历了从碎片化到协同化再到一体化建设的历史阶段,并形成各具特点的阶段性发展特征。

5.3.1　分割式治理形成区域公共服务碎片化结构

改革开放之前的计划经济时期,国家发展主要由行政主导,曾经通过设立省级以上的区域机构等方式来加强中央行政主导和区域合作。这一时期区域发展的主要特征是集中的国家管理和区域平衡发展。这种区域平衡是通过计划经济带来的,并随之建立起一个全国平均主义、国家包办的公共服务体系,在资源匮乏的情况下实现了公共服务的普遍可及和均等化,但存在着公共服务供给总体短缺、效率低下等突出问题。

改革开放以来,在"以经济建设为中心"的战略指导下,中国实现了持续快速的经济增长。追求经济增长成为各级政府的核心任务,并以行政区划为单位展开激烈的城市竞争,形成分割式的治理模式。这进一步固化了以行政区划为主体、以城乡二元结构和户籍身份为基础的公共服务供给模式,带来了区域公共服务碎片化的困境,并长期深刻影响了跨区域

---

① 唐亚林:《构建新时代社会主义现代化国家的空间布局战略体系:基于城市化发展的考察》,《同济大学学报》(社会科学版)2021 年 1 月。

② 刘淑珍、王德娥:《公共服务提供的国际经验及其借鉴》,《山东社会科学》2008 年第 7 期,第 130—133 页。

政府协作和区域一体化发展的实际进程。这一阶段,中国区域发展基于行政分割式区域治理模式,形成区域公共服务碎片化和差异化的结构特点,其主要特征包括:

第一,区域内各地方政府以行政区划为单元选择性履行公共服务职能,形成区域公共服务碎片化的结构性特征,也带来区域公共服务供给的非均衡化问题。由于各城市以行政区划为单元,以经济增长为主要目标,在一种自上而下的压力型GDP考核评价体系中承担经济发展和社会发展重任,地方政府相对缺乏社会政策创新和提供充分公共服务的驱动力,公共服务职能相对弱化,并严格以行政地域边界和户籍边界作为公共服务供给的刚性边界,选择性履行公共服务职能。在经济先发地区,由于地方财力相对丰厚,往往能够相对充足和水平较高的公共服务,这也造成了比较显著的公共服务供给的区域性差距。因此,尽管随着经济快速增长,公共服务的供给效率与服务质量大大提高,已经从根本上改变了计划经济时期公共服务供给的总体短缺状态,但是由于经济竞争式的发展模式和属地化的公共服务供给模式,各地方政府的公共服务投入和供给严格限制于本行政区域范围之内,造成区域间公共服务碎片化的结构特征和较为显著的公共服务差异。

第二,区域经济快速发展已经形成较多区域范围内的公共问题,产生对区域公共服务的现实需求。伴随着我国经济增长和城市化进程加快,区域间经济交流与协作不断增加,特别是长三角、珠三角这样的经济先发区域和民营经济活跃地区,形成区域经济一体化发展的客观需求和现实要求,并由此衍生一系列如区域营商环境建设、区域基础设施共建、区域公共服务标准化对接、区域环境保护合作、区域流域合作治理和区域资本与劳动力流动等区域公共问题,与分割式的行政区治理实际形成明显冲突,成为阻碍区域可持续发展和一体化发展的重要因素。应对治理区域公共问题之需求,需要突破原有的行政区行政思维,构建相应的区域公共治理职能,提供相应的区域公共服务。

第三,尽管公共服务供给总量和供给效率已有提升,但是由于经济发展水平限制和以发展为中心的经济优先型治理模式,当代中国各地公共服务供给在整体上仍然存在低水平、不充分等问题,受城市财政能力影响较大,区域公共服务则更是存在缺乏财政支持和供给严重不足问题。各级政府提供公共服务的数量和导向主要依据自身财政能力和差异性偏好，相对重视基础设施类投资型公共服务供给，而在医疗和社保等对经济增长短期拉动作用不明显的公共服务领域缺乏政策创新动力，固化了公共支出结构。而区域公共服务由于缺乏明确的责任主体、制度设计和供给动力，存在着缺少财政预算支持和供给不足等问题。①

随着经济全球化和区域化进程不断深入，中国区域经济一体化发展过程中的区域行政区划限制和公共服务局限进一步凸显，各城市经济社会发展中的大量公共问题明显呈现“外溢化”和“区域化”态势，呼唤更为高效的区域治理模式和区域公共服务供给模式的声音日渐高涨。特别是社会信息化、经济全球化和区域一体化三者叠加而推动的高速发展，迫切要求公共问题和公共事务范畴突破传统行政区划的羁绊，增强区域性和区域化的深度和广度。②区域经济协调为主要内容的区域协同治理机制以区域经济议题为核心，在履行区域公共服务职能方面作用有限。区域内各城市合作动力主要在于分享经济一体化带来的各项收益，难以将大都市圈作为一个真正的整体进行全盘统筹和协同推动。当利益冲突时，这种相对松散的协同治理形式则会陷入协调失效的窘境。区域层面的公共服务供给与协同也多具有选择性，偏重于为经济建设服务，如区域重大交通基础设施建设、区域旅游市场一体化建设或区域专利合作、技术合作和项目合作等，但是在区域一体化治理制度等关键层面以及区域公共服务中的民生导向方面仍然欠缺，缺乏深层协同动力和制度机制建设。

区域公共服务碎片化还表现在政策文本执行的低效化等方面。区域协同治理产生的各种协议、合同和宣言多，以文本形式呈现，并未得到各城市各职能部门一以贯之的执行，区域公共服务仍然缺乏有效的责任主体和执行保障机制。区域内地方政府间公共服务的资源配置范围和公共财政支出责任划分不清，现有的行政管理体制和绩效评价机制使得区域公共服务供给主体和执行保障机制缺失，限制了区域公共服务供给的充分性，难以满足区域一体化的现实需求，亟待进一步完善和改进。

---

① 于迎、唐亚林：《长三角区域公共服务一体化的实践探索与创新模式建构》，《改革》2018 年第 12 期，第 92—102 页。

② 杨爱萍、陈瑞莲：《从“行政区行政”到“区域公共管理”——政府治理形态嬗变的一种比较分析》，《江西社会科学》2004 年第 11 期，第 23—31 页。

以长三角为例。进入21世纪,随着科学发展观、构建和谐社会、服务型政府建设等理念与目标的提出,中国进入了经济建设与社会建设并重的发展阶段。2015年10月,党的十八届五中全会通过的《中共中央关于制定国民经济和社会发展第十三个五年规划的建议》提出牢固树立并切实贯彻创新、协调、绿色、开放、共享的新发展理念。在区域发展方面,2010年6月,国家发展与改革委员会印发《长江三角洲地区区域规划》,规划长三角城市群范围包括沪苏浙一市两省,共计16个城市,同时辐射至安徽区域,要求以上海为发展核心,加强长三角区域合作,以改善民生为重点,强化政府社会管理和公共服务职能,建立和完善区域基本公共服务均等化保障机制,重点推进区域内义务教育、公共医疗卫生、公共文化事业、就业社保等基本服务均等化。2016年6月,国务院通过、国家发改委发布《长江三角洲城市群发展规划》,确定长三角城市群由沪苏浙皖三省一市,共计26个城市组成,以上海为长三角核心城市,推进建设世界级城市群。规划要求长三角地区创新一体化发展体制机制,更好发挥政府在公共服务供给方面的作用,提升公共产品和公共服务水平,建立共建共享的基本公共服务一体化发展机制,重点领域包括推进跨区域社会保障一体化、提高区域教育发展质量和共享水平、推进区域医疗合作机制建设和联动机制、推动区域内公共事务协同治理等。在全球化和信息化新时代背景下,长三角区域治理开始朝注重制定系统性、引领性和前瞻性的整体性规划,持续推动区域合作深化发展和城市群转型升级的方向迈进。区域一体化发展由中央政府及其有关部门统筹规划,从顶层设计层面制定整体性区域发展规划。以整体性规划引领和指导区域合作,能够为区域发展提供稳定、持续的制度化发展动力,从而推动区域一体化深度发展。区域发展的整体性治理模式已经规划确定。

长三角区域公共服务一体化的发展特征主要包括:

第一,由中央政府及其有关部门制定长三角区域整体性规划,在公共服务方面明确要求区域内各级政府强化公共服务职能,并制定区域基本公共服务一体化建设的重点领域和具体发展目标,推动区域公共服务一体化建设。

第二,整体性规划注重进一步消除区域公共服务一体化建设的体制机制障碍,要求区域内各城市突破行政区划和边界,形成具有整体性、系统性的一体化区域,调整发展模式,提高区域公共服务一体化的共建共享水平。通过建立健全包容和整合的制度机制,打造一体化公共服务职能完善、区域发展深度整合的城市群格局体系。

第三,在规划实施与保障方面,整体性规划要求国家发改委、住建部等机构加强对实施情况的跟踪分析和督查,特别要求推进包括构建区域基本公共服务一体化在内的重点任务落实,建立公共服务专项合作机制,及时出台相关配套政策,确保规划目标和任务的实施绩效。

当代中国区域一体化发展与治理从强调经济发展优先的非均衡式治理模式,转向强调经济发展与社会民生发展并重的包容性、系统性、整体性治理模式,注重推动区域经济社会文化的全方位一体化发展,促进区域整体性发展协作,推动区域公共服务一体化建设。长三角区域一体化进入转型升级的全新阶段。

从长三角区域公共服务一体化的实践探索历程来看,经过改革开放四十多年的高速发展,长三角地区已经建设成为区域一体化基础良好、城市间经济联系较为密切的优势区域,并继续推进区域更高质量一体化发展建设,深化落实《长江三角洲城市群发展规划》,以及在更高起点上重新规划《长江三角洲地区区域规划》。从区域整体化发展和可持续发展的需要出发,长三角区域各级政府注重转变发展理念,采取一系列创新举措,积极行动,推动长三角区域公共服务一体化建设。

(一) 长三角区域公共服务一体化的创新实践探索

2018 年以来,长三角区域一体化发展再次提速。2018 年 1 月,长三角区域合作办公室正式组建,成为长三角区域一体化发展的重要历史拐点。2018 年 4 月 26 日,习近平总书记在《关于推动长三角一体化发展有关情况的报告》上作出重要批示,要求推动长三角更高质量一体化发展,更好地服务国家发展大局。长三角区域进入更高质量一体化发展新阶段,为长三角区域公共服务一体化发展提供了良好的政策机遇和体制机制保障,也由此带来了区域公共服务一体化建设的众多创新与突破。

一是长三角区域合作办公室成立,成为区域公共服务一体化发展的组织保障。2018 年 1 月,由上海、江苏、浙江、安徽三省一市联合组建的长三角区域合作办公室在上海挂牌成立,负责研究拟订长三角一体化发展规划,提出明确的时间表和路线图,协调推进区域一体化建设。长三角区域合作办公室的成立，为长三角公共服务一体化建设提供有力的组织机构保障。

二是长三角主要领导座谈会召开，确定民生导向的区域公共服务一体化价值取向。2018 年 6 月 1 日，长三角地区主要领导座谈会在上海召开。会议认真贯彻习近平总书记关于长三角地区一体化发展的重要指示精神，以“聚焦高质量，聚力一体化”为主题，全面分析新时代长三角地区一体化发展的新内涵新要求，围绕长三角地区实现更高质量的一体化发展要求，着重就做好规划对接、加强战略协同、深化专题合作、统一市场建设、创新合作机制等主题进行深入讨论。

在长三角区域公共服务一体化建设方面，会议确定了民生导向的公共服务价值取向，提出要共建共享长三角民生工程，增强人民群众对长三角地区一体化发展的获得感和认同感，构建长三角公共服务一体化政策体系。具体包括深化区域公共交通、社会保障、医疗卫生、旅游、体育、养老、食品安全等民生领域合作，积极构建互联互通的信息服务平台。加快推进扫码过闸的便捷通行服务，研究开展异地就医直接结算试点，建立健全民生档案异地查询联动机制，加强养老政策协同等。

结合区域演化和区域治理的理论研究与发展实际，大都市圈出现的跨区域公共治理事务主要包括环保问题、流域治理、区域交通基础设施建设、区域安全、区域发展问题等，这些已远远超出传统行政能力域限，必须依赖区域内多个地方政府或其他组织的联合治理。以区域公共问题和公共事务为价值导向，解决区域性公共治理问题，特别是基本公共服务均等化、一体化等一系列问题，回答“谁”、“应该做什么”和“怎么去做”的问题，促进区域制度建构从简单化管理向精准化治理转型。区域化和区域竞争形势加剧的形势下，这种竞争在形态上已不再是传统意义上资源禀赋等比较优势的竞争，而更多表现为区域整体层面的制度竞争，因此需要从区域公共管理视角促进区域政府协作生产与供给区域公共服务。

提供公共物品和公共服务是各级政府的基本职能。根据公共物品的性质不同，可区分为全国性公共物品、区域性公共物品和地方性公共物品三大类。长期以来，区域公共物品供给常常受到地方政府竞争关系加剧、区域合作信任度不够、区域合作动力不足等多种问题的制约，导致跨界公共物品和公共服务供给不足，成为区域协同治理的研究热点和研究难点。

基于地理区位优势、资源禀赋和产业基础等条件演化而形成的大都市圈，区域内因空间距离相近、城市间相似度较高、区域发展一体化等特点而形成了区域事权，这构成区域内地方政府提供区域公共服务的总体依据。

区域性公共物品与公共服务的供给已不再由政府垄断和包揽。随着区域性公共问题日益复杂和区域治理理念的变革，产生了由社会组织、非政府组织等区域中间型组织来承担部分公共服务需求的供给，以增加区域公共物品供给并提高公共物品供给效率，减轻政府负担，弥补政府缺陷，为政府职能转变创造必要条件。这种适合委托给区域中间型组织的事权划分依据，在于那些容易产生规模效益的区域公共物品，或者属于区域经济发展、提升区域公民福祉的基础设施建设范畴。若不进行委托，地方政府间容易形成重复建设和恶性竞争；公民对该事权领域的公共服务需求比较相近；地方政府间在该领域发展差距较小。

在全球化和信息化新时代背景下，中国区域治理开始朝注重制定系统性、引领性和前瞻性的整体性规划，持续推动区域合作深化发展和城市群转型升级的方向迈进。区域一体化发展由中央政府及其有关部门统筹规划，从顶层设计层面制定整体性区域发展规划。以整体性规划引领和指导区域合作，能够为区域发展提供稳定、持续的制度化发展动力，从而推动区域一体化深度发展。①区域发展的整体性治理模式已经规划确定。

整体性治理模式之下，由中央政府及其有关部门制定中国区域整体性规划，在公共服务方面明确要求区域内各级政府强化公共服务职能，并制定区域基本公共服务一体化建设的重点领域和具体发展目标，推动区域公共服务一体化建设。整体性规划注重进一步消除区域公共服务一体化建设的体制机制障碍，要求区域内各城市突破行政区划和边界，形成具有整体性、系统性的一体化区域，调整发展模式，提高区域公共服务一体化的共建共享水平。通过建立健全包容和整合的制度机制，打造一体化公共服务职能完善、区域发展深度整合的大都市圈格局体系。在规划实施与保障方面，整体性规划要求国家发改委、住建部等机构加强对实施情况的跟踪分析和督查，特别要求推进包括构建区域基本公共服务一体化

---

① 唐亚林、于迎：《大都市圈协同治理视角下长三角地方政府事权划分的顶层设计与上海的选择》，《学术界》2018 年第 2 期，第 57—68、284—285 页。

在内的重点任务落实，建立公共服务专项合作机制，及时出台相关配套政策，确保规划目标和任务的实施绩效。

5.3.2 推动区域公共服务一体化，建设高质量一体化大都市圈

经济全球化和区域经济一体化深入推进，全球经济正处于后金融危机时期结构调整和再平衡重要阶段，全球经济格局和产业分工深度调整，国际竞争更趋激烈，中国经济也已从高速增长进入高质量发展阶段。区域发展与全球经济联系更加密切，区域发展战略的实施与产业发展、资源环境、城镇化战略、市场经济体制等的互动融合更为紧密，亟待进一步加强区域内公共服务均等化和空间结构网络化，强化区域内部功能整合，提升区域整体竞争力，推进区域更高质量一体化发展。通过战略升级、理念转变、贯彻实施、技术嵌入和多元主体纳入等工具选择和路径选择，建构区域公共服务一体化发展的创新模式。

区域整体性规划已经成为全国性空间规划的基本单元，其基本内涵是从区域整体视角制定发展统一的战略和政策，跨国、跨洲、跨海参与国际次区域合作和国际区域合作，促进区域一体化发展。区域治理的整体性理论着眼于政府内部机构和部门的整体性运作，主张管理从分散走向集中，从部分走向整体，从破碎走向整合①，在现有体制下，以目标为导向，利用整合各方比较优势实现协调合作。区域整体规划注重从顶层设计高度统筹区域公共服务一体化，以大都市圈为整体，促进区域公共服务标准化、均等化、法制化和一体化，形成区域一体化发展整体合力，提升区域整体竞争力和辐射影响力。

在中央和区域财政事权改革配套方面，2018 年下发《国务院办公厅关于印发基本公共服务领域中央与地方共同财政事权和支出责任划分改革方案的通知》。②这是在 2016 年《国务院关于推进中央与地方财政事权和支出责任划分改革的指导意见》③的基础上，进一步明确基本公共服务领

① 竺乾威：《从新公共管理到整体性治理》，《中国行政管理》2008 年第 10 期，第 52—58 页。

② 《国务院办公厅关于印发基本公共服务领域中央与地方共同财政事权和支出责任划分改革方案的通知》，中华人民共和国中央人民政府网，2018 年 2 月 8 日。

③ 《国务院关于推进中央与地方财政事权和支出责任划分改革的指导意见》，中华人民共和国中央人民政府网，2016 年 8 月 24 日。

域中央与地方共同财政事权和支出责任划分的改革方案，在建立权责清晰、财力协调、区域均衡的中央和地方财政关系上迈出重要的一步；党中央已经确立"建立现代财政制度"改革目标，注重逐步扩大范围，增大中央财政在基本民生项目方面的事权责任，完善中央政府公平分配责任，能够有效平衡区域间财政能力，缓解区域发展非均衡问题和央地事权、财权划分等深层区域协调制度问题[①]，适应社会主义现代化国家建设和区域协调发展的客观时代要求。

在规划方面，2019 年 2 月下发的《国家发展改革委关于培育发展现代化都市圈的指导意见》[②]明确要求："以都市圈公共服务均衡普惠、整体提升为导向，统筹推动基本公共服务、社会保障、社会治理一体化发展，持续提高共建共享水平。"

长三角区域已成为中国区域高质量一体化发展的典范，在区域公共服务一体化形成了卓有成效的实践经验和模式创新。经过改革开放四十多年的高速发展，长三角地区已经建设成为区域一体化基础良好、城市间经济联系较为密切的优势区域，并继续推进区域更高质量一体化发展建设，深化落实《长江三角洲城市群发展规划》，以及在更高起点之上重新规划《长江三角洲地区区域规划》。从区域整体化发展和可持续发展的需要出发，长三角区域各级政府注重转变发展理念，采取一系列创新举措，积极行动，推动长三角区域公共服务一体化建设。

2018 年以来，长三角区域一体化发展再次提速。2018 年 1 月，长三角区域合作办公室正式组建，成为长三角区域一体化发展的重要历史拐点。2018 年 4 月 26 日，习近平总书记在《关于推动长三角一体化发展有关情况的报告》上作出重要批示，要求推动长三角更高质量一体化发展，更好地服务国家发展大局。长三角区域进入更高质量一体化发展新阶段，为长三角区域公共服务一体化发展提供了良好的政策机遇和体制机制保障，也由此带来区域公共服务一体化建设的众多创新与突破。

2018 年 1 月，由上海、江苏、浙江、安徽三省一市联合组建的长三角区

① 贺蕊莉、陈传明、李婉婧：《财政体制：一个关于区域失衡的新解释》，《财经问题研究》2021 年第 2 期，第 72—80 页。

② 《国家发展改革委关于培育发展现代化都市圈的指导意见》，中华人民共和国国家发展和改革委员会，2019 年 2 月 19 日。

域合作办公室在上海正式挂牌成立,负责研究拟订长三角一体化发展规划,提出明确的时间表和路线图,协调推进区域一体化建设。长三角区域合作办公室的成立,为长三角公共服务一体化建设提供了有力的组织机构保障。2018年6月1日,长三角地区主要领导座谈会在上海召开。会议认真贯彻习近平总书记关于长三角地区一体化发展的重要指示精神,以"聚焦高质量,聚力一体化"为主题,全面分析新时代长三角地区一体化发展的新内涵新要求,围绕长三角地区实现更高质量的一体化发展要求,着重就做好规划对接、加强战略协同、深化专题合作、统一市场建设、创新合作机制等主题进行深入讨论。在长三角区域公共服务一体化建设方面,会议确定了民生导向的公共服务价值取向,提出要共建共享长三角民生工程,增强人民群众对长三角地区一体化发展的获得感和认同感,构建长三角公共服务一体化政策体系。具体包括深化区域公共交通、社会保障、医疗卫生、旅游、体育、养老、食品安全等民生领域合作,积极构建互联互通的信息服务平台。加快推进扫码过闸的便捷通行服务,研究开展异地就医直接结算试点,建立健全民生档案异地查询联动机制,加强养老政策协同等。

2018年7月,《长三角地区一体化发展三年行动计划》印发,为长三角一体化发展明确任务书、时间表和路线图。该计划覆盖交通能源、科创、产业、信息化、信用、环保、公共服务、商务金融等12个合作专题,并聚焦交通互联互通、能源互济互保、产业协同创新、信息网络高速泛在、环境整治联防联控、公共服务普惠便利、市场开放有序7个重点领域,形成一批项目化、可实施的工作任务,推动长三角区域一体化取得实质性进展。

《长三角地区一体化发展三年行动计划》强调要共建共享普惠便利的公共服务,建设幸福和谐长三角。区域公共服务一体化建设的重点领域具体包括:提升跨区域社会保障服务便利化水平,深化区域人力资源协作,持续开展劳动保障法治协作,加强区域养老服务合作,共同促进体育产业联动发展,共建高品质的世界著名旅游目的地,强化区域食品安全管理等。

长三角区域公共服务一体化不断取得实质性发展与突破,在多个领域形成一体化发展创新成果。2018年9月,长三角地区体育产业一体化发展推进会在上海举行,沪苏浙皖三省一市体育局主要领导就长三角地区体育产业协作达成一致并签署协作协议，审议并原则同意《长三角地区体育产业一体化发展三年行动计划（2018—2020年）》确定了“建设长三角地区体育产业联盟”、“举办区域性大型体育赛事活动”和“建设长三角体育产业信息平台”等二十多个一体化项目。

2018年10月，长三角地区国家公共文化服务体系示范区（项目）合作机制启动大会暨首届长三角地区公共文化服务发展论坛在上海举行，会议通过《长三角地区国家公共文化服务体系示范区（项目）合作机制章程》，并发布《长三角地区国家公共文化服务体系示范区（项目）合作机制虹桥宣言》。2018年11月，首届长三角国际文化产业博览会在上海举行，上海市委书记李强参会指出，要深入学习贯彻习近平总书记关于推动长三角更高质量一体化发展的重要指示精神，全力实施长三角一体化发展国家战略，积极推动长三角文化交流交融、协同发展，不断激发文化创新创造活力，持续提升文化软实力，以高质量文化供给增强人民群众的文化获得感幸福感，努力为建设社会主义文化强国作出长三角的更大贡献。

2018年11月，在长三角区域合作办公室指导下，长三角综合交通发展大会在南京召开，探讨长三角区域综合交通一体化创新发展相关议题。大会审议通过《长三角综合交通发展大会倡议书》，明确长三角地区三省一市将共同强化长三角综合交通高质量一体化发展使命担当，深化长三角综合交通规划有机衔接，加快长三角综合交通基础设施互联互通，促进长三角综合交通科技创新示范引领，推进长三角综合交通生态环境保护治理，推动长三角综合交通管理服务高效协同。

2018年12月，第十届长三角教育一体化发展会议在上海召开，沪苏浙皖三省一市分管副省（市）长共同签署《长三角地区教育更高质量一体化发展战略协作框架协议》和《长三角地区教育一体化发展三年行动计划》，明确长三角教育一体化发展的主要目标、推进路径及保障机制。长三角教育进入高质量一体化发展的全新阶段。会议还确认建设“长三角教育人才服务联盟”、“长三角地区开放教育学分银行”和“长三角高校技术转移联盟”等多个重点协作项目，从多个领域推动长三角教育一体化的发展建设。

同时，长三角公共服务一体化发展不断取得多项阶段性成果，包括长三角区域科技创新券通认通用、地铁刷码互联互通、异地就医门诊结算等领域获得突破，促进长三角公共服务在区域范围内逐步实现同城化、标准化和一体化发展。长三角公共服务一体化已经成为长三角更高质量一体化发展的重要内容。

长三角区域公共服务一体化发展获得制度保障和组织保障，密集创新，密集突破，密集落实，得益于长三角一体化发展的多重复合创新动力的型构。

1. 多项国家重大发展战略叠加形成引领动力

多项国家重大发展战略在长三角地区呈现叠加态势，成为长三角地区转型升级、实现历史性跨越、建设世界级城市群的重要时代机遇，也成为促进长三角区域合作与区域一体化发展的政策机遇和全新驱动力。

党的十九大报告首次提出实施区域协调发展战略。这是在新时代背景下，中共中央紧扣我国社会主要矛盾变化、针对区域协调发展新特征所作出的重大战略部署，并从顶层设计高度制定了一系列区域协调发展的整体性规划和创新性举措，掀开了当代中国区域治理的全新篇章。区域协调发展战略是决胜全面建成小康社会的内在要求，是全面建设社会主义现代化国家的重要战略安排。在我国持续实施西部大开发、东北振兴、中部崛起和东部率先发展等多项区域战略的基础上，党的十九大报告明确提出区域协调发展战略，是对以往区域发展理论和实践的全面概括和高度提升，是新时代推动我国区域发展的重大战略部署和行动纲领。

长三角区域同时还是"一带一路"和长江经济带等重要的交汇点和核心节点，也是实施创新驱动战略的关键区域。长三角区域是我国经济最具活力、创新能力最强的区域之一，核心城市上海正在加快建设具有全球影响力的科技创新中心。2018 年 11 月，长三角区域一体化发展正式上升为国家战略，与多项国家重大发展战略叠加联动，形成推动长三角区域更高质量一体化发展的全新驱动力。

2018 年 11 月，中共中央、国务院发布的《关于建立更加有效的区域协调发展新机制的意见》指出，区域协调发展是贯彻新发展理念、建设现代化经济体系的重要组成部分，要求区域在一体化建设过程中注重完善基本公共服务均等化机制，提升区域公共服务保障能力，推动区域间基本公共服务衔接，促进区域公共服务一体化建设，逐步建立起权责清晰、财力协调、标准合理、保障有力的区域公共服务一体化制度体系。区域公共服务一体化是区域一体化发展到一定阶段的必然要求,成为国家重大发展战略的重要内容。

2. 长三角区域核心城市上海与周边城市对接互动形成协同动力

上海作为上海大都市圈和长三角城市群的核心城市地位与引领作用在多项国家级战略规划中得到明确体现。国务院《长江三角洲城市群发展规划》(2016)强调长三角城市群由以上海为核心、联系紧密的多个城市组成,要求上海加快核心竞争力和综合服务功能,建设全球城市,引领区域发展。2017 年 12 月,《国务院关于上海市城市总体规划的批复》正式发布,原则同意《上海市城市总体规划(2017—2035 年)》。规划提出要充分发挥上海区域核心城市作用,加强与周边城市的分工协作,构建包括上海、苏州、无锡、南通、宁波、嘉兴、舟山等城市在内的上海大都市圈,并以都市圈为主体承载国家战略和发展目标要求,引领长三角建设世界级城市群的发展。

在此背景下,由中共中央政治局委员、上海市委书记李强,市委副书记、市长应勇率领的上海市党政代表团在 2017 年底先后赴安徽、江苏、浙江学习考察,围绕深入学习贯彻党的十九大报告的精神,学习借鉴兄弟省市好经验好做法,共同谋划做好长三角一体化发展大文章。同年,浙江省嘉兴市、江苏省南通市主动抢抓国家重大战略叠加联动机遇以及上海建设有全球影响力的科创中心、上海大都市圈建设等发展机遇,“主动对接”上海及上海大都市圈建设,并制定具体建设规划和实施方案,同时还得到浙江省、江苏省政府的批复。其中,嘉兴市创建浙江省全面接轨上海示范区,南通市建设上海大都市北翼门户城市,均强调要积极把握上海建设卓越的全球城市对周边城市的要求,立足本市,依托本省,对接上海,拓展同城化、一体化发展空间。2018 年以来,长三角区域一体化发展提速,宁波、徐州、台州、嘉兴、温州等多个周边城市党政代表团赴上海对接互动区域一体化发展。长三角区域核心城市上海主动与长三角周边城市对接形成协同互动动力。

3. 长三角区域经济一体化和创新驱动转型形成内生动力

长三角区域经济一体化发展不断深化,区域治理内容超越经济协作和产业转移升级等传统经济领域,深入区域体制机制改革、区域治理模式变革和公共服务一体化建设等领域,探索构建区域经济一体化、区域治理一体化和区域公共服务一体化等多位一体的多层次立体化区域发展新格局。这是长三角区域经济一体化发展的必然结果,也是长三角区域治理在充分总结改革开放四十多年区域竞争与合作的经验教训基础上达成的广泛共识与作出的正确选择。同时,创新驱动发展战略成为新时代推动我国经济更高质量和更可持续发展的重要战略选择,区域一体化科技创新协作对长三角建设具有国际竞争力和影响力的创新区域和创新枢纽具有重要意义。

长三角区域一体化发展进入深层次融合阶段,其标志在于长三角一体化发展已成为长三角区域三省一市以及中央有关部门的基本共识。传统意义上分割的区域治理体系与碎片化的城市管理权限无法有效应对区域公共问题,无法有效提供一体化的区域治理公共服务。因此,需要从制度安排视角重构区域治理理念、治理结构与治理机制,以推动区域经济社会一体化发展目标。这就形成驱动长三角更高质量一体化发展的内生动力。

长三角区域整体规划注重从顶层设计高度统筹区域公共服务一体化,以长三角为整体,促进区域公共服务标准化、均等化、法制化和一体化,形成区域一体化发展整体合力,提升长三角区域整体竞争力和辐射影响力,并建构了区域公共服务一体化建设的创新模式。

具体而言,在规划编制方面,长三角要注重制定前瞻性的区域公共服务一体化专项规划,通过贯彻落实《长三角地区一体化发展三年行动计划(2018—2020)》,加快编制长三角地区城际铁路网规划和民航协同发展战略规划,着力打通省际断头路,进一步完善区域能源基础设施布局。在重大基础设施建设方面,区域联动建设上海和浙江自贸试验区,推进长三角世界级港口群建设。在区域科技创新方面,以张江、合肥综合性国家科学中心建设为龙头,发挥苏南、杭州国家自主创新示范区带动作用,加快构建区域一体化创新网络。在区域环境保护联防联动方面,建立健全跨区域环境污染联防联治机制,共建崇明世界级生态岛,协同推进宁杭生态经济带、淮河生态经济带和运河文化生态保护实验区建设,持续推进重点流域水污染治理,保障区域饮水安全。在区域民生领域,注重深化区域民生领域合作,积极构建互联互通的信息服务平台,加快推进扫码过闸的便捷通行服务,开展异地就医直接结算试点,建立健全民生档案异地查询联动机制,加强养老政策协同。区域公共服务一体化建设成为长三角整体性高质量一体化发展的重要内容。

在理念转变方面，长三角区域确立了法制化治理理念，通过推进区域一体化立法协同，保障和支持长三角区域一体化发展。相较于行政主导和自发协同合作的区域治理模式，法治化理念的确立有助于消除区域一体化行政壁垒、市场壁垒和制度障碍，形成具有权威性、稳定性和持续性的区域一体化法律体系，确保整体规划的贯彻执行。

2018 年 11 月 27 日，《安徽省人民代表大会常务委员会关于支持和保障长三角地区更高质量一体化发展的决定》发布。2018 年 11 月 28 日，《江苏省人民代表大会常务委员会关于支持和保障长三角地区更高质量一体化发展的决定》发布。2018 年 12 月 3 日，发布《浙江省人民代表大会常务委员会关于支持和保障长三角地区更高质量一体化发展的决定》。2018 年 12 月 4 日，发布《上海市人民代表大会常务委员会关于支持和保障长三角地区更高质量一体化发展的决定》。在一个区域内，各省级人大同步作出支持和保障区域一体化的重大事项决定，在人大工作上尚属首次。

三省一市人大共同确定要构建长三角区域立法协同机制，优先安排推进长三角地区更高质量一体化发展的立法项目，加强对重点领域的法律监督和工作监督，支持和保障长三角地区人大代表开展跨区域调研视察，推动长三角地区更高质量一体化发展决策部署的贯彻落实。同时，注重推进三省一市立法协同，逐步实现区域立法标准协同和监管协同，并充分发挥司法作用，推进长三角地区司法合作，维护公平的市场环境和良好的社会管理秩序，为长三角地区更高质量一体化发展提供司法保障。

在区域公共服务领域，长三角三省一市人大同步支持加强区域公共服务在重点领域的一体化合作，加快形成信息服务平台互联互通、大型科学设施协作共享、异地就医直接结算、公共交通异地扫码通行、民生档案异地查询等合作成果，通过共享普惠便利的优质公共服务供给，不断提升长三角地区人民群众的获得感、幸福感、安全感。

在贯彻实施方面，长三角注重以体制机制创新保障区域公共服务一体化绩效。长三角区域合作办公室成为长三角区域一体化发展的重要组织保障。长三角地区主要领导座谈会议制度成为区域一体化发展的重要决策制度。长三角区域一体化发展规划、专项规划、立法司法规章制度和多项专题合作等成为长三角区域一体化的重要协同机制。

促进区域公共服务一体化融合共享对于实现区域整体性发展具有重要的基础性制度作用,有助于形成区域整体性优势,培育更大的规模经济。长三角区域需进一步建立区域公共服务一体化建设成本共担机制和利益共享机制,以三年行动计划确定的民生重点领域为主,推进户籍制度、就业制度、教育制度、医疗制度、社会保障制度的一体化改革,加快区域公共服务标准化、均等化、法制化和一体化进程。

在长三角一体化规划实施过程中,需充分发挥长三角地区主要领导座谈会决策议事功能,强化联席会议协调功能。进一步完善长三角区域合作办公室工作机制,积极做好统筹谋划、综合协调和督促落实工作。发挥好各专题组作用 深化完善统分结合工作机制。设立长三角地区一体化发展投资基金,重点投向创新体系建设、生态环境治理、跨区域基础设施建设等领域。

同时,长三角注重技术嵌入,以数字治理推动区域公共服务信息化和标准化。数字经济和智能经济已经成为推动社会高质量发展、提升经济创新能力和竞争能力的优先战略选择。同时,数字技术应用于大都市治理,能够有效提高政务服务效率、提升城市智慧化管理能力和保障城市安全高效运行。特别是发展中的人工智能技术和智慧化治理技术,在教育、医疗、养老、环境保护、司法等多个公共服务领域有广泛应用前景,在推动社会发展、促进国家治理体系和治理能力现代化、满足人民日益增长的美好生活需要等方面发挥着越来越重要的作用。

2018 年 9 月 17 日,世界人工智慧大会在上海开幕。国家主席习近平致信祝贺,并在贺信中指出,新一代人工智能技术正在全球范围内蓬勃兴起,为经济社会发展注入了新动能,正在深刻改变人们的生产生活方式。中国正致力于实现高质量发展,人工智能的发展应用将有力提高经济社会发展智能化水平,有效增强公共服务和城市管理能力。

数字治理借助强大的技术优势,能够促进形成网络化的区域治理结构,支持城市群各城市公共服务的信息化、标准化和一体化建设,构建均等高效的区域政府善治结构。在公共服务领域,以政府大数据共享交换为基础,长三角正在重点推动民生领域信息化应用的对接,主要包括稳步推进航运物流信息的共享互通和长三角高速 ETC(Electronic Toll Collection,电子不停车收费系统)实现畅行,探索推行长三角地区公共交通一卡通应用，推动实现区域内空气质量预报数据及太湖流域、长江口、杭州湾污染数据信息共享等。

《长江三角洲城市群发展规划》强调要形成多元化主体参与、多种治理模式并存的区域治理机制，促进区域公共服务和社会事业协同合作。党的十九大报告提出要打造共建共治共享的社会治理格局，完善党委领导、政府负责、社会协同、公众参与、法治保障的社会治理体制。

随着长三角区域公共服务需求的日益增长和多样化，各种市场组织、社会组织在区域公共服务供给中扮演着越来越重要的参与角色，能够跨越政府、市场和社会领域的边界，提供具有灵活性、动态化、多元化特点的区域公共服务，提高区域公共服务的公平性和可及性，促进区域公共服务一体化发展。

在此过程中，需要由政府担当区域公共服务一体化的政策规划、制度设计和监督管理等角色，积极将行政组织、市场组织、社会组织等多样化主体共同纳入长三角区域一体化治理体系，促进形成政府主导、主体多元、方式多样的区域公共服务供给机制。

当前，当代中国区域治理全面进入了突破既有行政区划限制与狭隘政绩约束，谋求更高层次、更大范围治理空间的区域治理一体化新时代。随着以区域发展规划一体化、区域信息基础设施与交通一体化、区域市场体系一体化、区域产业发展一体化、区域经济社会文化生态一体化、区域合作制度体系一体化和区域公共服务一体化等为核心的区域治理新型空间、新型机制、新型目标、新型绩效的分步骤、分阶段、分层次的实现，长三角区域更高质量一体化发展将成为中国经济建设的重要支撑内容，能够有效辐射带动更为纵深的内陆城市区域，完善国家区域空间战略总体布局，并有效辐射影响跨海及跨国的广泛区域，建设具有全球竞争力和影响力的世界级城市群。

5.4　中国区域发展战略的治理空间拓展

5.4.1　三大都市圈的空间整合机制：形成网络化空间格局

区域经济协作和一体化发展趋势带来区域空间的密切互动和网络化

联结结构,带来区域空间的一体化整合。这种区域空间整合体现在两个方面,一方面是指区域间行政界线的淡化,表现在区域各成员城市不断发展,经济差距逐渐缩小,带来空间形态上更加协调和均衡;另一方面是以区域整体作为对象,促进区域内部结构优化调整,协同发展,主要表现为各种要素的合理配置与均衡流动、空间功能协调发展和空间结构的优化及紧密状态。均衡化的区域空间结构一般以首位城市为核心,从单中心结构发展成为多中心并存的结构,再发展成为网络化、均衡化的区域空间格局,从而形成梯度分明、功能明确的现代城市体系。

在西方发达国家,区域化的大都市空间组织和治理模式已有数十年的历史。作为快速发展中的转型社会主义国家,在快速工业化和城镇化的背景下,城市规模扩张与结构调整并行,简单套用发达国家成熟都市区的治理模式显然不妥。同时,尽管区域空间结构具有一定的自组织功能,但是过程总是滞后于区域经济、社会的发展。因此,通过人为干预和科学引导空间结构的整合成为区域一体化发展的客观要求。

随着通信和信息技术的发展以及全球贸易条件的改变,资本与技术迅速向全球扩张,形成新的全球化生产组织方式。随着全球化的深入,这种生产组织方式打破了传统国家和区域的边界,产品的分工通过跨国公司和跨界企业实现了全球范围的网络整合。企业的空间集聚与投资的区位选择,导致城市体系和城市区域在全球范围的重组。由此,全球化时代生产组织方式的变化,改变了国家的角色,促进了区域的崛起和城市的快速涌现。①很多国家的空间生产尺度转向了区域空间,更新或创新区域环境促进区域经济发展成为很多国家或地区空间生产策略改善的方向,并且促使全球城市区域的快速发展。

在此背景下,欧洲各国不断编制区域规划来制定新的区域政策和资金计划,甚至为超大项目成立各种准国家性质的规划和投资协调机构,来促进作为国家产业重心的次国家区域发展。②

在亚太地区,很多发展中国家迅速建立了诸如出口加工区、科学园区

---

① J. Scott A., Regions Motors of the Global Economy, *Future*, 1996, 28(5):591—411.

② E. Swyngedouw, Authoritarian Governance, Power, and the Political of Rescaling, *Environment and Planning D: Society and Space*, 2000, 18:63—76.

（城）、开发区等新型产业空间，其与中心城市一起构成由大量人口和产业聚集，以及经济活动高密度的巨型城市区域。改革开放以来，我国通过沿海开放城市、核心城镇群和国家级新区等战略区域的设立，实现了“差别化”制度供给，使战略区域及时“嵌入”了全球资本循环网络，促进了经济增长。近几年来，为加快重点地区的转型发展、落实重大发展与改革战略，中央政府更是密集推出了以国家级新区、国家综合配套改革试验区和国家自贸区等为代表的“国家战略区域”。

都市圈空间治理模式在欧美大都市区得到了普遍的尝试和探索，取得了不错的进展和成效。政府间合作机制和多主体协作机制的建立、正式与非正式制度的结合、市场化治理手段的应用等是欧美各国都市区空间治理机制的共性，同时各国、各都市圈的空间治理模式也都因应地方化的需求而体现出差异化的特点。①

发展中国家的大都市圈在规模和发展速度上正在超过发达国家，其中不乏正在崛起的全球城市区域。这些大都市圈最大的特点在于国家工业化进程与全球化进程的交叠，因此城市规模扩张迅速，功能结构复杂多元，城市治理水平参差不齐，远未形成成熟的都市圈空间治理模式。在此背景下，北京、上海等正在崛起的世界城市及区域的空间治理不能简单地学习西方发达国家的都市圈治理模式，而是要探索国家工业化与全球化交叠背景下的发展中国家大都市圈治理模式。在这项系统工程中，首要任务就是认识世界大都市区空间发展的基本规律，将其置于国家工业化和全球化相交叠、国家—区域—城市多尺度功能相融合的背景下，顺应城市和区域发展规律，探索发展中国家全球城市区域协同发展和空间治理的可能模式，同时寻求可操作的实现路径，在理论和实践层面逐步寻求突破和发展。②

在区域经济一体化协同发展的基础上，各大都市圈一般通过建设以交通基础设施一体化为主的实体联结网络和以公共服务一体化为主的社会联结网络，促进区域空间一体化建设和区域空间整合，形成具有整体性优势的一体化区域战略空间。

---

① 陶希东：《20世纪美国跨州大都市区跨界治理策略与启示》，《城市规划》2016年第8期，第100—104页。

② 刘涛、周强、刘作丽、解永庆、宋健：《国际大都市区空间发展规律与空间治理——兼论对北京的启示》，《城市发展研究》2017年第11期，第64—69页。

交通网络建设通过对城市空间联系的加强和重构来影响区域资源配置效率和各级城镇在都市区域中的地位。①高速公路建设、城际地铁建设、高铁建设等交通网络基础设施，极大推动了区域各级城市的经济发展和城市间联系的加强，并推进区域城市体系优化发展和区域一体化发展。特别是重大交通基础设施的建设，对于地区经济和城市发展具有深远影响。如跨江大桥等跨江通道建设，可极大提升海湾两岸城市的交通和经济联系，形成密切联结和整合协同的整体化区域空间。2018 年 10 月，港珠澳大桥建成通车，对泛珠三角区域粤港澳大湾区的一体化空间建构具有重要战略意义。

交通一体化是京津冀协同发展重要的骨骼系统和先行领域。随着京津冀协同发展进程的不断推进，铁路、公交、航空等领域交通一体化稳步迈进，红利初显。初步绘就以首都北京为中心，北京、天津、石家庄为鼎足格局，以密布环绕区域内的高铁、城际及市域铁路线路为骨架，呈放射状的“铁道上的京津冀”交通运输新格局。国家主要规划了“四纵四横一环”城际铁路网，总长度 3 700 公里。“四纵”分别是北京—石家庄—邯郸城际铁路、北京—霸州—衡水城际铁路、秦皇岛—唐山—天津—黄骅环渤海城际铁路、承德—天津—沧州城际铁路。“四横”分别是北京—天津—塘沽城际铁路、北京—唐山—秦皇岛城际铁路、天津—保定城际铁路、石家庄—沧州—黄骅城际铁路。“一环”是指环北京城际铁路。目前，已经开通了“两横”，包括北京—天津—塘沽延伸线至于家堡和津保铁路。预计 2040 年“四纵四横一环”全部建成投用。②

再以长三角区域交通一体化发展为例。长三角区域一体化以交通一体化为先导，特别是近年来高铁的建设，大大缩短了城市之间的时间距离，全面提升了区域可达性水平，促进了区域孔家内结构均衡化，推动了长三角一体化进程。

长三角区域交通一体化经历了铁路交通建设、公路交通建设、高速公路网络化建设和高铁时代等多个阶段。首先，2000 年以前以铁路和公路

---

① 杨在高：《大珠三角区域经济一体化研究——基于空间均衡视角》，经济科学出版社 2015 年版，第 181 页。

② 刘楷：《京津冀协同发展与雄安新区引领作用》，《财经智库》2018 年第 1 期，第 19—31、140 页。

建设为主,特大城市和主要城市之间以高速公路和铁路相联结,周边城市则主要通过国道、省道等较低级别的公路进行连通。其次,2000 年以来,长三角区域交通一体化提速,区域高速公路网络基本形成,将多个主要城市纳入大都市圈一日往返范围。一系列跨江跨海大桥相继通车,特别是 2008 年苏通大桥与杭州湾大桥建成,带来了整合长三角区域空间版图的重构。第三,2010 年之后,长三角区域交通一体化建设进入高铁时代,城际轨道交通网建设催生同城效应,将逐步形成以上海、南京、杭州、合肥为中心,覆盖长三角区域所有地级以上城市以及城镇的城际轨道交通网络。①长三角区域的整体空间格局由极化向均衡化发展。

区域一体化同时要求区域社会一体化。在区域治理的目标导向上,一体化治理理论既追求市场一体化、经济一体化,也追求公共治理、公共政策和公共服务一体化。这就要在既定行政区划的基础上,通过构建多方参与的协商平台,促使利益相关者增进交流,在交流中集聚共识,确定共同目标,制定共同规则,开展合作行动。协同治理中的多方主体分别具有各自的目标诉求,彼此也会出现冲突。区域公共事务具有交互性、渗透性与融合性等特征。为促使各方相向而行,区域协同治理需要引入一定的政治权威,需要组织者发挥领导力,促使多元主体能够达成共识,形成集体决策,并分别采取行动,将决策付诸实施。②

公共服务和公共政策一体化对于京津冀区域尤其关键。推动京津冀共享优质公共服务资源,需要改进河北省环京津区域的公共服务体系。河北省环京津地区的中小城市具有良好的区位条件,但在教育、医疗、文化、园林等领域的优质公共服务资源较为匮乏,难以吸引高层次创业人才。比较而言,北京市拥有大量优质公共服务资源,对周边地区具有无可匹敌的吸引力。在非首都功能疏解的背景下,提升京津冀协同发展的成效,一个可行抓手是深化公共服务领域合作,探索构建三地共享优质公共服务资源的运作机制。③以北京与河北合作为例,可基于互利共赢原则,构

---

① 倪鹏飞、李冕:《长三角区域经济发展现状与对策研究》,《中国市场》2014 年第 41 期,第 15—33 页。

② 杨宏山、石晋昕:《从一体化走向协同治理:京津冀区域发展的政策变迁》,《上海行政学院学报》2018 年第 1 期,第 65—71 页。

③ 杨宏山:《首都功能疏解与雄安新区发展的路径探讨》,《中国行政管理》2017 年第 9 期,第 65—69 页。

建京冀跨界合作机制,通过投资建设、派出管理团队、人才交流、人才培训、对口支持等形式,推动优质教育、医疗卫生等资源向河北省城市群布局发展,提升公共服务水平,营造良好人居环境,吸引北京非首都功能和人口转移。随着优质公共服务资源不断集聚,环京津城市群就会增强磁力,从而对河北省区域发展起到重要支撑作用。

全球化背景下,生产组织方式的变革以及资本和技术的快速转移,使区域成为重要的国家生产空间,并引致国家—区域的治理回应。为提高区域经济竞争力和实现财富积累,国家权力在不同地理尺度间的互动和治理调整,不断生产和拓展区域治理空间。①总的来看,政府通过规划编制、政策制定、基础设施建设等工具手段,可有效促进区域内部一体化空间格局和整体竞争力的提升。首先,多个城市政府之间的协调、管理与服务的一体化,一方面有利于破除行政壁垒,加强行政管理体制上的相互协调,避免城市间恶性竞争,保证市场机制更顺畅地发挥作用;另一方面可以弥补市场失灵,建立信息、资源和公共服务的共享机制,既竞争又合作,促进区域更高效运转。其次,在尊重市场规律的基础上,城市政府通过区域发展政策、土地政策、人口政策、投融资政策、产业政策、创新政策等,合理引导区域内的资源流动与配置,缩小城市间差距,优化大都市圈内空间结构,实现更高层次的一体化。最后,城市间交通基础设施和信息网络设施是城市群的连接通道,直接影响城市间流通效率。②研究表明,基础设施建设和公共服务一体化等举措可以直接降低城市间的运输成本和行政壁垒障碍,显著提高区域空间一体化水平,在大都市圈形成和发展的各个阶段都起着重要作用。

5.4.2 国际经验对比:“美国 2050”国家空间战略中的都市区域规划

区域空间治理能够有效加强区域空间整合,形成一体化空间格局和整体性竞争优势。因此,各国政府注重通过空间战略规划,对区域空间形成有效治理。空间战略规划是为实现最终目标而制定的一系列概念、过

---

① 晁恒、马学广、李贵才:《尺度重构视角下国家战略区域的空间生产策略——基于国家级新区的探讨》,《经济地理》2015 年第 5 期,第 1—8 页。

② 李兰冰、郭琪、吕程:《雄安新区与京津冀世界级城市群建设》,《南开学报》(哲学社会科学版)2017 年第 4 期,第 22—31 页。

程和工具的集合。Healey将空间战略规划定义为："一个由来自不同制度关系和地位的人们组织在一起，为了管理空间变化，设计规划编制过程内容和战略的社会过程。这个过程产生的不仅仅是以政策和项目建议形式的正式成果，而且是一个决策框架，它可以影响相关主体在未来的投资，并规范他们的行为"。①可见，战略规划是一个行动框架，用于指导不同权利机构、不同部门和有关私人参与者的行为。空间战略规划和传统的空间规划不同。传统的空间规划是从控制变化、指导增长、促进发展、规范开发出发，最终形成土地使用规划。而空间战略规划是为整体发展提供导则或框架，考虑各方的不同利益，通过政府内部的协调谈判，形成远景设想和近期行动，引导利益相关者的行为实现空间变化的共同目标。②空间战略规划更多关注社会经济行为过程的整合而不是仅仅关注如传统规划所注重的土地利用。

世界级大都市圈的建设经验能够为国内大都市圈的高质量一体化发展提供宝贵的借鉴参考经验。大都市圈作为城市化发展的高级阶段是世界各国社会经济发展中不可逆的趋势，但过程中也面临一些矛盾与问题，不断挑战着大都市尤其是区域内首位城市的治理能力。国外大都市区域治理模式主要经历了三个发展阶段：一是单中心主义治理模式阶段，这一时期主要在20世纪上半期，大都市发展面临的主要矛盾是大都市政治体制的分散对经济发展的消极影响以及大型公共服务设施的不足，地方政府缺少对区域的整体性关注，缺乏区域性的制度规划，因此学界主张建构一个区域范围的大都市统一政府解决问题；二是多中心主义治理模式阶段，在20世纪60年代，随着大都市区域化发展的实际变化和政府改革浪潮的兴起，单中心大都市区政府可能会产生回应迟缓、服务成本上升、效率低下等问题，而强调分权、多中心治理、超社区改造的多中心主义治理模式成为主流；三是新区域主义发展阶段，基于20世纪90年代北美和西欧的大都市区域治理经验性研究，主要针对大都市区域的可持续发展和区域内各地的均衡发展问题，包括环境污染、发展差距、种族隔离等，主张

① Healey P., Collaborative Planning. *Shaping Places in Fragmented Societies*, London: Macmillan Press, 1997. 21.

② Louis A.:《对空间战略规划的创新审视》，侯丽译，《国外城市规划》2003年第6期，第66—70页。

建立政府与非政府组织、首位城市与周边城市等全面参与和密切合作的多利益协同关系。

（一）东京大都市圈区域协同治理的主要做法

作为单一制国家，日本政府实行地方自治制度。日本的《宪法》《财政法》及《地方自治法》等从原则上确定了央地事权的职能责任范围。各级政府的事权划分、公共财权职能范围等都通过相关法律法规明确规定。大体上，国防、外交、治安由中央政府负责；消防、城市规划、公共卫生和住宅等由地方政府负责；公路、河流、教育、社会福利等大多数事务由中央与地方共同负责。区域公共事务方面，由政府主导的都市圈管理机构日本国土厅单独管理。

发展成熟的东京大都市圈的演化历程和治理机制具有较多亮点，呈现出"政府主导，科学规划，法制保障"的特点，亮点在于东京大都市圈立体化多样化的轨道交通系统建设。东京大都市圈协同治理的主要做法如下。

一是日本国土厅作为首都圈的单独管理机构行使区域规划权，主导五次科学规划。随着东京人口与产业集聚加速，日本政府从 20 世纪 50 年代开始由国土厅作为责任机构制定首都圈规划，到 20 世纪末建设基本完成，共经历五次规划。1956 年编制《第一次首都圈建设规划》，提出建立卫星城市的方案，试图防止东京都的无序扩张。1968 年颁布《第二次首都圈建设规划》，提出将东京作为全国经济高速增长的中枢，扩展范围至"一都七县"，在区域内修建铁路、公路等级交通体系，缩短城市间通达时间，构造广域都市圈。1977 年制定《第三次全国综合开发计划》，提出以东京为政治中心、大阪为商业中心全面综合开发的"协调发展"理念，1985 年，日本国土厅大东京都市圈整备局提出将东京都心区"一极集中"的地域结构改变为"多核、多圈域"的结构，东京城市群分成多个核心城市。1986 年颁布《第四次首都圈建设规划》，从东京都的部分职能向周边核心城市转移，确立大城市的主导产业，并将核心城市建成具有较强集聚功能的次中心城市，在都市圈内形成"多功能圈域"的格局。1999 年出台《第五次首都圈建设规划》，目标是将首都圈建设成为一个独立、自主化的可持续发展的功能区域，并且确定东京都市圈的"圈域战略"，构建区域多中心城市"分散型网络结构"的空间模式。日本政府在东京大都市圈发展演化的不同阶段适时编制并适时调整城市区域规划，引导大都市圈有序发展。

二是法制保障规划实施。东京大都市圈的规划由日本国土厅作为责任机构，通过颁布《首都圈整治法》，以法律形式保障政府规划执行落实，有力推动了大都市圈建设。大都市圈的管理和建设被纳入法制轨道，增强了大都市圈规划的政策效力和法律效力，保障规划的执行有法可依。随着都市圈建设的成熟规范，1974 年，首都圈整备委员会并入国土综合开发厅；2000 年与国土厅一起被并入国土交通厅；2004 年首都圈规划工作日益成熟，政府宣布退出全国性国土开发规划，转变为间接的政策引导和协调。

三是构建“多核多心”的区域内城市职能分工体系。在东京大都市圈，首都东京承担政治、行政、金融、信息、经济、文化等多项职能，作为全国性的行政和经济中枢及全球性的金融中心之一发挥着强烈的聚集效应。区域规划确立了“多核多心”的大都市圈治理结构，各核心城市根据自身基础和特色承担不同的职能，在分工合作、优势互补的基础上共同发挥整体集聚优势，以避免核心城市规模多大、首位度过高等区域结构失衡问题，促进区域合理分工体系的形成，实现大都市圈区域社会经济的全面协调发展。但仍需注意到，当前东京大都市圈内中心城市仍然权重过高，以致多次尝试首都圈功能转移，日本学术界和研究机构 2000 年甚至提出过首都迁移的方案和建议但遭到否定，2015 年、2016 年日本政府也试图推进部分中央机构（文化厅、消费厅等）迁往地方的计划，但阻力较大，进展缓慢。日本仍未完全解决东京单极化的问题。

四是建设多样化、立体化的轨道交通系统，成为东京大都市圈形成与发展的重要基础。东京大都市圈建设的一大亮点为立体化、网络化的轨道交通系统。公路、铁路和公共运输设施等基础交通设施组成城市与区域的生命线，区域交通系统的建设水平决定了都市圈成长的规模和速度。在战后重建的过程中，高速公路—城区地铁—城市轻轨—城际高铁的发展建设为东京都市圈构建了系统化的城市轨道交通网络，并在早期即注重大规模采用先进的交通技术设备如自动门、售卡机、交通卡等，便利同行，无缝衔接，缩短了区域内城市间的通勤距离，带动了轨道交通周边旅游、酒店、房产等各类产业的发展，加快了城市间人口和生产要素的自由流动，为城市职能分工与布局定位提供了重要基础，促进了东京大都市圈的形成与发展。

(二) 伦敦大都市圈区域协同治理的主要做法

伦敦大都市圈在长期的发展演变中确立了双层治理模式。伦敦作为区域内首位城市在英国的贸易、工业、金融发展过程中很早就确定了政治与经济中心的位置,这一优势在此后的都市圈发展中得到不断强化,并在此基础上注重产业升级,从工业中心发展转型为金融中心,并发展金融服务业和创意产业。1994 年,伦敦战略规划委员会发表规划建议书,提出强化伦敦作为世界城市的作用和地位,提升面向未来的持续发展能力;注重城市间交通网络的联系及绿化环保建设,提高环境质量。

一是确立双层治理模式,协调提供区域内消防、交通、警察治安等公共服务。伴随着伦敦区域面积的不断扩张形成的伦敦大都市圈,早期同样面临大城市人口膨胀、公共服务缺失的问题,促使政府逐步转变职能,突破各地自治的模式,协调提供伦敦都市圈内公共物品,包括区域内治安服务、污水处理服务等,后来逐步扩张到更多区域内公共产品与服务,历经演变,在各自治市将一部分权力交给伦敦郡之后,伦敦地区的双层政治管理体制逐步形成,奠定了伦敦都市圈的管理框架。2000 年成立伦敦大都市管理局,作为上层管理机构对伦敦大都市圈进行总体规划和执行,内设伦敦交通部、发展署、消防急救规划局和警察局四个关键性区域职能部门,提供区域内多项公共产品与服务;下层的各自治市在管理局各部门的专业协同下,为各自辖区提供个性化的地方服务。

二是都市圈建设由政府主导总体规划,注重环境保护。20 世纪 40 年代,英国议会制定《绿带法》,用环城绿化带把伦敦大都市"包围"起来,把伦敦城市群分成三层——市中心、内伦敦和外伦敦,总面积约 1 580 平方公里。1976 年,英国政府宣布改变控制与疏散大城市与建设卫星城的政策;1978 年,通过《内城法》,停止新城建设而转向旧城改建和保护。1994 年发表伦敦战略规划建议书,指导思想是加强伦敦作为世界主要城市的地位,同时对伦敦与其他区域城市群之间的关系进行分析和规划。2000 年成立伦敦大都市管理局,确定对伦敦大都市圈进行总体规划并落实执行。

(三) 纽约大都市圈区域协同治理的主要做法

纽约都市圈是世界上最大的都市圈之一。纽约则早在 20 世纪初即已成为世界级大都市;20 世纪 20 年代纽约都市圈已形成,以纽约区域规划协会的方式对纽约及其周边地区进行规划;1946 年联合国总部落户纽约;

20世纪80年代，纽约已发展成为全球性的生产要素配置中心，发挥着强大的国际性城市作用。当前，纽约大都市圈规划注重经济、社会平等与环境保护三者并重，实现都市圈可持续发展。城市规划和区域发展规划在纽约城市群的形成演化中发挥了重要作用。纽约城市群地跨纽约、康涅狄格、新泽西三个州，为了协调各州之间的关系，成立了一个非官方和非营利组织——纽约区域规划协会（RPA）。该组织主要针对纽约城市群地区的发展，制定跨行政界线的综合规划，并向有关政府提供咨询，鼓励政府与私人组织合作促进规划的实施。在区域公共服务及区域治理方面主要采取自愿原则，区域内各城市政府间为促进解决跨区域经济发展合作和环境保护协同等共同问题，建立地方政府间政府理事会、区域委员会等组织形式来协作治理跨区域公共事务。

一是纽约区域规划协会（RPA）统一行使规划权，基于自愿原则展开跨政府合作。

美国是联邦制国家结构形式的代表国家，州政府之间是一种比较松散、相互独立的关系，且具有“小政府、大社会”的行政文化传统。区域内各城市政府间为促进解决跨区域经济发展合作和环境保护协同等共同问题，基于自愿原则，建立地方政府间政府理事会、区域委员会等组织来协作治理跨区域公共事务。这种跨区域协作不涉及地方政府间关系的结构性调整，对原有地方政府的影响较小。

纽约市作为纽约大都市圈的核心城市，对周边地区的辐射范围远远超出了纽约市甚至纽约州的政府管理范围，产生了在更广阔的区域空间进行规划配置的需求。1921年，由支持纽约及周边地区改善工作的罗素基金会资助召集建筑师和规划师成立非政府组织性质的纽约区域规划协会。历经8年调研，于1929年发布第一次规划《纽约及其周围地区的区域规划》，贡献之一是促使区域共同建立公路网、铁路网和公园体系，为后来的区域发展奠定了重要的区域交通运输网络。1968年第二次规划注重在区域内提供高水平的公共服务，促进协同多种主体参与行动，保护环境。1996年发布《一个处在危险中的地区》文件，提出3E（经济economy、环境environment与公平equity）标准作为生活质量的基本保证，保障绿色基础设施建设，强化交通网络体系的连接作用，追求城市与区域的可持续发展。2015年发布第四次规划《危险的成功》，针对纽约大都市圈面临的州政府决策割裂、地方与区域经济结构脱节、区域气候变化等问题为接下来25年的地区增长和管理提供策略。

纽约大都市圈的跨区域政府合作往往通过三种主要方式实现:一是项目合作方式,即针对跨区域的共同问题,如高速公路建设、教育产品提供、水资源分配、环保治理等公共项目,通过协商协议的方式来共同解决问题;二是市场机制运作合作方式,即对于跨区域地方政府共同关心的问题,如公用事业建设、公共卫生问题等,通过政府间服务合同、联合服务协定等形式向私人公司、非政府组织、非营利组织等购买服务的方式来解决;三是以项目合作为纽带的非政府组织运行方式,即在跨区域地方政府之间建立跨区域政府合作组织形式,如都市联盟、城市联合体、州长委员会、地方政策发展委员会等,但合作形式是非政府组织,主要特征是合作组织成员地位平等、相互协商、立场中立,定期开展活动,彼此就相关活动、议案和地区性事务进行交流、磋商和讨论,既可以作出有约束力的决策,又可以对跨区域重大发展问题提出战略性建议。纽约大都市圈包括纽约、康涅狄格、新泽西三州,成立了非政府组织性质的纽约区域规划协会制定跨行政界限的区域规划。1921年发布第一次规划《纽约及其周围地区的区域规划》,贡献之一是促使区域共同建立公路网、铁路网和公园体系,为后来的区域发展奠定了重要基础。1968年第二次规划注重在区域内提供高水平的公共服务,促进协同多种主体参与行动,保护环境。

二是根据特定区域事务设立专门管理机构,承担协调和部署职能,协同非政府组织、市场性组织、社会型组织等多样化的组织形态共同展开合作。

纽约大都市圈发展初期,由于各州地方政府行政独立、大都市区政府难产,而大都市圈高速发展又迫切需要区域性公共管理服务,因此成立专门管理机构成为较早的选择。纽约港务局即是这方面的典型机构之一。纽约州和新泽西州共同拥有哈德逊港口的港区,早期巴拿马运河的开通使港口贸易量猛增,竞争进一步加剧,针对区域货物运输费率等问题产生了州际诉讼等矛盾。为化解区域恶性竞争、寻求合作解决方式,经过多方协商与磨合,在两个州及纽约市的支持下,1921年4月成立纽约港务局,职能是改善和兴建交通与海港设施,协调港区发展,加强纽约大都市区的经济竞争能力。纽约港务局在财政上自给自足,没有征税权,但被授权可

“购买、建设、出租和经营站场和交通设施并收取相应费用”,还可以为基础设施建设发行债券。港务局由一个委员会主持,6 位成员分别由双方州长任命,在没有民选官员控制下独立运作,在纽约大都市圈的桥梁、隧道、海运站场的建设和管理方面发挥了重要作用。1928 年越州大桥和歌索大桥开通,1931 年巴约纳大桥和华盛顿大桥开通,1937 年林肯隧道开通。四通八达的交通网络联系满足了纽约大都市圈发展时期的经济联系和区域协调需求,纽约港务局的运作也为其他地区提供了区域公共管理的改革经验。1967 年纽约大都会运输署(Metropolitan Transportation Authority, MTA)成立,管辖纽约市五大区、纽约州 12 个县、新泽西和康涅狄格州部分地区内的交通运输系统,其辖下单位包括纽约市公共运输局、大都会北方铁路、长岛铁路、长岛巴士公司、桥梁暨隧道管理局以及大都会运输署公车公司。

跨区域政府合作组织作为一种非政府组织形式,与多种市场性组织、社会型组织等以多种形式展开协同合作。纽约大都市圈的区域协同治理模式是在美国联邦制国家结构形式下产生的。各种跨区域政府合作组织体现出一种基于联邦制国家结构形式的共治要求,以自愿原则为基础进行多种形式的跨区域政府合作。为促进大都市圈的快速和健康发展,由跨州成立的纽约区域规划协会负责区域规划。通过协同制定的发展规划,政府部门对都市圈的经济发展、社会结构、空间布局和经济发展过程中出现的问题进行战略设计和具体安排。纽约区域规划协会是一个非营利组织和非政府组织,负责跨区域的城市规划。从成立之初到现今,纽约区域规划协会先后做过三次较大规模的区域规划,通过合理的规划统筹安排城市群内社会、经济和环境等各项要素,注重城市区域的空间布局和产业布局的协调发展,城市间要素合理有序流动,不断提高城市群综合竞争力。纽约市政府、纽约区域规划协会和纽约城市群委员会等组织是纽约城市群管理和规划方案的主要起草机构,通过政府和非政府机构之间的紧密协作对纽约城市群的发展起到了重要作用。

注重多元参与和多元利益协调,以自愿原则协作提供多层次、多样化的区域公共物品。美国具有小政府、大社会的行政文化传统。同时,非政府组织、市场性组织、社会型组织等多样化的组织形态共同展开协同合作,以项目合作方式或市场机制运作合作方式等,通过政府间服务合同、联合服务协定等多种方式参与区域公共事务治理。多元主体广泛关注地区社会公平、种族平等、社区治理及公共资源环境等区域问题,介入就业培训、成人教育、贫困儿童抚养、低收入者房屋中介等公共服务领域,很多服务以一种专业化、低廉化的形式呈现,提供了多层次、多样化的公共物品和公共服务。

(四)国外大都市圈区域协同治理的经验借鉴

从国外世界级大都市圈的发展演化来看,大都市圈实现跨区域协同治理主要在于编制系统科学的都市圈战略规划前瞻引导、制定权威有效的法律法规保障执行、建设密集高效的基础设施互联互通以及建构权威有效的协调机制协同治理等关键经验。

1. 编制系统科学的战略规划前瞻引导

系统科学的城市规划战略对大都市圈在各个阶段的发展作出了明确的前瞻指引,发挥了政策助推器的重要作用。大都市圈内跨区域的一体化协同发展有赖于一套明确的规划对其角色、地位、资源以及不同城市之间的关系和职能做出权威性规定。大都市圈规划承担了这种统领功能,促进区域一体化高速发展,避免重复低质的竞争。东京、伦敦、纽约等世界级大都市圈在发展过程中重视建立明确的、正式的城市规划部门,适时编制调整和修正城市区域规划,严格执行城市规划,引导城市群的经济发展、人口规模、空间布局、产业集聚、环境保护等有序发展,为构建一流的世界城市群服务。

区域规划权由较高层次机构统一行使,编制系统科学的都市圈战略规划前瞻引导。系统科学的城市规划战略对大都市圈在各个阶段的发展作出了明确的前瞻指引,发挥了政策助推器的重要作用。大都市圈内跨区域的一体化协同发展有赖于一套明确的规划对其角色、地位、资源以及不同城市之间的关系和职能作出权威性规定。大都市圈规划承担了这种统领功能,促进区域一体化高速发展。东京、伦敦、纽约等世界级大都市圈在发展过程中重视建立明确的、正式的城市规划部门,适时编制调整和修正城市区域规划并严格执行城市规划。

2. 制定权威有效的法律法规保障执行

通过城市规划确定都市圈的发展,并将其上升为法律,提升其政策效力和法律效力,确保规划和政策能够得到有效的贯彻实施。除联邦制的美国之外，日本、英国等与中国一致的单一制国家为推动东京、伦敦等大都市圈的建设，都是由政府部门系统规划，以法律形式保障实施。为了推动东京大都市圈的建设，日本政府高度重视城市群的发展规划，在日本大都市圈发展过程中，除了中央政府制定的大城市群规划以外，在都道府县层面没有相应的规划。中央政府依据《首都整备法》《近畿圈整备法》和《中部圈开发整备法》，分别对首都圈、近畿圈和中部圈等三大城市群制定不同的法规方案，以法律形式推进规划贯彻落实。

3. 建设密集高效的基础设施互联互通

交通运输网络与城市群空间网络紧密相关，交通运输网络是形成大都市圈网络系统的物质条件和必要前提，良好的交通连接与国家、区域和全球层次城市群的空间整合有着密切的联系。世界级大都市圈的城市地铁、郊区轻型轨道交通、高速公路，甚至高速铁路等都已经基本完备，跨城市的日常居住通勤已成为常态。大都市圈内实现了多项重要公共基础设施共建共享。纽新港务局管理着纽约和新泽西之间的铁路交通系统、多条隧道和连接纽约新泽西的桥梁、全美业务最繁忙的飞机场体系、港口码头等，这些都是纽约城市群工作和生活中必不可少的交通设施。伦敦城市群通过由高速公路、高速铁路、通讯干线、运输管道等所构成的发达的基础设施网络，方便和加快城市群内部的人员、信息、物资、资金等的流动和沟通。东京大都市圈密集如织的轨道交通体系世界闻名，大都市圈城市间高效通勤无缝衔接，轨道交通沿线建立起多样化的居住中心、商业中心、旅游中心等，促进东京大都市圈一体化高速发展。

4. 建构权威有效的协调机制协同治理

大都市圈的发展涉及多个城市及不同行政区划的政府，这些不同城市的不同部门和团体存在经济利益、政治权力、价值观念、社会地位等方面的差异，因此协调这些相互竞争和冲突的城市及其部门，关系到大都市圈的顺利发展。大都市圈的经济发展、环保、污染治理以及重大基础设施建设等问题涉及政府和企业、政府内部的职能部门、社会组织与公民之间的关系协调，需要一个比较超脱的具有一定权威性的协调机构。英国大伦敦地区采取双层治理模式；美国采取自愿协作模式，由城市政府协会及政府特设机构，设立大伦敦议会、伦敦政府办公室和大伦敦市政权来行使协调职能；日本由国土厅主导，成立城市群整备局，负责协调东京大都市圈与调整局和土地局等其他政府机构的关系,同时还专门成立包括地方政府领导人、企业家、大学教授等具有社会影响力的城市群整备委员会。

(五)“美国 2050”国家空间战略中的都市圈规划

2000 年之前,美国没有一个全国性国土空间战略规划。以州市层面的地方规划和部门专项规划为主,包括城市规划、公共用地规划、土地利用规划等。2000 年以来,美国的空间规划开始进入面向区域可持续发展的综合规划阶段。“美国 2050”是 21 世纪美国空间战略规划的典型代表,2006 年由联邦政府提议,由洛克菲勒基金、福特基金、林肯土地政策研究所等资助,由“美国 2050”国家委员会管理,联合美国区域规划协会、林肯土地政策研究所、大学等机构的专家、学者和政策制定者,共同研究构建美国未来空间发展的基本构架。目前已发布许多阶段性研究成果。①“美国 2050”国家空间战略规划是美国政府为了应对 21 世纪美国国内人口的急剧增长、基础设施需求、经济发展和环境等问题的挑战,制定未来美国国土发展框架而采取的国家行动。

在区域发展方面,“美国 2050”认为美国在区域内部、城市之间、以及大区域之间同样存在严重的发展不均衡问题。美国西部和南部地区发展较快,吸引了大量的移民,未来这一趋势还将继续。而衰退地区类型多样,每个地区需要有针对性的地区战略。这些区域包括大量依赖资源经济的农村地区、城市衰退区域和市中心区等。同时,美国还存在严峻的区域基础设施建设落后问题。美国大都市区的基础设施绝大部分建于 20 世纪后半叶,在 21 世纪初将达到其容量上限。除非公路、铁路、机场、港口和其他系统增加新的能力,否则国家的经济发展潜力将受到限制。过去 10 年联邦的交通投资主要针对基础设施存量,并没有增加系统能力,难以满足 21 世纪的交通需求。规划同时还认为大都市经济区继续扩张,各大都市区之间的分界线越来越模糊,形成一个新的地理单元——巨型都市区域(mega-region)。密切的经济联系、共享的自然资源和生态系统、共有的交通体系,是巨型都市区域的基本特征。持续的人口增长和低密度的居住模式给这一区域的交通、生态等系统造成了越来越大的压力,急需协调这一地理空间尺度上的各项政策。

---

① America 2050. America 2050. org, 2018-11-01.

面对这些区域发展问题，在区域空间战略规划方面，“美国 2050”提出了“巨型都市区域规划”概念。作为未来新的全球经济竞争单元，巨型都市区域规划是“美国 2050”空间战略规划的重要内容。确定巨型都市区域的主要依据是：具有共享的资源与生态系统、一体化的基础设施系统、密切的经济联系、相似的居住方式和土地利用模式，以及共同的文化和历史。巨型都市区域内各大都市之间的界限模糊，是一个更具全球竞争力的综合区域，是政府投资和政策制定的新的空间单元。

2007 年美国区域规划协会与林肯土地政策研究所发布关于巨型都市区域规划的阶段性研究成果，包括加利福尼亚地区面临的挑战分析、得克萨斯三角地带的经济融合与交通走廊规划等。2009 年 11 月，“美国 2050”国家空间战略规划确定了 11 个巨型都市区域，分别是：东北地区、五大湖地区、南加利福尼亚、南佛罗里达、北加利福尼亚、皮的蒙特地区、亚利桑那阳光走廊、卡斯卡底、落基山脉山前地带、沿海海湾地区和得克萨斯三角地带。这些区域只覆盖美国 31%的县和 26%的国土面积，却拥有 74%的人口。2011 年 4 月又发布东北巨型都市区域“2040 年城市增长规划”。其他巨型都市区域也相继开展了一些规划工作。巨型都市区域已成为美国空间战略规划的一个基本区域单元。①

为了实现地区相对均衡和可持续的增长目标，2009 年美国区域规划协会和林肯土地研究所联合发布了针对发展相对滞后地区的《区域经济发展战略》。②该战略借鉴了欧盟国土凝聚计划的理念，提出了确定发展滞后地区范围的指标，确定了发展相对滞后地区的划分标准。发展滞后地区的确定包括两个空间尺度，一个是以县为单位的面状区域，另一个是以城市为单位划分的点状区域，划分标准相同。这样，由符合标准的县和城市共同组成了发展相对滞后地区。针对这些发展相对滞后地区提出国家投资战略和经济发展空间战略，以促进该区域的发展。

“美国 2050”国家空间战略规划并非覆盖全部国土，而是针对美国当

---

① 刘慧、樊杰、李扬：《“美国 2050”空间战略规划及启示》，《地理研究》2013 年第 1 期，第 90—98 页。

② Lincoln Institute of Land Policy and Regional Plan Association. New Strategies for Regional Economic Development, Discussion paper and summary. http://www.america2050.org/, 2009-10-17.

前及未来面临的关键问题和挑战,瞄准重点区域进行规划,包括巨型都市区域、发展相对落后地区和一些致力于环境保护的大型自然景观保护区。通过这三大类型的区域规划,实现增强国家竞争力、可持续发展和区域相对均衡发展的核心目标。“美国 2050”规划重视区域协调,强调跨行政区域合作,规划的区域单元范围跨越行政区划界限,特别强调空间战略规划中的跨行政区域合作,以满足规划的科学性和区域间的协调需要。

“美国 2050”空间战略规划由联邦政府提出,并由“美国 2050 国家委员会”专门管理。由来自高等院校、科研院所的专家学者和政策制定者共同组成规划编制团队,研究制定未来空间发展的基本框架,确保规划编制和实施行政的组织体系,确保规划的科学性和有效性。①这些都能够为我国的国家空间战略规划提供有益的经验借鉴。

5.4.3 中国三大都市圈治理空间拓展:型构国家区域空间战略布局

当前,中国区域发展战略再次突破更大范围的行政区域界限,向更高层次、更大空间拓展与扩容。三大都市圈的空间拓展不仅意味着地域和空间范围的扩大,更强调区域辐射力和影响力的全新升级。中国国家区域空间战略布局也正在进行之中。

区域治理空间的拓展扩容有助于打破新进城市和原位城市之间的贸易与投资壁垒和边界效应,通过降低双方的交易成本以提高彼此的市场接近性,促进区域内的人员流动,特别是高技能人员的跨区择业。②这种人员流动对边界地区的企业发展、工资水平的影响尤为突出。同时,区域治理空间扩容有助于推动区域内经济的协同发展、制度的平等互荣、区域的共同治理,从而提高区域一体化水平。

区域治理空间的拓展与变迁受多种力量的影响和相互作用。一般来说,其发展走向往往遵循从具有行政区划意义且低层次的地区治理空间,向突破行政区域治理界限且更高层次的区域治理空间转换之规律。其中,区域经济空间结构是区域治理空间进一步拓展的根本动力。从三大

① 刘慧、樊杰、李扬:《“美国 2050”空间战略规划及启示》,《地理研究》2013 年第 1 期,第 90—98 页。

② 尼尔·布伦纳、徐江:《全球化与再地域化:欧盟城市管治的尺度重组》,《国际城市规划》2008 年第 1 期,第 4—14 页。

都市圈区域治理空间的变迁史角度考察，三大都市圈治理空间的拓展受市场经济与城市发展程度、政府间关系影响最为深远。当前，三大都市圈的治理空间皆已辐射至更广泛的区域空间，开辟了新的发展道路。

首先，京津冀区域规划建设雄安新区作为北京非首都功能疏解集中承载地。

2017 年 4 月，中共中央、国务院规划设立河北雄安新区，范围涉及河北省雄县、容城、安新 3 县及周边部分区域，地处北京、天津、保定腹地，成为京津冀区域协同发展的历史性重大战略决策，对于疏解北京非首都功能、推动京津冀协同发展具有重大现实意义。2018 年 7 月，全国深化改革委员会指出，将继续支持河北雄安新区全面深化改革和扩大开放，牢牢把握北京非首都功能疏解集中承载地这个定位，围绕创造“雄安质量”，赋予雄安新区更大的改革自主权，在创新发展、城市治理、公共服务等方面先行先试、率先突破，构建符合高质量发展要求和未来发展方向的制度体系，打造推动高质量发展的全国样板。①雄安新区定位于京津冀区域重要一极，要建成创新发展引领区、协调发展示范区和综合改革试验区，为京津冀区域协调发展拓展了全新空间。

现阶段京津冀地区协同发展主要承担着两项任务：一是聚焦解决地区落差过大问题，实现均衡发展；二是瞄准更高级的地区发展水平，实现赶超发展。地区均衡发展并非等同于平均发展，而应以协同及动态政策引导为手段，实现以高水平发展为目标的赶超战略。

雄安新区国家战略的推出，实质上不仅仅是京津冀协同发展战略深入推进的重大推进器，也是加快实施京津冀产业协同发展的关键突破口。中央部署的雄安新区以及针对雄安新区提出的重点发展任务，是有针对性地抓住牵引京津冀协同发展战略深入推进的“牛鼻子”关键点。具体的实施路径是：雄安新区与首都北京的产业融合发展方向，要优先落实在创新链的前端环节和后端环节的对接、基础创新和应用创新的对接以及高端高新产业的创新链和产业链的对接方面，成为京津冀区域的应用创新产业创新中心、高端高新制造中心、现代高端服务中心，成为绿色制造、先

① 《加强领导科学统筹狠抓落实　把改革重点放到解决实际问题上来》，《人民日报》2018 年 9 月 21 日第 1 版。

进制造、智能制造和高端高新制造全面融合发展的综合创新示范区和发展引领区,成为中国建设创新型现代化国家的心脏地带之一。要将雄安新区与天津(包括天津滨海新区和天津自贸区)的产业融合发展方向,优先落实在市场一体化和实施新一轮对外开放格局的全面协同方面。①要将雄安新区与河北其他地区的产业融合发展方向,优先落实在创新链的产业化环节、产业链的配套制造环节以及总部经济的生产基地环节,优先落实在河北的高端要素培育、制度和政府软环境高水平建设方面。雄安新区实质上更应该成为引领和激励河北省市场和制度等软环境彻底改革和提升的示范区,成为促进河北省各级官员加快思想解放、梳理法制体制和管理能力提升的示范区,成为河北省加快技术工人和工程师培养体系建设的示范区。

中国区域协调发展战略实施以来,主要通过西部大开发、中部崛起等东西平衡战略来加以实施,未来一段时间,南北平衡也将成为中国深层次改革与转型发展的战略支点。雄安新区是国家的重要战略部署,是京津冀协同发展中的关键节点,是中国总体区域战略布局中的新枢纽城市,关乎中国经济的未来总体格局。从长远来看,雄安新区规划建设遵循“雄安新区→京津冀大都市圈→环渤海经济圈→中国北方→东北亚”的发展逻辑,承担起加强中国南北平衡、促进中国深度改革与转型发展等重大战略任务。

需要看到的是,雄安新区的建设环境和空间结构,已经和深圳、浦东新区大相径庭。从发展阶段来看,在中国经济高度开放与高速增长的阶段,深圳和浦东新区充分享受了优惠政策红利、经济增长效应、开放红利与人口红利,雄安新区则处于经济新常态时期,增速下滑压力加大,中国已进入中等收入国家行列,产业结构、居民消费、要素流动均呈现新特征。在技术和资本等资源方面,深圳初期以技术引进和劳动密集型产业为主,浦东新区则以“引进—消化—吸收—再创新”为技术支撑、以资本密集与技术密集混合型产业为主。而雄安新区作为河北内陆洼地的后发赶超,必须以自主研发与创新为主线,重点发展知识、技术及研发密集型产业,

① 张杰、郑若愚:《京津冀产业协同发展中的多重困局与改革取向》,《中共中央党校学报》2017年第4期,第37—48页。

加速推动以京津冀为代表的北方地区向全球产业链高端攀升。在城市竞合关系方面，深圳临近香港、浦东新区依托上海国际大都市，雄安则与京津石均有一定的空间距离。在新背景和新条件下，雄安新区难以直接套用深浦的发展路径，必须以创新为引领走出城市发展与世界级都市圈建设共赢的独特路径。①在制度设计方面，雄安新区作为平地起新城的制度设计弹性较大，可以激发集聚经济、知识溢出、产业本地化、空间配置、网络效应与平衡机制等区域发展动力机制为着眼点，以产业转移政策、创新与人才政策、产业成长政策、空间优化与就业政策、区域关联与增长政策、财政与区域均衡政策为载体，构建有利于要素集聚的高质量、国际化制度机制。这不仅有利于促进城市自身经济快速成长，而且有利于通过以要素流通与产业调整为载体增强城市间关联，促进京津冀地区空间结构优化。

其次，规划中的粤港澳大湾区极大范围拓展了泛珠三角区域治理空间。

2017年3月，由国家发改委牵头，联合粤港澳三地政府规划编制《粤港澳大湾区城市群发展规划》，支持港澳在泛珠三角区域合作中发挥重要作用，推动粤港澳大湾区和跨省区重大合作平台建设，建设世界级城市群。粤港澳大湾区在行政区划上包括香港、澳门和广东的广州、深圳、珠海、佛山、东莞、江门、中山、惠州、肇庆（简称"小珠三角城市"）等城市。

粤港澳大湾区的国家政策经历了从提出概念、制定规划到战略升级的演变过程。2005年8月，广东省政府发布《珠江三角洲城镇群协调发展规划（2004—2020）》，首次提出"'湾区'作为区域产业核心和生态核心，应实施经济发展与环境保护并重的策略，努力建成珠江三角洲重要的新兴产业基地、专业化服务中心和环境优美的新型社区"。②2008年12月，国家发展改革委发布了《珠江三角洲地区改革发展规划纲要（2008—2020）》，再次明确"支持共同规划实施珠江口地区的'湾区'重点行动计划"。③2009

① 李兰冰、郭琪、吕程：《雄安新区与京津冀世界级城市群建设》，《南开学报》（哲学社会科学版）2017年第4期，第22—31页。

② 《印发〈珠江三角洲城镇群协调发展规划（2004—2020）〉的通知》，广东省人民政府网，2005-08-11。

③ 《珠江三角洲地区改革发展规划纲要（2008—2020）》，中华人民共和国国务院新闻办公室，2011年6月7日。

年10月，粤港澳三地政府联合发布《大珠江三角洲城镇群协调发展规划研究》，提出“以粤港澳合力建设充满生机与活力、具有全球竞争力的、协调可持续的世界级城镇群为总体目标，通过优化空间结构、构建高可达性交通网络和优质环境等策略，促进区域经济高度融合、人居环境提升，提高‘大珠三角’整体的国际竞争力”。①而作为上述研究报告的其中一项跟进措施，2011年1月公布的《环珠江口宜居湾区建设重点行动计划》中提出“粤港澳三地将共同努力将环珠江口湾区打造为区域产业核心、生态核心、交通枢纽和多元文化融合区，通过明确的行动计划，在功能布局、海域开发、土地利用等方面进行引导和协调，建设享誉全球的宜居湾区”。②

2015年3月，国家发展改革委、外交部、商务部联合发布《推动共建丝绸之路经济带和21世纪海上丝绸之路的愿景与行动》，提出要“深化与港澳台合作，打造粤港澳大湾区”。③2016年3月，国家“十三五”规划纲要又一次明确提出“支持港澳在泛珠三角区域合作中发挥重要作用，推动粤港澳大湾区和跨省区重大合作平台建设”。④2016年3月，国务院颁布《关于深化泛珠三角区域合作的指导意见》，提出广州、深圳要“携手港澳共同打造粤港澳大湾区，建设世界级城市群。构建以粤港澳大湾区为龙头，以珠江—西江经济带为腹地，带动中南、西南地区发展，辐射东南亚、南亚的重要经济支撑带”。

2017年3月，在十二届全国人大五次会议上，李克强总理在《政府工作报告》中，将粤港澳大湾区的设想从区域经济合作安排上升为国家战略顶层设计。⑤2017年7月，习近平主席在庆祝香港回归祖国20周年暨香港特别行政区第五届政府就职典礼上的讲话中提到“支持香港在推进‘一带一路’建设、粤港澳大湾区建设、人民币国际化等重大发展战略中发挥优

---

① 蔡瀛、朱国鸣：《如何为协调城镇密集地区的发展提供有效抓手——从实施的角度看〈珠江三角洲城镇群协调发展规划〉的编制》，《城市规划》2006年第6期，第9—14页。

② 《〈环珠江口宜居湾区建设重点行动计划〉初步方案出台》，澳门特别行政区政府新闻局，2010-07-09。

③ 国家发展改革委、外交部、商务部：《推动共建丝绸之路经济带和21世纪海上丝绸之路的愿景与行动》，《人民日报》2015年3月29日第4版。

④ 《全面落实“十三五”规划纲要　加强改革创新开创发展新局面》，《人民日报》2016年4月28日第1版。

⑤ 李克强：《政府工作报告》，《人民日报》2017年3月17日第1版。

势和作用”。①随后签署的《深化粤港澳合作推进大湾区建设框架协议》中也明确了“充分发挥粤港澳地区的综合优势，深化粤港澳合作，推进粤港澳大湾区建设，高水平参与国际合作，提升在国家经济发展和全方位开放中的引领作用，为港澳发展注入新动能，保持港澳长期繁荣稳定”的指导原则。②2017 年 10 月的《决胜全面建成小康社会夺取新时代中国特色社会主义伟大胜利——在中国共产党第十九次全国代表大会上的报告》又重申，“要支持香港、澳门融入国家发展大局，以粤港澳大湾区建设、粤港澳合作、泛珠三角区域合作等为重点，全面推进内地同香港、澳门互利合作”。③

无论是学术层面还是政策制定层面，关于粤港澳大湾区的研究都经历了一个从区域规划上升为国家战略的过程，从最初的“深港湾区”“港珠澳湾区”“环珠江口湾区”，到最终的“粤港澳大湾区”，文字表述的变化体现出这一规划层级逐渐提高的过程。国家政策的演进也经历了概念提出、内涵和外延拓展、逐步明确发展方向的变化过程。特别是在中央文件中多次强调，要通过粤港澳大湾区建设，为港澳特别行政区的发展注入新动能，保持港澳长期繁荣稳定。④未来一段时间，粤港澳大湾区建设将进一步融入国家“一带一路”倡议，扩大湾区经济的空间范围和腹地纵深，特别是积极融入“海上丝绸之路”建设，沿着环珠江口湾区向东北（延伸至福建漳州、厦门沿海）、西南的港口、海岸线进行拓展，扩大湾区经济的空间范围，并在湾区经济的带动效应下沿着海岸线向陆地纵深拓展延伸，加快整个区域融合发展。⑤

这些举措是继 2015 年 4 月《京津冀协同发展规划纲要》、2016 年 3 月《关于深化泛珠三角区域合作的指导意见》、2016 年 6 月《长江三角洲城市

---

① 习近平：《在庆祝香港回归祖国二十周年大会暨香港特别行政区第五届政府就职典礼上的讲话》，《人民日报》2017 年 7 月 2 日第 2 版。

② 杜尚泽：《习近平出席〈深化粤港澳合作　推进大湾区建设框架协议〉签署仪式》，《人民日报》2017 年 7 月 2 日第 1 版。

③ 习近平：《决胜全面建成小康社会　夺取新时代中国特色社会主义伟大胜利》，《人民日报》2017 年 10 月 28 日第 1 版。

④ 刘瞳：《粤港澳大湾区与世界主要湾区和国内主要城市群的比较研究——基于主成分分析法的测度》，《港澳研究》2017 年第 4 期，第 61—75、93—94 页。

⑤ 彭芳梅：《粤港澳大湾区及周边城市经济空间联系与空间结构——基于改进引力模型与社会网络分析的实证分析》，《经济地理》2017 年第 12 期，第 57—64 页。

群发展规划》相继发布之后，中国三大核心区域治理空间的再次拓展扩容，昭示着中国区域治理实践的再次创新升级和区域治理层次的再次提高。新时代中国区域治理的创新实践与理论建构已经成为当代中国国家建设的重大战略命题。

最后，长三角区域一体化发展上升为国家级战略规划，聚焦更高质量一体化发展。

2018 年 3 月，长三角区域合作办公室已经组建，成为长三角一体化发展的重大历史拐点，为长三角区域创新网络建设提供了重要的组织保障和制度保障。2018 年 11 月，习近平总书记在首届中国国际进口博览会开幕式上提出将支持长江三角洲区域一体化发展，并将长三角区域一体化发展上升为国家战略。这是中央立足全国发展大局作出的重大部署，对于完善和提升中国新一轮改革开放空间布局具有深远意义。这就要求长三角区域准确把握一体化发展定位要求，全面贯彻创新、协调、绿色、开放、共享的新发展理念，深化改革创新，强化系统集成，聚焦重点抓好落实，加快推动长三角更高质量一体化发展，更好服务长江流域，更好服务国家发展大局。①

从国际环境来看，世界经济仍处于深度调整之中，增长乏力，不确定和不稳定影响因素增多，需求不振，国际贸易壁垒升级，外向型经济发展压力加剧。从国内来看，我国经济步入新常态阶段，经济结构转换、动力转变，区域发展面临新的挑战和要求。随着发展阶段和发展环境转变，我国区域发展战略已经呈现出大流域性、大板块性特征。“一带一路”倡议、京津冀协同发展、粤港澳大湾区规划和长江经济带等几大区域发展战略充分体现了这些新的特征趋势。长三角地区是我国综合发展实力最强的经济核心区，在我国经济发展全局中承担着率先适应新常态、引领新常态的战略重任。长三角地处“一带一路”和长江经济带交汇区域，战略地位进一步升级。尤其是在长江经济带中，长三角三省一市的经济总量占到 50% 以上，发展水平明显领先，具有举足轻重的支撑和引领作用。②长三角一体

---

① 谈燕:《携手推动长三角更高质量一体化》,《解放日报》2018 年 11 月 17 日第 2 版。

② 薛艳杰、王振:《长三角城市群协同发展研究》,《社会科学》2016 年第 5 期，第 50—58 页。

化上升为国家战略，有利于进一步推动长江三角洲区域更高质量一体化，进一步加快长江三角洲的高质量发展，形成可复制、可推广、可辐射的经验做法，也有利于长三角参与全球竞争，加快长三角世界级大都市圈的建设。以一体化的大都市圈引领区域发展是世界经济格局演进的重要趋势，也是我国区域发展战略的重要方向。长三角是国家重大战略中明确要优化提升和重点培育的三大世界级城市群之一。深化协同发展，是长三角区域竞争力和影响力提升的关键。

支持长江三角洲区域一体化发展并上升为国家战略，能够着力落实新发展理念，构建现代化经济体系，推进更高起点的深化改革和更高层次的对外开放，同"一带一路"建设、京津冀协同发展、长江经济带发展、粤港澳大湾区建设相互配合，完善中国改革开放空间布局。①

① 任俊锰：《升级国家战略长三角获重大新机遇》，《解放日报》2018 年 11 月 7 日第 13 版。

第六章　结语

6.1　当代中国区域发展战略的演化机理

演化视角下的区域发展战略研究重视区域发展的历史继承性和动态协同性，侧重研究区域一体化发展的演化阶段、演化特征和演化过程，具有突出的理论创新价值和实践指导意义。区域发展战略的演化理论重视区域经济发展的历史过程和空间整合的动态进程，认为区域的经济协同机制、空间整合机制和政府合作机制等对区域发展至关重要。

从旧三大都市圈到新三大都市圈，中国三大优势区域依托突出的区位战略优势和优良的禀赋条件，历经发展改革和演进变迁，经历多个发展阶段，也带来了区域治理目标、治理空间、治理机制和治理政策的相应转变。这主要是市场机制和政府机制双重作用的结果。

政府机制在中国区域发展战略的演化中起决定性作用，规范和引领着区域经济社会一体化发展进程。中国区域发展战略的内涵演进，经历了从计划经济体制下"行政区经济"到社会主义市场经济体制下"区域经济一体化"再到新时代背景下"区域一体化"的阶段性嬗变。①在区域协同发展和一体化建设的规划领域，也经历了从分割式竞争到区域经济协同合作再到区域整体性规划引领的根本性转变。当前，区域发展战略由中央及相关部门统一行使规划权，统筹区域创新资源配置和区域协调管理。

---

① 唐亚林：《产业升级、城市群发展与区域经济社会一体化——区域治理新图景建构》，《同济大学学报》(社会科学版)2015 年第 6 期，第 55—61 页。

这能够克服区域内各城市规划职能重叠、交叉分散与相互竞争之不足，将规划引领职能与规划执行、规划监督、规划绩效评估等职能有机统一，形成规划统筹取向的整体性规划治理模式。

市场机制在中国区域发展战略的演化中也有重要作用，是区域治理的关键内容。市场机制在长三角和珠三角区域具有相对较大的作用。区域经济增长带来区域市场规模的扩大，形成地区溢出效应。区域经济往往经历产业集聚、产业扩散、产业升级等发展阶段，促进区域首位城市与中心城市、周边城市协同发展，形成梯次分明的都市圈分工体系。

政府机制和市场机制强强结合的双重作用是中国区域发展的根本动力。从以城市为核心的经济分工体系到以区域为核心的分工扩大化是区域经济发展的主要原因。区域城镇结构体系是都市圈发展演化的空间依托。政府通过行政规划和行政协同等方式引领区域经济发展和优化区域空间布局，主导区域发展方向。

从旧三大都市圈到新三大都市圈的发展转变，不仅意味着区域经济的繁荣发展和区域空间的拓展扩容，更是意味着区域辐射力和影响力的全面提升。新三大都市圈成为中国经济建设的重要支撑，能够有效辐射带动更为纵深的内陆城市区域，并有效辐射影响跨海乃至跨国的广泛区域，建设具有世界级影响力的重要增长极。

6.2　新时代中国区域发展的制度创新与政策举措

世界和中国正在经历百年未有之大变局，2020 年新冠肺炎疫情的全球流行使整个大变局加速变化。保护主义、单边主义和霸凌行径抬头。虽然和平与发展仍是当今世界的时代主题，世界走向多极化的时代趋势没有改变，但是中国面临的国际经贸环境已经发生重要变化，主要体现在世界经济低迷，全球产业链供应链因非经济因素而面临冲击，国际经济、科技、文化、安全、政治等格局都在发生深刻调整，世界进入动荡变革期。[①]新

① 习近平：《在经济社会领域专家座谈会上的讲话》，《人民日报》2020 年 8 月 25 日第 2 版。

形势下,中国经济发展的空间结构调整和功能调整需要新思路,亟需推动形成以国内大循环为主体、国内国际双循环相互促进的新发展格局。

2019 年 12 月,习近平总书记在《求是》刊文指出,在新形势下促进区域协调发展的总体思路已经变化成为:按照客观经济规律调整完善区域政策体系,发挥各地区比较优势,促进各类要素合理流动和高效集聚,增强创新发展动力,加快构建高质量发展的动力系统,增强中心城市和城市群等经济发展优势区域的经济和人口承载能力,增强其他地区在保障粮食安全、生态安全、边疆安全等方面的功能,形成优势互补、高质量发展的区域经济布局。①这是习近平总书记提出的在战略层面对中国区域发展制定的基本方略。

2020 年 8 月 24 日,习近平总书记《在经济社会领域专家座谈会上的讲话》中强调,自 2008 年国际金融危机以来,我国经济已经在向以国内大循环为主体转变;未来一个时期,国内市场主导国民经济循环特征会更加明显,经济增长的内需潜力会不断释放。②座谈会是为"十四五"规划编制征集意见和建议,是下一个指导社会经济发展的重要政策窗口期。面对新情况、作出新规划是座谈会的主要目的。

随着外部环境和中国发展所具有的要素禀赋的变化,市场和资源两头在外的国际大循环动能明显减弱,而国内需潜力不断释放,国内大循环活力日益强劲,客观上有着此消彼长的态势。在此重大变局影响下,中国的中心城市发展和世界级城市群建设更加应该成为中国应对全球性威胁和挑战的主要空间形式,集聚优势资源,加速建设引领能力。在国内外发展环境的重大变化中,现有区域政策出现了面向战略目标而需要坚持和需要调整的功能差异。应对新挑战,满足新要求,就要正视各地区发展条件,尊重客观经济规律,发挥比较优势,改革土地管理制度和人口与户籍配套政策,破除资源流动障碍,使市场在资源配置中起决定性作用,促进各类生产要素自由流动并向优势地区集中,使优势地区有更大发展空间,提高资源配置效率,形成以城市群为主要形态的增长动力源。新时代背

---

① 习近平:《推动形成优势互补高质量发展的区域经济布局》,《求是》2019 年第 24 期。

② 习近平:《在经济社会领域专家座谈会上的讲话》,《人民日报》2020 年 8 月 25 日第 2 版。

景下，中国区域发展采取了一系列有效的制度创新与政策举措。

6.2.1 制度创新

建设现代化大都市圈是推进新型城镇化的重要手段，既有利于优化经济社会空间结构，又有利于增强内生发展动力，开拓中国区域发展和区域治理的新型增长空间、新型发展平台和新型制度模式。新时代背景下，中国区域协调发展战略形成了在顶层设计层面以整体性规划引领区域发展、以央地财政事权划分深化制度改革、以区域协同立法提供制度保障这三大制度创新。

（一）顶层设计制度创新：以整体性规划引领区域发展

区域规划已成为国家进行空间战略布局和治理空间拓展的重要手段，是在区域空间内基于发展条件和深层问题，对区域及社会发展和国土综合整治作出的总体部署，以实现建设国际竞争力区域、深化区域合作与对外开放、探索发展改革试点和推进重点地区发展和升级转型等多重目标。中央政策从顶层设计高度编制的区域规划是国民经济中长期计划的重要基础和组成部分，也是国家宏观调控的重要手段和中国经济管理体制的基础部分。①从空间趋势来看，国家战略区域规划呈现出整体均衡推进的态势，东部地区已经基本实现国家战略全覆盖，中西部地区将成为未来国家区域规划的重点区域，并将规划重心逐渐转向海洋经济地区、边疆地区和老少边穷地区。这是中国社会主义制度“全国一盘棋”制度优势和政治道路在区域发展战略规划中的体现。

长三角、粤港澳和京津冀三大都市圈在国家现代化建设大局和全方位开放格局中具有重要战略地位，其区域中心城市在引领区域高质量一体化发展中也有突出的辐射带动作用，因此多种战略在三大区域汇合叠加，承担更多先行先试体制机制创新和创新升级新动能培育的战略任务。这是区域协调发展战略尊重客观规律、注重发挥区域比较优势的科学性体现，也是习近平总书记指出的“不平衡是普遍的，要在发展中促进相对平衡”的区域协调发展辩证法的题中之义。②

---

① 方中权、陈烈：《区域规划理论的演进》，《地理科学》2007 年第 4 期，第 480—485 页。

② 《推动形成优势互补高质量发展的区域经济布局 发挥优势提升产业基础能力和产业链水平》，《人民日报》2019 年 8 月 27 日第 1 版。

区域协调发展战略是构建高质量发展国土空间布局的客观需要，也是解决发展不平衡问题的内在要求。当前，中国区域发展战略已突破非均衡式的经济优先型发展模式，转型为整体性规划引领模式，具有权威性、战略性、系统性、连续性和长期性的特点，为当代中国区域的整体性发展、协同型发展和可持续发展提供稳定的制度化新型动力，并已成为当代中国区域发展战略的主导模式。

（二）财政事权制度改革：明晰央地事权财权

建立区域均衡、权责清晰、财力协调的中央和地方财政事权制度，能够有效平衡区域间财政能力差异，缓解区域发展非均衡问题和央地事权、财权划分等深层区域协调制度问题，有效推进区域协调发展。①以财力均等化为宗旨的区域财政体制改革是推进区域基本公共服务均等化和区域公共服务一体化的实现基础。因此，需要加快落实《国务院关于推进中央与地方财政事权和支出责任划分改革的指导意见》和《国务院办公厅关于印发基本公共服务领域中央与地方共同财政事权和支出责任划分改革方案的通知》等区域财政制度改革的相关方案，科学界定中央与地方权责，确定基本公共服务领域共同财政事权范围，制定基本公共服务保障国家基础标准，规范中央与地方支出责任分担方式，加快建立现代财政制度。②

区域事权是基于区域空间距离相近、城市间相似度较高、区域发展一体化等特点而形成的，这构成区域内地方政府事权划分的总体依据。为促进区域协调发展与区域协同治理，大都市圈内地方政府事权划分一般根据受益范围原则、管理效率原则、财政事权相匹配原则和事权法定等原则，③划分为中央事权、区域公共事权和地方事权三类，构成区域公共治理的基本内容。缓解以经济增长为核心的发展阶段区域公共服务供给不足的问题，需要从整体上提升区域基本公共服务均等化水平，发挥以区域事权划分为依据的区域财权在资源配置、收入分配、经济稳定与发展、保障

---

① 贺蕊莉、陈传明、李婉婧：《财政体制：一个关于区域失衡的新解释》，《财经问题研究》2021 年第 2 期，第 72—80 页。

② 《国务院办公厅关于印发基本公共服务领域中央与地方共同财政事权和支出责任划分改革方案的通知》，中华人民共和国中央人民政府网，2018 年 2 月 8 日。

③ 唐亚林：《区域治理的逻辑：长江三角洲政府合作的理论与实践》，复旦大学出版社 2019 年版，第 199 页。

社会和谐稳定和促进区域高质量一体化等方面的职能作用。①目前，三大都市圈重点在生态环保、产业投资等专项项目建设方面启动区域财政专项资金，如长三角沪苏浙联合制定《关于支持长三角生态绿色一体化发展示范区高质量发展的若干政策措施》②、京津冀设立京津冀协同发展产业投资基金③等。三大都市圈内部均存在经济发展差异带来的财力不均衡问题，同时也存在地区间税源竞争、不完善的转移支付制度以及财权事权不匹配等体制机制困境，极大限制了区域基本公共服务均等化发展。④合理匹配财权和事权，深化区域财政体制改革，有助于形成中央和地方合理分配的区域财力格局，保障地方财政具有满足区域基本公共服务供给的必要能力。

（三）立法协同制度保障：推进区域协同立法

区域协同立法在实践层面处于起步和有序发展的阶段。京津冀、长三角已出台多项区域协同立法制度，并初步搭建了座谈会性质的会议作为协同立法平台，并通过协商沟通机制、立法规划协同机制、重大立法项目联合攻关机制等常态化工作机制推进立法工作有序运行，推动区域协同立法理论创新与实践发展。⑤目前主要通过聚焦协同项目的工作方式，让协同立法落地落实，主要围绕环境保护、交通建设等重点跨区域治理难题作为立法议题。粤港澳大湾区则面临“两种社会制度”“三个法律体系”共存的局面，成为法律体系最为复杂的交叉区域，但也在深化区域法律服务合作、推进公共法律服务体系建设等方面取得进展。2020 年 10 月，珠海市九届人大常委会第三十二次会议表决通过《珠海经济特区港澳旅游从业人员在横琴新区执业规定》。这是全国首部支持港澳旅游从业人员跨境执业的地方法规，也将破解港澳旅游从业人员在横琴的执业壁垒，不仅服务和促进澳门产业多元化，还将为粤港澳大湾区改革创新提供法律

① 陈共：《财政学》（第 8 版），中国人民大学出版社 2015 年版，第 15—18 页。

② 巨云鹏：《长三角　探路一体化更多可能》，《人民日报》2020 年 11 月 3 日第 12 版。

③ 陈璠：《京津冀协同发展产业投资基金在津设立》，《天津日报》2021 年 2 月 26 日第 5 版。

④ 孙玉栋、郑垚：《京津冀基本公共服务协同发展的财力均衡问题研究》，《山东财经大学学报》2020 年第 5 期，第 5—16 页。

⑤ 汪娟：《困境、突围、前瞻——地方人大区域协同立法断想》，《人大研究》2020 年第 11 期，第 42—50 页。

依据和制度保障。①大湾区协同立法具有特殊重要性，是实现大湾区规则衔接的重要方式，也是大湾区治理制度和机制建设的重要来源之一，内地规则与港澳规则的衔接协同成为关键。

区域立法有助于消除行政壁垒、市场壁垒和制度障碍，形成具有权威性、稳定性和持续性的大都市圈治理制度保障，确保整体规划的贯彻落实。在区域协调发展战略实施背景下，从全国人大到地方人大，皆积极探索以区域协同立法以保障和支持区域经济社会发展。2015 年，首次京津冀协同立法工作联席会议原则通过《关于加强京津冀人大立法工作协同的若干意见》，提出要加强重大立法项目联合攻关；2017 年和 2018 年，第三、第四、第五次京津冀人大协同立法联席工作会原则通过《京津冀人大立法项目协同办法》《京津冀人大法制工作机构联系办法》《京津冀人大立法项目协同实施细则》。2018 年 7 月，长三角地区人大常委会主任座谈会上签署《关于深化长三角地区人大工作协作机制的协议》《关于深化长三角地区人大常委会地方立法工作协同的协议》；同年 11 月和 12 月，沪、苏、浙、皖四地人大密集同步发布人大关于支持和保障长三角地区更高质量一体化发展的决定，在人大立法工作和在区域协同立法方面皆属首次。长三角三省一市人大共同确定要构建长三角区域立法协同机制，优先安排推进长三角地区更高质量一体化发展的立法项目，加强对重点领域的法律监督和工作监督，推动长三角地区更高质量一体化发展决策部署的贯彻落实。同时，注重推进三省一市立法协同，逐步实现区域立法标准协同和监管协同，并充分发挥司法作用，推进长三角地区司法合作，维护公平的市场环境和良好的社会管理秩序，为长三角地区更高质量一体化发展提供司法保障。②长三角协同立法从内容上看，获得全方位、多层次和多方向的一体化协同的内涵和外延，体现了政策导向与立法决策统一衔接的区域治理法治思维方式。③

区域协同立法实践回应了中国区域立法合作多元化的立法实践，展

① 黄鹤林：《允许港澳导游在横琴免试执业》，《南方日报》2020 年 9 月 30 日第 A12 版。

② 叶纯：《长三角区域协作立法研究》，《东南大学学报》(哲学社会科学版)2020 年第 2 期，第 63—66 页。

③ 贺海仁：《我国区域协同立法的实践样态及其法理思考》，《法律适用》2020 年第 21 期，第 69—78 页。

示了区域协同立法的广阔空间和现实需要。在法理依据方面，区域协同立法仍面临着一定制度约束，尚没有相关法律将“区域人大联合”作为立法主体，当前宪法法律对区域协同立法缺乏明确授权。①但区域协同立法已成为新的立法实践样态，协同立法现实需求强烈，体制机制建设也已获得较大发展，已处于实质性起步和有序发展的初级阶段。区域协同立法仍然需要从单一制国家结构形式和人民代表大会制度出发②，由地方人大充分发挥地方智慧，积极探索区域协同立法方面的理论与实践创新挑战，为区域协调发展战略以及国家治理体系和治理能力现代化贡献新的方案，落实法治中国治国方略。

6.2.2 政策措施

区域协调发展战略成为推动经济增长与社会发展的新型动力，构筑了国家建设与国家治理的新型空间。京津冀、长三角和粤港澳三大都市圈在当代中国现代化建设全局中具有重要战略地位和突出带动作用。经历与国家建设同步的发展演化之后，仍然存在区域协同性与整体性不足、区域政策执行不充分和区域绩效评估不明确等问题。站在新时代起点上，促进三大都市圈率先协同发展，需以整体性规划为引领，采取一系列创新机制和政策措施，探索适应当代中国区域发展与国家现代化建设的新型区域协调发展道路。

(一) 构建区域规划的差序化执行体系

区域层面的整体发展规划战略所要求的空间尺度以大都市圈全域为规划范围，作用在于明确区域发展功能定位和规划空间开发秩序，内容侧重宏观描述和格局构建，其具体执行中的操作性、针对性和有效性都需要区域内各省市，特别是区域中心城市对区域战略进一步细化和落实。

从国家区域规划的落实途径和地方实际配合等来看，差序化的区域规划落实机制能够通过阶段式、圈层化、可执行、可操作的具体工作落脚点分步骤、分阶段、递进式地贯彻宏观区域规划，强化区域政策精准化、实

① 陈建平:《国家治理现代化视域下的区域协同立法:问题、成因及路径选择》,《重庆社会科学》2020 年第 12 期，第 108—118 页。

② 刘松山:《区域协同立法的宪法法律问题》,《中国法律评论》2019 年第 4 期，第 62—75 页。

效化落地落实。

在区域空间一体化方面，可采取“超大城市引领—周边城市—大都市圈—大城市群”的空间整合方式，递进式推动高质量区域一体化整合。结合本区域发展特征和治理资源，在推进全区域协调发展的同时，分步骤、递进式地按照圈层空间，稳步扎实推进区域一体化的机制制度创新、组织保障和政策执行，使区域协同发展取得制度建设和实践经验等方面的实际绩效，并最终推动“城市—都市圈—城市群”联动发展，构建区域空间布局规划的差序化执行体系。在落实区域规划内容方面，从各省市高度接受、易于落实的区域交通信息基础设施一体化、区域科技创新一体化、区域文化社会一体化和区域生态保护一体化等议题着手，根据这些议题落实中形成的有效治理经验和创新机制，深入贯彻落实区域基本公共服务均等化、区域制度体系一体化和区域法治协同一体化等制度和机制建设，形成区域“硬环境”和“软环境”协同建设、协同治理的实质性高质量一体化。

上海“五大新城”规划和“上海大都市圈”规划即是上海引领长三角高质量一体化发展在体制机制创新方面取得的突破成果。上海作为长三角龙头城市，引领长三角高质量一体化发展建设，实施“上海中心城市—上海近郊五大新城—上海大都市圈—长三角一体化”的差序化区域规划落实政策体系，形成了分步骤、圈层式的区域规划执行策略，从而能够采取落地有效的精准化政策举措。上海嘉定、青浦、松江、奉贤、南汇“五大新城”①不仅成为上海大都市圈建设的第一“岛链”，也成为“长三角城市网络中的综合性节点城市”和上海辐射长三角的战略支撑点，对于上海大都市圈建设与长三角世界级城市群建设都具有重大意义。②

（二）建立健全政府主导、开放参与的区域公共产品供给体系

在区域协调发展和区域治理协同机制建设中，由政府主导，建设开放互动的多元主体协同参与区域公共产品创新供给新格局，能够有效解决区域公共产品层次性和多样性丰富的内在特质，提供具有差异性、创新

---

① 谈燕：《加快推动新城规划建设落地落实》，《解放日报》2021 年 2 月 23 日第 1 版。

② 唐亚林：《构建新时代社会主义现代化国家的空间布局战略体系：基于城市化发展的考察》，《同济大学学报》（社会科学版）2021 年 1 月。

型、针对性的区域公共产品和公共服务供给机制，促进区域公共产品的多元主体共同生产，达到区域协调发展目标。

三大都市圈在长期实践发展和体制机制创新探索中，初步形成政府主导、多元主体开放参与的区域公共产品创新供给的新型经验模式，有必要沉淀成为区域公共产品创新的成功路径与经验机制，提升区域协调发展建设。京津冀大都市圈主要由政府主导提供区域公共产品供给，如雄安新区规划建设、京津冀区域环境协同、区域交通设施项目建设、科技创新资源协同和产业布局协同等等。粤港澳大湾区承袭珠三角、泛珠三角区域，以广深科创走廊承载区域科技创新协同；以广州大都市圈和深圳大都市圈“双城联动”强化引领、辐射湾区，打造湾区第一圈层经济带，作为大湾区协同发展的核心主引擎。①

长三角注重探索区域公共产品创新供给的多元化供给新格局。以长三角 G60 科创走廊的建设与发展为例。2016 年 5 月 24 日，上海市松江区全面贯彻落实上海加快建设具有全球影响力的科技创新中心的要求，发布《关于加快建设 G60 上海松江科创走廊建设的意见》，率先提出沿 G60 高速公路构建产城融合的科创走廊。2016 年，浙江省杭州市发展科创走廊规划意向强烈，浙江省嘉兴市主动对接、全面接轨上海；②2017 年，松江区联手杭州市、嘉兴市共建三市协同的科创走廊，一项城区内部打造的“G60 上海松江科创走廊”正式升级为三市联动的“沪嘉杭 G60 科创走廊”；在 2017 年和 2018 年长三角高质量一体化建设提速的背景下，2018 年 6 月，长三角三省一市主要领导座谈会召开，来自长三角九个城市的领导人审议通过 G60 科创走廊战略合作协议并发布《G60 科创走廊松江宣言》。③G60 科创走廊定位于长三角贯彻落实新发展理念引领示范区重要引擎和长三角率先迈向高质量一体化发展的重要引擎，由松江区启动、杭州市和嘉兴市积极对接、互动参与，并扩大为长三角九城市政府共同推进，国家科技部协同发改委、工信部、中国人民银行和中国银保监会等联

---

① 柳时强：《广深联手打造湾区滨海第一圈层经济带》，《南方日报》2021 年 2 月 2 日第 AA3 版。

② 杨洁：《沪嘉杭 G60 科创走廊：一条“黄金大道”撬动浙沪协同创新》，《嘉兴日报》2017 年 7 月 28 日第 T03 版。

③ 张骏：《长三角：聚焦高质量　聚力一体化》，《解放日报》2018 年 6 月 2 日第 1 版。

合规划建设。G60科创走廊成为长三角区域科技创新公共产品创新供给、自下而上和自上而下双向互动建设的区域协同机制创新试验田。

(三)推动技术治理优化区域治理,建设智慧区域

推动大数据、人工智能和区域治理深度嵌套融合,能够提高区域治理智能化、精准化、精细化、专业化、社会化水平,推动都市圈治理智慧化。特别是要打破信息孤岛和数据互联互通壁垒难题,并与大数据定量分析工具相结合,形成精准决策、精明决策模式。区域治理中,各级政府应积极适应并主动利用新技术构建精准化政策范式,为下阶段区域经济发展和一体化攻坚克难提供强有力的支撑。①

当前的智慧区域建设已取得政务服务数据联通的实质性进展,成为区域智慧治理一体化的重要基础。2019年5月,长三角地区主要领导座谈会明确长三角地区政务服务"一网通办"正式开通运行。在国务院办公厅电子政务办的亲自指导下,上海牵头召开长三角地区政务服务"一网通办"工作部署会议,由三省一市政务服务、数据资源部门牵头各省民政、人社、市场监管、档案、税务、医保、"12345"政务热线等7个部门的业务、技术人员,先后召开30多场对接会,共同完善相关技术标准和业务规范,现场对接联调专栏、专窗、移动端App"无感漫游"以及长三角地区数据共享交换平台等,目前已有66个政务服务事项实现长三角"一网通办"。特别是新冠疫情发生以来,长三角区域启动疫情联防联控机制,依托数据共享交换平台,于2020年3月初完成健康码互信互认,实现健康码数据共享互通,并在交通出行、跨区域人员流动、社区疫情防控、企业复工复产、公共管理和服务机构推广互认等场景下应用,支撑疫情期间区域治理协同、服务联动。②京津冀区域则在国办电子政务办统一指导下,打造"京津冀+雄安(3+1)"政务服务协同发展平台,以高新技术驱动流程优化再造,大力推进政务服务事项京津冀跨区域通办,打造技术一流、业务创新、全国领先的区域政务服务协同发展平台。③

① 李兰冰、刘秉镰:《"十四五"时期中国区域经济发展的重大问题展望》,《管理世界》2020年第5期,第36—51、8页。

② 吴頔:《长三角66项服务跨省"一网通办"》,《解放日报》2020年6月5日第2版。

③ 崔利杰:《新雄安·新征程:构建新机制,持续优化新区营商环境》,中国雄安官网,2021年2月21日。

下一个阶段，从技术与制度的互动关系出发，物联网、大数据、云计算、区块链、人工智能等现代信息通信技术，被综合应用于政府专业化管理部门以及综合化管理领域，形成了一种智慧型网络化治理范式，能够在大都市圈治理与制度创新融合中得到更为广泛和深度的应用，通过“技术嵌入治理—技术沉淀为制度—技术优化制度”的发展路径①，切实推动大都市圈治理形态的全面转型，提升区域一体化治理能力和治理绩效，为大都市圈治理、制度优化和国家建设提供新的战略性思路转变。

（四）完善区域治理绩效评估机制

三大都市圈已初步建立整体性规划引领、区域协同执行等体制机制创新经验，在进一步深化财政事权制度改革、推进区域协同立法等重要制度创新的基础上，也应注重向“后端”增强区域政策实施绩效评估与反馈，完善政策体系全链条结构，为区域政策切实转化为治理绩效提供有力支撑。区域治理绩效评估不仅能够对政策执行进行科学全面的实施效果评估，还能够延伸评价与研究具体政策执行绩效、地方政府区域治理绩效等，并对多项政策叠加实施的影响因素及作用机制进行细化研判，为区域治理进一步协同优化调整提供重要基础。②同时，区域发展具有动态性特点。随着规划变化、交通体系建设、技术进步和国际国内政治经济重大变化等，区域治理重点问题、重点项目和治理方法等皆需因时因地合理动态调整。

（五）形成区域治理督查激励长效机制

党的十八大后，“五位一体”总体布局和“四个全面”战略布局要求从中央到地方各级政府和部门更好地实现“决策—执行—监督”一体化治理，督查机制由此被广泛应用于政府治理过程，成为推进国家治理体系和治理能力现代化的重要工具。③督查工作已覆盖了改革决策、环境保护、扶贫攻坚、廉政勤政和政府作为等多个领域。在区域治理中，生态环境督查等

---

① 唐亚林、王小芳：《网络化治理范式建构论纲》，《行政论坛》2020 年第 3 期，第 121—128 页。

② 李兰冰、刘秉镰：《“十四五”时期中国区域经济发展的重大问题展望》，《管理世界》2020 年第 5 期，第 36—51、8 页。

③ 陈水生：《技术督查：基于国务院大督查的“互联网＋督查”运作机制创新》，《行政论坛》2020 年第 3 期，第 136—142 页。

专项督查工作初步启动。①结合区域协调发展国家战略的决策部署、政策执行需要,有必要对区域治理重大问题开展常态化督查,及时发现问题、有效集中反馈、加强回应整改,实现深度治理。

对于工作成效明显、政策执行绩效突出的地方,则可以进一步加大激励支持力度,形成新时代区域治理督查激励长效机制。2020 年 5 月,江苏省对于落实重大政策措施、真抓实干成效明显的地方给予奖金激励、用地指标激励、优惠扶持政策激励、免督查激励等。②其中,在生态环保领域下发激励资金 6 600 万元,鼓励对中央环保督察交办问题整改、环境基础设施建设、生态环境质量改善及生态建设成效明显的 9 个地区。

从问题督查治理,到财政或土地、政策正向激励,区域治理可创新使用国家治理体系中的督查机制,建设区域治理督查激励长效机制,有效推进跨域联动治理和区域整体治理,发挥多主体能动性,落实央地政策决策部署,推动区域治理体制机制创新发展。

中国区域发展模式仍在继续形成创新实践经验,治理空间不断拓展,治理绩效不断提升。从传统意义上的旧三大都市圈到治理空间持续辐射与扩容的新三大都市圈,其深层次战略意义还在于,当代中国的区域发展战略开始从原来的平面化走向立体化,其所肩负的历史使命是为当代中国的国家现代化建设探索出一条区域治理的新路,即从东部率先发展到中部崛起、再到东中西部地区联动发展、最终走向全国均衡发展的立体化发展战略新格局。这一发展战略空间布局的转型,昭示着国家区域空间战略布局的完善,预示着一个全新的国家整体发展战略格局的初步显现。同时,结合长江经济带、东北振兴战略和"一带一路"倡议的最新规划与发展实施,区域治理空间持续向更广范围辐射与扩容,进一步跨区域、跨海、跨国拓展,为中国的区域一体化发展乃至中国的整体发展,以及"走出去"战略不断探索市场基础、都市圈基础和制度基础,构建新时代社会主义现代化国家的空间战略发展格局。

---

① 高敬:《生态问题整改不力,长江经济带 6 地被约谈》,《新华每日电讯》2021 年 2 月 23 日第 3 版。

② 《省政府办公厅关于对 2019 年落实有关重大政策措施真抓实干成效明显地方予以督查激励的通报》,江苏省人民政府网,2020 年 5 月 29 日。

参考文献

（1）Howard，Ebenezer，*Garden cities of to-morrow*，Routledge，2007.

（2）Gottmann，Jean，"Megalopolis or the urbanization of the northeastern seaboard，" *Economic geography*，Vol. 33，Issue 3（1957），pp.189—200.

（3）Castells，Manuel，*The informational city*：*Information technology*，*economic restructuring*，*and the urban-regional process*. Oxford：Blackwell，1989，pp.325—364.

（4）Hall，Peter，*Megacities*，*world cities and global cities*. Stichting Megacities 2000，1997，pp.8—10.

（5）Hirschman，A.O.，*The Strategy of Economic Development*，New Haven：Yale University Press，1958.

（6）Henderson，J. Vernon，"Efficiency of resource usage and city size，" *Journal of Urban economics*，Vol.19，Issue 1(1986)，pp.47—70.

（7）Nalebuff，B.J. and Brandenburger，A.M.，"Co-opetition：Competitive and cooperative business strategies for the digital economy，" *Strategy & Leadership*，Vol.25，No.6(1997)，pp.28—33.

（8）Giovanna Padula，Giovanni Battista Dagnino，"Untangling the Rise of Coopetition：The Intrusion of Competition in a Cooperative Game Structure，" *International Studies of Management & Organization*，Vol.37，Issue 2(2007)，pp.32—52.

（9）Haas，Ernst B.，*The Uniting of Europe*：*political*，*social and economical forces 1950—1957*，London：Stanford University Press，1958.

(10) Buchanan J. M., "Social Choice, Democracy, and Free Markets," *Journal of Political Economy*, Vol.62, Issue 2(1954), pp.114—123.

(11) Porter M. E., *The competitive advantage of nations*, New York: The Free Press, 1990.

(12) Stoker, G., "Governance as theory: five propositions," *International Social Science Journal*, Vol.50, Issue 155(2010), pp.17—28.

(13) Powell, and Kenneth, *City Transformed: Urban Architecture at the Beginning of the 21st Century*, London: Calmann & King Ltd, 2000.

(14) Dan D. Hajer, Maarten A. and Wagenaar, Hendrik (eds.), "Deliberative Policy Analysis: Understanding Governance in the Network Society," in *Policy Sciences*, Cambridge: Cambridge University Press, 2004, pp.357—365.

(15) Jang H. S., Feiock R. C., "Public versus Private Funding of Nonprofit Organizations: Implications for Collaboration," *Public Performance & Management Review*, Vol.31, Issue 2(2007), pp.174—190.

(16) Hendirick, Jimenez, "Does government fragmentation enhance or hinder metropolitan economic growth?" *Papers in regional science*, Vol.89, Issue 3(2008), pp.641—657.

(17) Tiebout, C. M., "A pure theory of local expenditures," *Journal of Political Economu*, Vol.64, Issue 5(1956), pp.416—424.

(18) Hollis, Linda E., *Regionalism today: Background, timeliness, and current practice*, ULI—the Urban Land Institute, 1998.

(19) Wei Y. D., "Beyond the Sunan Model: Trajectory and Underlying Factors of Development in Kunshan, China," *Social Science Electronic Publishing*, Vol.34, Issue 10, (2008), pp.1725—1747.

(20) Zhao S. X. B., Zhang L., "Foreign Direct Investment and the Formation of Global City-Regions in China," *Regional Studies*, Vol.41, Issue 7, (2007), pp.979—994.

(21) 唐亚林:《当代中国大都市治理的范式建构及其转型方略》,《行政论坛》2016 年第 4 期。

(22) 木内信藏,于洪俊:《城市的地域结构》,《经济地理》1982 年第 2 期。

(23) 顾朝林:《城市群研究进展与展望》,《地理研究》2011 年第 5 期。

(24) 贾德铮、高汝熹:《长三角都市圈空间集聚扩散效应研究》,《现代管理科学》2012 年第 1 期。

(25) 林尚立:《重构府际关系与国家治理》,《探索与争鸣》2011 年第 1 期。

(26) 李世超:《长江中下游沿江城市带状发展初探》,《地理学与国土研究》1990 年第 2 期。

(27) 许学强、周春山:《论珠江三角洲大都会区的形成》,《城市问题》1994 年第 3 期。

(28) 周克瑜:《"都市圈"建设模式与中国空间经济组织创新》,《战略与管理》2000 年第 2 期。

(29) 张敏、顾朝林等:《长江三角洲全球城市区空间建构》,《长江流域资源与环境》2006 年第 6 期。

(30) 甄峰、顾朝林等:《信息时代珠江三角洲的区域空间结构》,《中国地理学会 2002 年学术年会论文摘要集》2002 年第 1 期。

(31) 方创琳:《2010 中国城市群发展报告》,科学出版社 2011 年版。

(32) 唐亚林:《长江三角洲区域治理的理论与实践》,复旦大学出版社 2014 年版。

(33) 费移山、王建国:《明日的田园城市——一个世纪的追求》,《规划师》2002 年第 2 期。

(34) 张紧跟:《新区域主义:美国大都市区治理的新思路》,《中山大学学报(社会科学版)》2010 年第 1 期。

(35) 方中权、陈烈:《区域规划理论的演进》,《地理科学》2007 年第 4 期。

(36) 张京祥、黄春晓:《管治理念及中国大都市区管理模式的重构》,《南京大学学报(哲学·人文科学·社会科学版)》2001 年第 5 期。

(37) 陆大道:《大都市区的发展及其规划》,《经济地理》2009 年第 10 期。

(38) 顾丽梅、林尚立:《信息社会的政府治理:政府治理理念与治理范式研究》，天津人民出版社 2003 年版。

(39) 王川兰：《多元复合体制：区域行政实现的构想》，《社会科学》2006 年第 4 期。

(40) 张衔春、赵勇健、单卓然、陈轶、洪世键：《比较视野下的大都市区治理：概念辨析、理论演进与研究进展》，《经济地理》2015 年第 7 期。

(41) 姚永玲、唐彦哲：《城市群首位城市的联系能级、中心度和控制力》，《经济地理》2015 年第 7 期。

(42) 王健、鲍静、刘小康、王佃利：《"复合行政"的提出——解决当代中国区域经济一体化与行政区划冲突的新思路》，《中国行政管理》2004 年第 3 期。

(43) 唐亚林：《从行政分割到区域善治：长江三角洲区域政府合作模式的创新》，《政治与法律》2008 年第 12 期。

(44) 石碧华：《区域协调发展战略为区域发展指明方向》，《中国社会科学报》2017 年 12 月 13 日第 7 版。

(45) 竺乾威：《从新公共管理到整体性治理》，《中国行政管理》2008 年第 10 期。

(46) 唐亚林、于迎：《大都市圈协同治理视角下长三角地方政府事权划分的顶层设计与上海的选择》，《学术界》2018 年第 2 期。

(47) 邹兵、施源：《建立和完善我国城镇密集地区协调发展的调控机制——构建珠三角区域协调机制的设想和建议》，《城市规划汇刊》2004 年第 3 期。

(48) 邹兵：《我国城镇群规划实施面临的困境与发展趋向——由珠江三角洲城镇群规划引发的思考》，《城市规划》2006 年第 1 期。

(49) 陈宣庆等：《泛珠三角区域合作发展重大问题研究》，中国计划出版社 2018 年版。

(50) 中共上海市委宣传部编：《邓小平理论与上海改革开放》，上海人民出版社 1998 年版。

(51) 胡春华：《坚定不移实施创新驱动发展战略》，《人民日报》2017 年 8 月 30 日第 9 版。

(52) 吴哲、肖文舸：《在大湾区里打造科技创新走廊》，《南方日报》2017 年 7 月 2 日第 4 版。

(53) 郁鸿胜等:《长三角区域城镇体系空间布局研究》,上海社会科学院出版社2008年版。

(54) 杨在高:《大珠三角区域经济一体化研究——基于空间均衡视角》,经济科学出版社2015年版。

(55) 倪鹏飞、李冕:《长三角区域经济发展现状与对策研究》,《中国市场》2014年第41期。

(56) 新华社北京:《加强领导科学统筹狠抓落实　把改革重点放到解决实际问题上来》,《人民日报》2018年9月21日第1版。

(57) 谈燕:《携手推动长三角更高质量一体化》,《解放日报》2018年11月17日,第二版。

(58) 叶堂林:《京津冀协同发展的基础与路径》,首都经济贸易大学出版社2015年版。

(59) 陈宣庆等:《泛珠三角区域合作发展重大问题研究》,中国计划出版社2018年版。

(60) 刘晓丽、方创琳、王发曾:《中原城市群的空间组合特征与整合模式》,《地理研究》2008年第2期。

(61) 晁恒、满燕云、王砾、李贵才:《国家级新区设立对城市经济增长的影响分析》,《经济地理》2018年第6期。

(62) 刘志彪等:《均衡中国:长三角发展新模式》,中国人民大学出版社2014年版。

(63) 刘玉、冯健:《中国经济地理:变化中的区域格局》,首都经济贸易大学出版社2008年版。

(64) 李祎:《中国区域管治的演变——以长江三角洲地区为例》,南京大学出版社2013年版。

(65) 王军、殷新宇等:《京津冀　协同发展这三年》,《人民日报》2017年2月13日第2版。

(66) 赵展慧:《三地同下一盘棋　京津冀"十三五"规划印发》,《人民日报》2016年2月16日第1版。

(67) 于迎:《从经济优先型到整体性规划:中国城市群发展新型动力建构战略及其实现路径》,《行政论坛》2017年第5期。

(68) 唐亚林、于迎:《主动对接式区域合作:长三角区域治理新模式的复合动力与机制创新》,《理论探讨》2018 年第 1 期。

(69) 新华社:《开创融合新格局　探索发展新路径》,《人民日报》2018 年 8 月 15 日第 1 版。

(70) 郝洪:《长三角一体化提速》,《人民日报》2018 年 6 月 15 日第 1 版。

(71) 张骏:《长三角:聚焦高质量　聚力一体化》,《解放日报》2018 年 6 月 2 日第 1 版。

(72) 龙献忠、董树军、周晶:《治理现代化背景下政府执行力文化的培育》,《中国行政管理》2015 年第 8 期。

(73) 豆建民、张可:《中国城市群发展的战略目标、思路与展望》,《城市观察》2013 年第 5 期。

(74) 陈瑞莲、孔凯:《中国区域公共管理研究的发展与前瞻》,《学术研究》2019 年第 5 期。

(75) 唐亚林:《产业升级、城市群发展与区域经济社会一体化——区域治理新图景建构》,《同济大学学报(社会科学版)》2015 年第 26 期。

图书在版编目(CIP)数据

大都市圈的嬗变:当代中国区域发展战略的演化机理比较/于迎著.—上海:上海人民出版社,2021
(城市治理丛书/唐亚林主编)
ISBN 978-7-208-17319-4

Ⅰ.①大…　Ⅱ.①于…　Ⅲ.①城市群-区域经济发展-研究-中国　Ⅳ.①F299.27

中国版本图书馆 CIP 数据核字(2021)第 174629 号

责任编辑　赵荔红
封面设计　人马艺术设计·储平

城市治理丛书
大都市圈的嬗变
——当代中国区域发展战略的演化机理比较
于　迎　著

出　　版　上海人民出版社
(200001　上海福建中路 193 号)
发　　行　上海人民出版社发行中心
印　　刷　常熟市新骅印刷有限公司
开　　本　635×965　1/16
印　　张　13
插　　页　2
字　　数　194,000
版　　次　2021 年 9 月第 1 版
印　　次　2021 年 9 月第 1 次印刷
ISBN 978-7-208-17319-4/D·3830
定　　价　55.00 元